Das große
Märchen-Vorlesebuch

DAS GROSSE MÄRCHEN VORLESEBUCH

Herausgegeben von
Sonja Hartl

Mit Bildern von
Daniela Kulot

Thienemann

Inhalt

BRÜDER GRIMM	7
Frau Holle	9
Rotkäppchen	14
Die Bremer Stadtmusikanten	20
Der Froschkönig	25
Der Wolf und die sieben Geißlein	31
Dornröschen	35
Aschenputtel	40
Rapunzel	50
Das tapfere Schneiderlein	56
Tischleindeckdich, Goldesel und Knüppelausdemsack	68
König Drosselbart	83
Rumpelstilzchen	90
Sterntaler	95
Hans im Glück	97
Schneeweißchen und Rosenrot	105
Schneewittchen	116
Von dem Fischer und seiner Frau	130
Hänsel und Gretel	143

Inhalt

Der Hase und der Igel	153
Der Teufel mit den drei goldenen Haaren	158
Brüderchen und Schwesterchen	166
Der gestiefelte Kater	176

LUDWIG BECHSTEIN 183
Die Goldmarie und die Pechmarie 185
Die sieben Raben 191
Der kleine Däumling 198
Der Mönch und das Vögelein 206
Das Märchen vom Schlaraffenland 210
Das Märchen vom Mann im Mond 214

HANS CHRISTIAN ANDERSEN 217
Däumelinchen 219
Des Kaisers neue Kleider 235
Die Prinzessin auf der Erbse 243
Das hässliche junge Entlein 246
Das kleine Mädchen mit den Schwefelhölzern 261
Die Schneekönigin 266
Die kleine Meernixe 305

WILHELM HAUFF 337
Die Geschichte vom kleinen Muck 339
Die Geschichte vom Kalif Storch 365
Der Zwerg Nase 380

BRÜDER
GRIMM

Frau Holle

Eine Witwe hatte zwei Töchter. Davon war die eine schön und fleißig, die andere hässlich und faul. Die Mutter hatte die hässliche und faule viel lieber, weil sie ihre eigene Tochter war. Die Stieftochter dagegen sollte die ganze Arbeit machen und das Aschenputtel im Haus sein. Das arme Mädchen musste sich täglich an die große Straße neben einen Brunnen setzen und so viel spinnen, dass ihm die Finger bluteten.

Eines Tages war die Spule ganz blutig. Da beugte sich das Mädchen über den Brunnen, um sie abzuwaschen. Aber sie fiel ihm aus der Hand und in den Brunnen hinein. Das Mädchen weinte, lief zur Stiefmutter und erzählte ihr von seinem Missgeschick. Die Stiefmutter schimpfte sehr und sagte: »Wenn du die Spule hast herunterfallen lassen, dann hol sie auch wieder herauf.«

Da ging das Mädchen zu dem Brunnen zurück und wusste nicht, was es tun sollte. In seiner großen Angst sprang es schließlich in den Brunnen hinein, um die Spule zu holen. Dann wurde es ohnmächtig.

Als es wieder zu sich kam, war das Mädchen auf einer schönen Wiese. Die Sonne schien und viele tausend Blumen blüh-

Brüder Grimm

ten. Das Mädchen lief über die Wiese, bis es zu einem Back-ofen kam, der voller Brot war. Das Brot rief: »Ach, zieh mich raus, zieh mich raus, sonst verbrenne ich! Ich bin schon längst ausgebacken!«

Da ging das Mädchen hin und holte mit dem Brotschieber alle Laibe nacheinander heraus.

Danach lief es weiter, bis es zu einem Baum kam, der voller Äpfel war. Der Apfelbaum rief ihm zu: »Ach, schüttel mich, schüttel mich! Wir Äpfel sind alle miteinander reif!«

Da schüttelte das Mädchen den Baum, dass die Äpfel he-runterfielen, als ob sie herabregnen würden. Es schüttelte, bis keiner mehr oben war. Und als es alle zu einem Haufen auf-geschichtet hatte, ging es wieder weiter.

Endlich kam es zu einem kleinen Haus. Da schaute eine alte Frau heraus. Das Mädchen bekam es mit der Angst zu tun, denn die Frau hatte sehr große Zähne. Es wollte schon fort-laufen, da rief ihm die alte Frau nach: »Was fürchtest du dich, liebes Kind? Bleib bei mir! Wenn du ordentlich im Haushalt mithilfst, wirst du es gut bei mir haben. Du musst nur Acht geben, dass du mein Bett richtig machst und es fleißig auf-schüttelst, sodass die Federn fliegen. Dann schneit es in der Welt. Ich bin nämlich die Frau Holle.«

Die alte Frau redete dem Mädchen so gut zu, dass es sich entschied bei ihr zu bleiben und für sie zu arbeiten. Es erle-digte alles zu ihrer Zufriedenheit und schüttelte ihr das Bett immer so gewaltig auf, dass die Federn wie Schneeflocken umherflogen. Dafür hatte es ein schönes Leben bei Frau Holle. Kein böses Wort fiel und jeden Tag gab es gekochte und gebratene Speisen.

Nun war das Mädchen schon eine ganze Weile bei Frau Holle. Da wurde es traurig, wusste aber anfangs selbst nicht, was ihm fehlte. Schließlich merkte es, dass es Heimweh hatte. Obwohl es ihm hier tausendmal besser ging als bei seiner Stiefmutter, hatte es doch Sehnsucht nach seinem Zuhause. Da sagte das Mädchen zu Frau Holle: »Ich habe Heimweh. Und auch wenn es mir hier unten noch so gut geht, kann ich doch nicht länger bleiben. Ich muss wieder hinauf zu meiner Familie.«

Frau Holle antwortete: »Es gefällt mir, dass du wieder nach Hause willst. Und weil du so fleißig für mich gearbeitet hast, will ich dich selbst wieder hinaufbringen.«

Daraufhin nahm sie das Mädchen bei der Hand und führte es vor ein großes Tor. Das Tor öffnete sich. Und als das Mädchen gerade darunter stand, fiel ein gewaltiger Goldregen. Das ganze Gold blieb an ihm hängen, sodass es über und über damit bedeckt war.

»Das sollst du haben, weil du so fleißig gewesen bist«, sagte Frau Holle und gab dem Mädchen auch die Spule wieder, die ihm in den Brunnen gefallen war. Daraufhin schloss sich das Tor und das Mädchen war wieder oben auf der Welt, nicht weit von dem Haus seiner Mutter entfernt.

Als es in den Hof kam, saß der Hahn auf dem Brunnen und rief: »Kikeriki, unsere goldene Jungfrau ist wieder hie.«

Da ging das Mädchen zu seiner Mutter hinein. Und weil es so mit Gold bedeckt war, wurde es von ihr und von seiner Schwester gut aufgenommen. Das Mädchen erzählte von allem, was es erlebt hatte. Als die Mutter hörte, wie es zu dem großen Reichtum gekommen war, wollte sie der anderen, hässlichen und faulen Tochter gerne zu demselben Glück verhelfen. Deshalb musste die sich nun auch an den Brunnen setzen und spinnen. Damit ihre Spule blutig wurde, stach sie sich in den Finger und steckte ihre Hand in eine Dornenhecke. Dann warf sie die Spule in den Brunnen und sprang hinterher. Wie ihre Schwester fand sie sich nun auf der schönen Wiese wieder und ging auf demselben Pfad weiter.

Als sie zu dem Backofen kam, schrie das Brot erneut: »Ach, zieh mich raus, zieh mich raus, sonst verbrenne ich! Ich bin schon längst ausgebacken!«

Das faule Mädchen antwortete jedoch: »Das fehlte mir gerade noch, mich schmutzig zu machen!« Und es ging fort.

Bald kam es zu dem Apfelbaum, der rief: »Ach, schüttel mich, schüttel mich! Wir Äpfel sind alle miteinander reif!«

Das Mädchen aber antwortete: »Du kommst mir gerade recht! Es könnte mir ja einer auf den Kopf fallen!« Mit diesen Worten ging es weiter.

Als es zum Haus von Frau Holle kam, fürchtete es sich nicht, denn es hatte ja schon von ihren großen Zähnen gehört. So begann es gleich für sie zu arbeiten.

Am ersten Tag arbeitete das Mädchen hart. Es war fleißig und gehorchte Frau Holle, wenn sie ihm etwas sagte, denn es dachte an das viele Gold, das sie ihm schenken würde.

Am zweiten Tag fing es aber schon an zu faulenzen. Am dritten noch mehr: Da wollte das Mädchen morgens gar nicht mehr aufstehen. Es machte auch das Bett für Frau Holle nicht, wie es sich gehörte, und schüttelte es nicht, dass die Federn aufflogen.

Frau Holle war das bald leid und sie entließ das faule Mädchen. Dem war das ganz recht, denn es meinte, nun würde der Goldregen kommen. Frau Holle führte es auch zu dem Tor. Als es aber darunter stand, wurde statt Gold nur ein großer Kessel voll Pech ausgeschüttet.

»Das ist der Lohn für deine Arbeit«, sagte Frau Holle und schloss das Tor.

Das faule Mädchen ging nach Hause. Es war ganz mit Pech bedeckt.

Und als der Hahn auf dem Brunnen es sah, rief er: »Kikeriki, unsere schmutzige Jungfrau ist wieder hie.«

Das Pech blieb fest an dem Mädchen hängen und war sein Leben lang nicht mehr abzuwischen.

Rotkäppchen

Es war einmal ein kleines Mädchen, das musste man einfach lieb haben. Am allerliebsten aber hatte es seine Großmutter. Die wusste gar nicht mehr, was sie dem Kind noch alles geben sollte.

Einmal schenkte sie ihm ein Käppchen aus rotem Samt. Und weil das dem Mädchen so gut stand und es nichts anderes mehr tragen wollte, hieß es von nun an nur noch »Rotkäppchen«.

Eines Morgens sagte die Mutter zu dem Mädchen: »Hier sind Kuchen und eine Flasche Wein, Rotkäppchen. Bring sie zur Großmutter hinaus. Sie ist krank und schwach und wird sich über den Kuchen freuen. Mach dich auf, bevor es heiß wird. Und wenn du in den Wald kommst, dann spring nicht herum, und vor allem, geh nicht vom Weg ab. Du fällst sonst nur hin und zerbrichst die Flasche. Dann hat die Großmutter nichts davon. Und wenn du in ihre Stube kommst, vergiss nicht, Guten Morgen zu sagen, und guck nicht erst in allen Ecken herum.«

»Ja, mach ich«, sagte Rotkäppchen zu seiner Mutter, gab ihr die Hand darauf und ging los.

Die Großmutter wohnte weit draußen im Wald, eine halbe Stunde vom Dorf entfernt. Weiter und immer weiter lief Rotkäppchen in den Wald hinein.

Auf einmal stand der Wolf vor ihm. Rotkäppchen wusste nicht, was für ein böses Tier er war, und hatte deshalb keine Angst vor ihm.

»Guten Tag, Rotkäppchen«, sagte der Wolf.

»Guten Tag, Wolf.«

»Wohin gehst du denn so früh?«

»Zur Großmutter.«

»Und was hast du da in deinem Korb?«

»Kuchen und Wein. Gestern haben wir gebacken. Das wird der kranken, schwachen Großmutter gut tun.«

»Wo wohnt denn deine Großmutter, Rotkäppchen?«

»Noch eine gute Viertelstunde von hier, weiter drinnen im Wald. Unter den drei großen Eichen, da steht ihr Haus«, sagte Rotkäppchen.

Der Wolf dachte bei sich: Das junge, zarte Ding, das ist ein leckerer Bissen. Das Kind wird noch besser schmecken als die Großmutter. Wenn ich schlau bin, kann ich beide schnappen!

Er ging eine Weile neben Rotkäppchen her.

Dann sagte er: »Rotkäppchen, sieh mal die bunten Blumen, die überall blühen. Guck dich doch mal um! Ich glaube, du hörst gar nicht, wie schön die Vögel singen. Du schaust weder nach links noch nach rechts, als ob du auf dem Weg zur Schule wärst! Dabei ist es so wunderbar im Wald!«

Rotkäppchen sah sich um. Und als es bemerkte, wie die Sonnenstrahlen durch die Bäume tanzten und dass alles voll schöner Blumen war, dachte es: Wenn ich der Großmutter

15

Brüder Grimm

einen frischen Strauß mitbringe, freut sie sich bestimmt darüber! Es ist so früh am Tag, dass ich dann auch noch rechtzeitig ankomme.

Also verließ Rotkäppchen den Weg und sammelte Blumen. Immer wenn es eine gepflückt hatte, meinte es, etwas weiter weg stünde noch eine schönere, und es lief dorthin. So geriet das Mädchen immer tiefer in den Wald hinein.

Der Wolf eilte inzwischen geradewegs zum Haus der Großmutter und klopfte an die Tür.

»Wer ist da?«, fragte die alte Frau.

»Rotkäppchen. Ich bringe dir Kuchen und Wein. Mach mir bitte auf!«, antwortete der Wolf mit verstellter Stimme.

»Du musst nur die Klinke herunterdrücken«, rief die Großmutter. »Ich liege im Bett und bin zu schwach, um aufzustehen.«

Der Wolf drückte die Klinke herunter und die Tür sprang auf.

Da stürzte er, ohne ein Wort zu verlieren, zum Bett der Großmutter und verschlang sie. Anschließend zog er ihre Kleider an, setzte sich ihre Haube auf, legte sich in das Bett und zog die Vorhänge zu.

Rotkäppchen war die ganze Zeit auf der Suche nach schönen Blumen umhergelaufen. Als es schließlich so viele zusammenhatte, dass es sie fast nicht mehr tragen konnte, fiel ihm die Großmutter wieder ein und es machte sich auf den Weg zu ihr.

Als Rotkäppchen zu ihrem Haus kam, wunderte es sich, dass die Tür aufstand. Und beim Eintreten in die Stube beschlich es ein seltsames Gefühl.

Brüder Grimm

Komisch, dachte es, warum habe ich solche Angst? Ich bin doch sonst so gerne bei der Großmutter!

Rotkäppchen rief: »Guten Morgen!«, bekam aber keine Antwort.

Also ging es zum Bett und zog die Vorhänge zurück. Da lag die Großmutter und hatte sich die Haube tief ins Gesicht gezogen. Sie sah ganz anders aus als sonst.

»Großmutter, was hast du denn für große Ohren?«, rief Rotkäppchen verwundert.

»Damit ich dich besser hören kann«, sagte der Wolf mit verstellter Stimme.

»Großmutter, was hast du für große Augen?«

»Damit ich dich besser sehen kann.«

»Großmutter, was hast du für große Hände?«

»Damit ich dich besser packen kann.«

»Aber Großmutter, was hast du für ein entsetzlich großes Maul?«

»Damit ich dich besser fressen kann!«, war die Antwort.

Und kaum hatte der Wolf das gesagt, sprang er auch schon aus dem Bett und verschlang das arme Rotkäppchen.

Nachdem der Wolf seinen Hunger gestillt hatte, legte er sich wieder ins Bett. Er schlief ein und begann laut zu schnarchen.

Da ging ein Jäger an dem Haus vorbei. Er hörte den Wolf und dachte: Wie die alte Frau schnarcht! Ich muss doch einmal nachsehen, ob ihr etwas fehlt.

Er trat in die Stube ein und als er vor dem Bett stand, sah er, dass der Wolf darin lag.

»Da bist du ja, du alter Bösewicht«, sagte er. »Dich habe ich schon lange gesucht.«

Rotkäppchen

Der Jäger wollte gerade sein Gewehr anlegen, da fiel ihm ein, dass der Wolf die Großmutter gefressen haben könnte. Und vielleicht war sie ja noch zu retten. Also schoss er nicht, sondern nahm eine Schere und begann dem schlafenden Wolf den Bauch aufzuschneiden. Als er ein paar Schnitte getan hatte, sah er ein rotes Käppchen leuchten. Und nach ein paar weiteren Schnitten sprang das Mädchen heraus und rief: »Ach, ich hatte solche Angst! Es war so dunkel im Bauch des Wolfs!«

Schließlich kam auch die Großmutter lebendig heraus. Sie konnte kaum noch atmen.

Rotkäppchen holte schnell ein paar große Steine. Damit füllten sie dem Wolf gemeinsam den Bauch.

Als der schließlich aufwachte, wollte er fortspringen, doch die Steine waren so schwer, dass er zu Boden stürzte und sofort tot war.

Nun waren die drei glücklich. Die Großmutter und der Jäger aßen den Kuchen und tranken den Wein. Der Großmutter ging es wieder besser. Und Rotkäppchen sagte sich: Ich werde von jetzt an nie mehr vom Weg abgehen und in den Wald laufen, wenn ich es der Mama versprochen habe!

Die Bremer Stadtmusikanten

Es war einmal ein Mann, der hatte einen Esel. Der hatte viele Jahre die Säcke unermüdlich zur Mühle getragen. Nun gingen die Kräfte des Esels aber zu Ende und er wurde zur Arbeit immer untauglicher. Da wollte sich der Herr das Futter sparen und den Esel töten.

Aber der Esel merkte, dass kein guter Wind wehte. Er lief fort und machte sich auf den Weg nach Bremen. Denn dort, meinte er, könnte er ja Stadtmusikant werden.

Als er ein Weilchen gegangen war, fand er einen Jagdhund auf dem Weg liegen. Der japste wie einer, der sich müde gelaufen hat. »Nun, was japst du so, Hund?«, fragte der Esel.

»Ach«, sagte der Hund, »weil ich alt bin, jeden Tag schwächer werde und zur Jagd nicht mehr tauge, wollte mein Herr mich totschlagen. Da habe ich Reißaus genommen. Aber womit soll ich nun mein Brot verdienen?«

»Weißt du was«, sagte der Esel, »ich gehe nach Bremen und werde dort Stadtmusikant. Komm doch auch mit. Ich spiele die Laute und du schlägst die Pauken.«

Der Hund war einverstanden und sie gingen zusammen weiter.

Es dauerte nicht lange, da saß eine Katze am Weg und machte ein Gesicht wie drei Tage Regenwetter.

»Nun, was ist dir in die Quere gekommen, alte Katze?«, fragte der Esel.

»Wer kann lustig sein, wenn es ihm an den Kragen geht?«, antwortete die Katze. »Weil ich alt bin und lieber hinter dem Ofen sitze, als nach Mäusen zu jagen, wollte meine Frau mich ersäufen. Ich bin davongerannt. Aber nun ist guter Rat teuer: Wo soll ich hin?«

»Geh mit uns nach Bremen. Du verstehst dich doch auf die Nachtmusik. Da kannst du Stadtmusikant werden.«

Die Katze hielt das für gut und ging mit.

Kurz darauf kamen die drei Ausreißer an einem Hof vorbei. Dort saß der Haushahn und schrie aus Leibeskräften.

»Dein Schreien geht mir durch Mark und Bein«, sagte der Esel. »Was hast du?«

»Da hab ich schon gutes Wetter vorausgesagt«, antwortete der Hahn. »Aber die Hausherrin kannte trotzdem kein Erbarmen. Weil am Sonntag Gäste kommen, soll ich in der Suppe gegessen werden. Heute Abend will mir die Köchin den Kopf abschneiden. Nun schreie ich, solange ich noch kann.«

»Ach was«, sagte der Esel. »Komm lieber mit uns. Wir gehen nach Bremen. Etwas Besseres als den Tod findest du überall. Du hast eine gute Stimme und kannst mit uns musizieren.«

Der Hahn nahm den Vorschlag an und alle vier gingen zusammen fort.

Sie erreichten aber Bremen nicht

Brüder Grimm

in einem Tag. Abends kamen sie in einen Wald, wo sie übernachten wollten. Der Esel und der Hund legten sich unter einen großen Baum, die Katze machte es sich in den Ästen bequem und der Hahn flog bis in die Baumspitze. Dort war es am sichersten für ihn.

Bevor er einschlief, blickte er noch einmal in alle vier Richtungen. Da sah er ein Licht und rief seinen Freunden zu: »Ich glaube, nicht weit von hier steht ein Haus.«

Daraufhin sagte der Esel: »Wir sollten dort hingehen, denn das hier ist ein schlechter Schlafplatz.«

Der Hund meinte, ein paar Knochen und etwas Fleisch dran täten ihm auch gut.

Also machten sie sich auf zu dem Licht.

Bald sahen sie es heller schimmern und es wurde immer größer, bis sie vor ein hell erleuchtetes Räuberhaus kamen.

Der Esel, als der Größte, näherte sich dem Fenster und schaute hinein.

»Was siehst du, Esel?«, fragte der Hahn.

»Was ich sehe?«, antwortete der Esel. »Einen gedeckten Tisch mit leckerem Essen und Trinken. Räuber sitzen daran und lassen es sich gut gehen.«

»Das wäre was für uns«, rief der Hahn.

»Ja, ja. Ach, kämen wir nur hinein!«, sagte der Esel.

Da überlegten die Tiere, wie sie die Räuber hinausjagen könnten. Endlich hatten sie eine Idee. Der Esel musste sich mit den Vorderfüßen auf das Fensterbrett stellen, der Hund auf den Rücken des Esels springen, die Katze auf den Hund klettern und der Hahn auf den Kopf der Katze fliegen. Dann fingen sie alle zusammen an Musik zu machen: Der Esel

schrie, der Hund bellte, die Katze miaute und der Hahn krähte.

Plötzlich stürzten sie durch das Fenster in die Stube. Die Scheiben klirrten. Bei dem entsetzlichen Geschrei erschraken die Räuber sehr. Sie meinten, ein Gespenst käme herein, und flohen in größter Furcht in den Wald.

Nun setzten sich die vier Freunde an den Tisch. Sie aßen, als wenn sie vier Wochen hungern müssten.

Als sie fertig waren, löschten sie das Licht und suchten sich einen Schlafplatz. Der Esel legte sich auf den Mist, der Hund hinter die Tür, die Katze auf den Herd und der Hahn auf den Hahnenbalken. Und weil sie so müde waren von ihrem langen Weg, schliefen sie auch bald ein.

Als Mitternacht vorbei war, sahen die Räuber, dass kein Licht mehr brannte.

Da sagte der Hauptmann: »Wir hätten uns nicht ins Bockshorn jagen lassen sollen.« Er befahl einem seiner Männer hinzugehen und das Haus zu untersuchen.

Der Räuber fand alles still vor und wollte in der Küche ein Licht anzünden. Weil er die feurigen Augen der Katze für glühende Kohlen hielt, wollte er ein Schwefelhölzchen daran entzünden. Aber die Katze verstand keinen Spaß. Sie sprang ihm ins Gesicht, spie und kratzte.

Da erschrak der Räuber gewaltig und wollte zur Hintertür hinauslaufen. Aber der Hund, der da lag, sprang auf und biss ihm ins Bein. Als er über den Hof am Mist vorbeirannte, gab ihm der Esel noch einen kräftigen Tritt mit dem Hinterfuß. Der Hahn aber, der durch den Lärm geweckt worden war, rief vom Balken herab: »Kikeriki!«

Da lief der Räuber, so schnell er konnte, zu seinem Hauptmann zurück und sagte: »In dem Haus sitzt eine gräuliche Hexe. Sie hat mich angehaucht und mit ihren langen Fingern das Gesicht zerkratzt. Und vor der Tür steht ein Mann mit einem Messer. Er hat mich ins Bein gestochen. Und auf dem Hof liegt ein schwarzes Ungetüm. Es hat mit einer Holzkeule auf mich losgeschlagen. Und oben auf dem Dach sitzt ein Richter. Er rief: ›Bringt mir den Schuft her!‹ Da machte ich, dass ich fortkam.«

Von nun an wagten sich die Räuber nicht mehr in das Haus. Den vier Bremer Stadtmusikanten gefiel es aber so gut darin, dass sie nicht wieder wegwollten. Und der das zuletzt erzählt hat, dem ist der Mund noch warm.

Der Froschkönig

Zu der Zeit, als das Wünschen noch half, lebte ein König. Seine Töchter waren alle sehr schön. Aber seine jüngste war so schön, dass selbst die Sonne, die doch schon so vieles gesehen hatte, staunte.

In der Nähe des Schlosses lag ein großer dunkler Wald. Und darin war unter einer alten Linde ein Brunnen. Wenn es nun sehr heiß war, ging die Königstochter hinaus in den Wald und setzte sich an den Rand des kühlen Brunnens. Und wenn sie Langeweile hatte, nahm sie eine goldene Kugel, warf sie in die Höhe und fing sie wieder auf. Das war ihr Lieblingsspiel.

Nun geschah es einmal, dass die Königstochter die goldene Kugel nicht wieder auffing, als sie sie in die Höhe geworfen hatte. Die Kugel fiel in den Brunnen und verschwand. Die Königstochter folgte ihr mit den Augen, aber der Brunnen war so tief, dass man den Grund nicht sah. Da fing sie an zu weinen und weinte immer lauter und konnte gar nicht mehr aufhören.

Und wie sie so jammerte, rief ihr jemand zu: »Was ist denn, Königstochter? Du weinst ja so, dass sogar ein Stein erweichen würde.«

Brüder Grimm

Sie sah sich um, woher die Stimme kam. Da erblickte sie auf dem Brunnen einen hässlichen Frosch.

»Ach, du bist es, alter Frosch«, sagte sie. »Ich weine um meine goldene Kugel, die mir in den Brunnen gefallen ist.«

»Sei still und weine nicht«, antwortete der Frosch. »Ich kann dir helfen. Aber was gibst du mir, wenn ich dein Spielzeug heraufhole?«

»Was du haben willst, lieber Frosch«, sagte die Prinzessin, »meine Kleider, meine Perlen und Edelsteine, auch meine goldene Krone, die ich trage.«

Der Frosch antwortete: »Deine Kleider, deine Perlen und Edelsteine und deine goldene Krone, die will ich nicht. Aber wenn du mich lieb hast und mich zu deinem Spielkameraden machst, der an deinem Tischlein neben dir sitzt, von deinem goldenen Tellerlein isst, aus deinem Becherlein trinkt und in deinem Bettlein schläft – wenn du mir das versprichst, dann will ich hinuntertauchen und dir die goldene Kugel wieder heraufholen.«

»Ach ja«, sagte die Königstochter. »Ich verspreche dir alles, was du willst. Wenn du mir nur die Kugel wiederbringst.«

Sie dachte aber: Was schwätzt der dumme Frosch nur! Der sitzt im Wasser bei seinesgleichen und quakt. Der Spielkamerad eines Menschen kann er nicht sein.

Als der Frosch die Zusage erhalten hatte, sprang er ins Wasser und tauchte hinab. Nach einem Weilchen kam er wieder heraufgerudert und hatte die Kugel im Maul. Er warf sie ins Gras.

Die Königstochter war überglücklich, als sie ihr Spielzeug wiederhatte. Sie hob es auf und sprang damit fort.

Der Froschkönig

»Warte, warte!«, rief der Frosch. »Nimm mich mit! Ich kann nicht so schnell laufen wie du.«

Aber er konnte so laut quaken, wie er wollte. Es half ihm nichts! Die Königstochter achtete nicht darauf und eilte nach Hause. Sie hatte den armen Frosch bald vergessen, der wieder in seinen Brunnen hinuntersteigen musste.

Am nächsten Abend, als die Königstochter mit dem König und der Königin beim Essen war und von ihrem goldenen Tellerlein aß, da kam – plitsch-platsch, plitsch-platsch – etwas die Treppe zum Schloss heraufgekrochen. Oben angelangt klopfte es an die Tür und rief: »Königstochter, mach mir auf!«

Sie ging und wollte nachsehen, wer draußen stand. Als sie aber aufmachte, saß der Frosch vor ihr. Da warf sie die Tür hastig zu, setzte sich wieder an den Tisch und ihr war angst und bang.

Der König sah, dass ihr Herz gewaltig klopfte, und fragte: »Mein Kind, wovor fürchtest du dich denn? Steht etwa ein Riese vor der Tür und will dich holen?«

»Ach nein«, antwortete sie. »Es ist kein Riese, sondern ein widerlicher Frosch.«

»Was will der Frosch von dir?«

»Ach, lieber Vater, als ich gestern im Wald bei dem Brunnen saß und spielte, da fiel meine goldene Kugel ins Wasser. Weil ich so weinte, hat sie der Frosch wieder heraufgeholt. Und da versprach ich ihm, er dürfe mein Spielkamerad werden. Aber ich dachte, dass er nicht aus seinem Wasser herauskann. Nun steht er vor der Tür und will zu mir herein.«

In diesem Augenblick klopfte es zum zweiten Mal und man hörte es rufen: »Königstochter, mach mir auf. Weißt du nicht mehr, was du gestern beim Brunnen gesagt hast? Königstochter, mach mir auf!«

Da sagte der König: »Was du versprochen hast, musst du auch halten. Geh und mach ihm auf.«

Die Königstochter ging und öffnete die Tür. Da hüpfte der Frosch herein und folgte ihr bis zu ihrem Stuhl. Da saß er und rief: »Heb mich hinauf zu dir!«

Sie zögerte, bis es ihr schließlich der König befahl. Als der Frosch auf dem Stuhl war, wollte er auf den Tisch. Und als er da saß, sagte er: »Nun schieb dein goldenes Tellerchen zu mir, damit wir zusammen essen können!« Das tat sie zwar, aber man sah ihr an, dass sie es nicht gerne tat. Der Frosch ließ es sich schmecken. Aber ihr blieb jeder Bissen im Hals stecken.

Der Froschkönig

Schließlich sagte der Frosch: »Jetzt bin ich satt und müde. Trag mich in dein Zimmer und mach mir dein seidenes Bett zurecht. Dann legen wir uns schlafen.«

Die Königstochter fing an zu weinen. Sie fürchtete sich vor dem kalten Frosch, den sie sich nicht anzufassen traute und der in ihrem Bett schlafen wollte. Der König aber wurde zornig und sagte: »Wer dir geholfen hat, als du in Not warst, den sollst du hinterher nicht verachten.«

Da packte die Königstochter den Frosch mit zwei Fingern, trug ihn in ihr Zimmer hinauf und setzte ihn in eine Ecke. Als sie aber im Bett lag, kam er angekrochen und sagte: »Ich bin müde. Ich will so bequem schlafen wie du. Heb mich hinauf oder ich sag es deinem Vater.«

Daraufhin wurde das Mädchen bitterböse. Es hob den Frosch hoch und warf ihn mit aller Kraft gegen die Wand. »Wirst du nun endlich Ruhe geben, du widerlicher Frosch!«

Als er aber herunterfiel, war er kein Frosch mehr, sondern ein Königssohn mit schönen freundlichen Augen. Und er erzählte der Königstochter, er sei von einer bösen Hexe verwünscht worden. Niemand hätte ihn aus dem Brunnen erlösen können außer ihr. Nun sollten sie beide Mann und Frau werden.

Als die Sonne sie am nächsten Morgen weckte, kam ein Wagen herbeigefahren. Er war mit acht weißen Pferden bespannt, die weiße Federn auf dem Kopf hatten und ein goldenes Geschirr trugen.

Hinten auf der Kutsche stand der Diener des jungen Königs. Das war der treue Heinrich. Er war so traurig gewesen, als sein Herr in einen Frosch verwandelt worden war, dass er

29

sich drei eiserne Bänder um sein Herz legen ließ, damit es nicht vor Traurigkeit zersprang.

Mit der Kutsche wollte der treue Heinrich den jungen König nach Hause in sein Reich bringen. Er half dem Paar beim Einsteigen und stellte sich glücklich hinten auf den Wagen. Als sie ein Stück des Weges gefahren waren, hörte der Königssohn, dass es hinter ihm krachte, als ob etwas zerbrochen wäre. Da drehte sich der junge König um und rief: »Heinrich, der Wagen bricht!«

»Nein, Herr, der Wagen nicht, es ist ein Band von meinem Herzen, das da lag in großen Schmerzen, als Ihr in dem Brunnen saßt.«

Noch einmal und noch einmal krachte es auf dem Weg. Und immer dachte der Königssohn, der Wagen bräche. Aber es waren nur die Bänder, die vom Herzen des treuen Heinrich absprangen, weil sein Herr erlöst und glücklich war.

Der Wolf
und die sieben Geißlein

Es war einmal eine Geiß, die hatte sieben Kinder. Und sie hatte sie alle sehr lieb.

Eines Tages wollte sie in den Wald gehen und Futter holen. Da rief sie die sieben Geißlein herbei und sagte: »Kinder, ich will hinaus in den Wald. Hütet euch vor dem Wolf! Wenn er hereinkommt, frisst er euch alle mit Haut und Haaren. Der Bösewicht verstellt sich oft, aber an seiner rauen Stimme und an seinen schwarzen Pfoten werdet ihr ihn gleich erkennen.«

Die Geißlein sagten: »Wir passen schon auf uns auf. Du kannst ruhig gehen.«

Da war Mutter Geiß erleichtert und machte sich auf den Weg.

Es dauerte nicht lange und jemand klopfte an die Haustür und rief: »Macht auf, Kinder! Eure Mama ist da und hat jedem von euch etwas mitgebracht.«

Aber die Geißlein hörten an der rauen Stimme, dass es der Wolf war.

»Wir machen nicht auf!«, riefen sie. »Du bist nicht unsere Mama! Die hat nämlich eine helle und ganz liebe Stimme, deine Stimme dagegen ist rau. Du bist der Wolf!«

Brüder Grimm

Da ging der Wolf in einen Laden und kaufte sich ein großes Stück Kreide. Das aß er und seine Stimme wurde hell. Schließlich kam er zurück, klopfte an die Haustür und rief: »Macht auf, Kinder! Eure Mama ist da und hat jedem von euch etwas mitgebracht.«

Aber der Wolf hatte seine schwarze Pfote ans Fenster gelegt. Das sahen die Kinder und riefen: »Wir machen nicht auf! Unsere Mama hat keine schwarze Pfote wie du. Du bist der Wolf!«

Da lief der Wolf zu einem Bäcker und sagte: »Ich habe mich an der Pfote gestoßen, streich mir Teig darüber.«

Und als ihm der Bäcker die Pfote bestrichen hatte, lief er zum Müller und forderte: »Streu mir weißes Mehl auf meine Pfote.«

Erst weigerte sich der Müller. Aber der Wolf drohte: »Wenn du es nicht tust, fresse ich dich.« Da fürchtete sich der Müller und machte ihm die Pfote weiß.

Nun ging der Bösewicht zum dritten Mal zur Haustür, klopfte an und sagte: »Macht mir auf, Kinder! Eure Mama ist heimgekommen und hat jedem von euch etwas mitgebracht.«

Die Geißlein riefen: »Zeig uns erst deine Pfote, damit wir wissen, dass du unsere Mama bist!«

Da legte er die Pfote ans Fenster. Da sie weiß war, glaubten sie, dass er ihre Mutter war, und machten die Tür auf. Wer aber hereinkam, war der Wolf!

Die Geißlein erschraken und wollten sich verstecken. Das erste sprang unter den Tisch, das zweite ins Bett, das dritte in den Ofen, das vierte in die Küche, das fünfte in den Schrank, das sechste unter die Waschschüssel und das siebte in den Kasten der Standuhr.

Der Wolf und die sieben Geißlein

Aber der Wolf fand sie alle und überlegte nicht lange: Eins nach dem anderen verschwand in seinem Rachen! Nur das jüngste im Uhrkasten, das fand er nicht.

Als der Wolf satt war, schleppte er sich fort, legte sich draußen auf der grünen Wiese unter einen Baum und schlief ein.

Kurz darauf kam Mutter Geiß aus dem Wald heim. Ach, was erwartete sie da! Die Haustür stand sperrangelweit offen. Tisch, Stühle und Bänke waren umgeworfen. Die Waschschüssel lag in Scherben auf dem Boden. Decken und Kissen waren von den Betten gezogen. Die Mutter suchte ihre Kinder, aber sie waren nirgends zu finden. Sie rief sie nacheinander bei ihren Namen, doch keines antwortete. Endlich, als sie das jüngste nannte, rief eine ängstliche Stimme: »Ich stecke im Uhrkasten!«

Sie holte das Geißlein heraus und es erzählte ihr, dass der Wolf gekommen sei und die anderen alle gefressen habe. Da weinte die Mutter vor Kummer und drückte das siebte Geißlein ganz fest an sich.

Schließlich gingen die beiden jammernd aus dem Haus. Als sie auf die Wiese kamen, lag dort der Wolf unter dem Baum und schnarchte, dass die Äste zitterten. Mutter Geiß betrachtete ihn von allen Seiten und sah, dass sich in seinem dicken Bauch noch etwas regte und zappelte. Da dachte sie: Sind meine Kinder, die er zum Abendbrot verschlungen hat, vielleicht doch noch am Leben?

Das Geißlein musste nach Hause laufen und Schere, Nadel und Faden holen. Dann schnitt die Mutter dem Wolf den Bauch auf.

Kaum hatte sie einen Schnitt getan, streckte schon ein Geißlein den Kopf heraus. Und als sie weiterschnitt, sprangen nacheinander alle sechs heraus.

Sie waren also noch am Leben und es war ihnen nichts passiert. Der Wolf hatte sie nämlich in seiner Gier ganz hinuntergeschluckt!

Das war eine Freude! Die Kinder umarmten ihre Mutter und hüpften übermütig herum.

Da sagte Mutter Geiß: »Jetzt geht und sucht große Steine. Damit wollen wir dem Bösewicht den Bauch füllen, solange er noch schläft.«

Also schleppten die sieben Geißlein in aller Eile Steine herbei und steckten ihm so viele davon in den Bauch, wie sie hineinbringen konnten. Dann nähte Mutter Geiß ihn in Windeseile wieder zu, sodass der Wolf nichts merkte und sich nicht einmal regte.

Schließlich hatte der Wolf ausgeschlafen. Und weil er wegen der Steine in seinem Magen sehr durstig war, wollte er zum Brunnen gehen und trinken. Als er aufstand, stießen die Steine in seinem Bauch aneinander und rappelten.

Der Wolf wunderte sich: »Was rumpelt und pumpelt in meinem Bauch herum? Ich dachte, es wären sechs Geißlein, aber es sind lauter Steine!«

Und als er an den Brunnen kam und sich über das Wasser beugte, um zu trinken, da zogen ihn die schweren Steine hinein und er ertrank.

Die sieben Geißlein sahen das und kamen herbeigelaufen. Sie riefen laut: »Der Wolf ist tot! Der Wolf ist tot!«

Und weil sie sich so freuten, tanzten sie mit ihrer Mutter um den Brunnen herum.

Dornröschen

Es waren einmal ein König und eine Königin, die sagten jeden Tag: »Ach, wenn wir doch ein Kind hätten!« Aber sie bekamen keins.

Als die Königin einmal am Brunnen saß, kroch ein Frosch aus dem Wasser. Er sagte: »Dein Wunsch wird erfüllt werden. Ehe ein Jahr vergeht, wirst du eine Tochter zur Welt bringen.«

Was der Frosch gesagt hatte, geschah, und die Königin gebar ein Mädchen. Es war so schön, dass der König vor Freude ein großes Fest feiern wollte. Er lud nicht bloß seine Verwandten, Freunde und Bekannten, sondern auch die weisen Frauen dazu ein. Sie sollten dem Kind Glück bringen. Es gab dreizehn weise Frauen im Reich. Weil der König aber nur zwölf goldene Teller hatte, musste eine von ihnen zu Hause bleiben.

Das Fest wurde mit aller Pracht gefeiert. Und als es zu Ende war, beschenkten die weisen Frauen das Kind mit ihren Wundergaben: die eine mit Tugend, die andere mit Schönheit, die dritte mit Reichtum und so mit allem, was auf der Welt zu wünschen ist.

Als elf ihre Geschenke überbracht hatten, trat plötzlich die Dreizehnte herein. Sie wollte sich dafür rächen, dass sie nicht

Brüder Grimm

eingeladen war. Ohne jemanden zu grüßen oder nur anzusehen, rief sie mit lauter Stimme: »Die Königstochter soll sich in ihrem fünfzehnten Jahr an einer Spindel stechen und tot umfallen!« Nach diesen Worten drehte sie sich um und verließ den Saal.

Alle waren erschrocken, da trat die Zwölfte hervor, die ihren Wunsch noch nicht ausgesprochen hatte. Weil sie den bösen Spruch nicht aufheben, sondern nur mildern konnte, sagte sie: »Es soll aber kein Tod sein, sondern ein hundertjähriger, tiefer Schlaf, in welchen die Königstochter fällt.«

Der König wollte sein Kind vor dem Unglück bewahren. Er gab daher den Befehl aus, dass alle Spindeln im ganzen Königreich verbrannt werden sollten. An dem Mädchen aber gingen alle Wünsche der weisen Frauen in Erfüllung. Es war so schön, bescheiden, freundlich und klug, dass es jeder lieb haben musste.

An dem Tag, als es fünfzehn Jahre alt wurde, waren der König und die Königin nicht zu Hause. Das Mädchen blieb ganz alleine im Schloss zurück. Da ging es überall herum, sah sich Stuben und Kammern an, wie es Lust hatte. Schließlich kam es auch an einen alten Turm. Es stieg die enge Wendeltreppe hinauf und gelangte zu einer kleinen Tür. Im Schloss steckte ein verrosteter Schlüssel. Als es ihn umdrehte, sprang die Tür auf. Und da saß in einem kleinen Stübchen eine alte Frau mit einer Spindel und spann Garn.

»Guten Tag, du altes Mütterchen«, sagte die Königstochter. »Was machst du da?«

»Ich spinne Garn«, sagte die Alte und nickte mit dem Kopf.

»Was ist das für ein Ding, das so lustig herumspringt?«,

Dornröschen

fragte das Mädchen. Es nahm die Spindel und wollte auch damit spinnen. Kaum hatte es aber die Spindel berührt, da ging der Zauberspruch in Erfüllung und es stach sich in den Finger. In dem Augenblick aber, als das Mädchen den Stich spürte, sank es auf das Bett und fiel in einen tiefen Schlaf.

Und dieser Schlaf verbreitete sich über das ganze Schloss. Der König und die Königin, die eben nach Hause kamen und in den Saal traten, schliefen ein und der ganze Hofstaat mit ihnen. Die Pferde im Stall, die Hunde auf dem Hof, die Tauben auf dem Dach, die Fliegen an der Wand, ja, sogar das Feuer, das im Herd flackerte, wurden still und schliefen ein. Der Braten hörte auf zu brutzeln und der Koch, der dem Küchenjungen, weil er etwas angestellt hatte, eine Ohrfeige geben wollte, ließ ihn los und schlief ein. Und der Wind legte sich, und auf den Bäumen vor dem Schloss regte sich kein Blättchen mehr.

Rings um das Schloss aber wuchs eine Dornenhecke, die jedes Jahr höher wurde. Bis sie schließlich über das ganze Schloss hinaus wuchs, sodass gar nichts mehr davon zu sehen war, nicht einmal die Fahne auf dem Dach.

Es ging aber die Sage um von dem schönen, schlafenden Dornröschen, so wurde die Königstochter genannt. Deshalb kamen von Zeit zu Zeit Königssöhne, die durch die Hecke in das Schloss dringen wollten. Sie schafften es jedoch nicht. Die Dornen hielten so fest zusammen, als hätten sie Hände, und die Jünglinge blieben stecken.

Nach langen Jahren kam wieder einmal ein Königssohn in das Land. Er hörte von einem alten Mann, dass hinter der Dornenhecke ein Schloss sei, in dem Dornröschen, eine wun-

Brüder Grimm

derschöne Königstochter, schon seit hundert Jahren schlafe. Und schon viele Königssöhne seien gekommen, aber sie seien alle in der Dornenhecke hängen geblieben.

Da sagte der Königssohn: »Ich fürchte mich nicht. Ich will hinein und das schöne Dornröschen sehen.«

Der gute Alte wollte ihm abraten, doch der Königssohn hörte nicht auf seine Worte.

Nun waren gerade die hundert Jahre vorüber. Der Tag war gekommen, an dem Dornröschen wieder erwachen sollte. Als sich der Königssohn der Dornenhecke näherte, wurden daraus lauter große, schöne Blumen. Die gingen von selbst auseinander und ließen ihn hindurch. Hinter ihm schlossen sie sich wieder zu einer Hecke.

Im Schlosshof sah er die Pferde und scheckigen Jagdhunde liegen und schlafen. Auf dem Dach saßen die Tauben und hatten die Köpfchen unter die Flügel gesteckt. Und als er ins Haus kam, schliefen die Fliegen an der Wand. Der Koch hielt noch die Hand, als wollte er den Jungen ohrfeigen. Und die Magd saß vor dem schwarzen Huhn, das gerupft werden sollte. Da ging er weiter und sah im Saal den ganzen Hofstaat liegen und schlafen. Beim Thron lagen der König und die Königin. Dann ging er noch weiter und alles war so still, dass er seinen Atem hören konnte.

Endlich kam er zu dem Turm und öffnete die Tür zu der kleinen Stube, in der Dornröschen schlief. Da lag es und war so schön, dass er die Augen nicht abwenden konnte. Er bückte sich und gab ihm einen Kuss.

Als er es berührt hatte, schlug Dornröschen die Augen auf und erwachte. Es blickte ihn ganz freundlich an. Dann gingen

Dornröschen

sie zusammen hinunter. Der König und die Königin erwachten und mit ihnen der ganze Hofstaat. Die Pferde im Hof standen auf und schüttelten sich. Die Jagdhunde sprangen auf die Beine und wedelten mit den Schwänzen. Die Tauben auf dem Dach zogen die Köpfchen unter den Flügeln hervor, sahen umher und flogen davon. Die Fliegen an den Wänden krochen weiter. Das Feuer in der Küche flackerte wieder und kochte das Essen. Der Braten fing wieder an zu brutzeln. Der Koch gab dem Jungen die Ohrfeige. Und die Magd rupfte das Huhn fertig.

Die Hochzeit des Königssohnes mit dem Dornröschen wurde in aller Pracht gefeiert und sie lebten glücklich bis an ihr Ende.

Aschenputtel

Einmal wurde die Frau eines reichen Mannes krank. Als sie fühlte, dass ihr Ende kam, rief sie ihre einzige kleine Tochter zu sich ans Bett und sagte: »Liebes Kind, bleib fromm und gut, dann wird der liebe Gott dir immer helfen, und ich werde vom Himmel auf dich herabsehen und immer bei dir sein.« Dann machte sie die Augen zu und starb.

Jeden Tag ging das Mädchen ans Grab seiner Mutter und weinte dort, und es blieb fromm und gut. Als der Winter kam, deckte der Schnee ein weißes Tuch über das Grab, und als die Sonne es im Frühjahr wieder herabzog, heiratete der Mann eine andere Frau.

Diese Frau brachte selbst zwei Töchter mit ins Haus. Die beiden sahen zwar schön und freundlich aus, aber im Herzen waren sie schwarz und böse. Mit dem Einzug der beiden begann eine schlimme Zeit für das arme Mädchen.

»Wie kommt die dumme Gans dazu, bei uns in der Küche zu sitzen!«, sagten sie. »Wer Brot essen will, muss es sich verdienen. Hinaus mit der Küchenmagd!« Sie nahmen dem Mädchen seine schönen Kleider weg, zogen ihm einen grauen alten Kittel an und gaben ihm Schuhe aus Holz. »Seht euch nur die stolze Prinzessin an, wie sie herausgeputzt ist!«, riefen sie, lachten und führten das Mädchen in die Küche.

Nun musste es vom Morgen bis zum Abend schwere Arbeit tun. Es musste schon vor dem Morgengrauen aufstehen, Wasser schleppen, Feuer anmachen, kochen und waschen. Obendrein quälten und ärgerten die beiden das Mädchen auf jede erdenkliche Weise. Abends, wenn es von der Arbeit müde war, hatte das Mädchen kein Bett, sondern musste sich neben dem Herd in die Asche legen. Und weil es darum immer staubig und schmutzig aussah, nannten sie es Aschenputtel.

Einmal wollte der Vater auf den großen Jahrmarkt ziehen. Er fragte deshalb seine Stieftöchter, was er ihnen mitbringen sollte.

»Schöne Kleider«, sagte die eine.

»Perlen und Edelsteine«, sagte die zweite.

Dann fragte er noch: »Und du, Aschenputtel, was möchtest du?«

Und es sagte: »Das erste junge Zweiglein, das Euch an den Hut stößt, wenn Ihr wieder nach Hause kommt, das brecht für mich ab.«

Der Vater kaufte die schönen Kleider, Perlen und Edelsteine für die beiden Stiefschwestern. Und als er auf dem Heimweg durch einen grünen Busch ritt, da streifte ihn ein junger Zweig von einem Haselstrauch und stieß den Hut von seinem Kopf herab. Diesen kleinen Zweig brach er ab und nahm ihn mit. Als er nach Hause kam, gab er den Stieftöchtern, was sie sich gewünscht hatten, und dem Aschenputtel gab er den kleinen Zweig.

Das Aschenputtel dankte ihm, ging ans Grab seiner Mutter,

Brüder Grimm

pflanzte den jungen Zweig darauf und weinte so sehr, dass seine Tränen auf ihn herabfielen und ihn begossen. Der junge Zweig aber wuchs und wurde zu einem schönen Baum. Drei Mal an jedem Tag kniete das Aschenputtel darunter nieder, weinte und betete, und jedes Mal kam ein kleiner weißer Vogel auf den Baum geflogen. Und wenn das Aschenputtel einen Wunsch aussprach, dann warf ihm der kleine Vogel herab, was es sich gewünscht hatte.

Eines Tages verkündete der König, dass er ein Fest geben wolle. Drei Tage lang solle es andauern, und alle schönen Mädchen des Landes waren eingeladen. Der Königssohn wollte sich nämlich eine Braut aussuchen. Als die beiden Stiefschwestern hörten, dass auch sie bei diesem Fest erscheinen sollten, wurden sie ganz fröhlich, riefen Aschenputtel zu sich und sprachen: »Kämm uns die Haare und bürste uns die Schuhe, wir gehen zur Hochzeit auf des Königs Schloss!«

Aschenputtel gehorchte, aber es weinte, weil es auch gern mitgegangen wäre. Deshalb bat sie die Stiefmutter, dass sie es ihr doch erlaubte.

Die Stiefmutter sagte: »Du, Aschenputtel, so voller Schmutz und Staub, willst zur Hochzeit? Du hast keine Kleider und Schuhe zum Tanzen!« Weil aber das Aschenputtel nicht aufhörte zu bitten, sagte sie endlich: »Da habe ich dir eine Schüssel Linsen in die Asche geschüttet. Wenn du die Linsen in zwei Stunden wieder ausgelesen hast, dann darfst du mitgehen.«

Das Mädchen ging durch die hintere Tür in den Garten und rief: »Ihr zahmen Täubchen, ihr Turteltäubchen, all ihr Vöglein unter dem Himmel, kommt und helft mir Linsen lesen,

die guten ins Töpfchen,
die schlechten ins Kröpfchen.«

Da kamen zwei weiße Tauben durchs Küchenfenster geflogen, danach die Turteltauben, und schließlich schwirrten und schwärmten alle Vöglein unter dem Himmel herein und ließen sich um die Asche nieder. Und die Tauben nickten mit den Köpfen und fingen an, pick, pick, pick, und da fingen die Übrigen auch an, pick, pick, pick, und lasen alle guten Linsen in die Schüssel.

Kaum war eine Stunde vorbei, da waren sie schon fertig und flogen alle wieder hinaus.

Da brachte das Mädchen die Schüssel zur Stiefmutter und es freute sich, weil es glaubte, es dürfe nun mit zur Hochzeit gehen.

Die aber sagte: »Nein, Aschenputtel, du hast keine Kleider und kannst nicht tanzen. Du wirst nur ausgelacht werden.« Als nun das Aschenputtel weinte, sagte sie: »Wenn du mir zwei Schüsseln Linsen in einer Stunde aus der Asche lesen kannst, dann darfst du mitgehen.« Doch im Stillen dachte sie: Das kann sie ganz bestimmt nicht.

Nachdem die Stiefmutter die beiden Schüsseln in die Asche geschüttet hatte, ging das Mädchen durch die hintere Tür in den Garten und rief: »Ihr zahmen Täubchen, ihr Turteltäubchen, all ihr Vöglein unter dem Himmel, kommt und helft mir Linsen lesen,

die guten ins Töpfchen,
die schlechten ins Kröpfchen.«

Brüder Grimm

Da kamen zwei weiße Tauben durchs Küchenfenster geflogen, danach die Turteltauben und schließlich schwirrten und schwärmten alle Vöglein unter dem Himmel herein und ließen sich um die Asche nieder. Und die Tauben nickten mit den Köpfen und fingen an, pick, pick, pick, und da fingen die Übrigen auch an, pick, pick, pick, und lasen alle guten Linsen in die Schüssel. Und noch bevor eine halbe Stunde vorbei war, waren sie schon fertig und flogen alle wieder hinaus. Da trug das Mädchen die Schüssel zur Stiefmutter und es freute sich, weil es glaubte, es dürfe nun mit zur Hochzeit gehen.

Die Stiefmutter aber sagte: »Es hilft alles nichts, du kannst nicht mit. Du hast keine Kleider und kannst nicht tanzen. Wir müssten uns wegen dir schämen.« Mit diesen Worten kehrte sie Aschenputtel den Rücken zu und ging schnell mit ihren zwei stolzen Töchtern davon.

Als niemand mehr im Haus war, kniete sich Aschenputtel ans Grab ihrer Mutter unter dem Haselbaum und rief:

>   *»Bäumchen, rüttel dich und schüttel dich,*
>   *wirf Gold und Silber über mich.«*

Da warf ihm der Vogel ein goldenes und silbernes Kleid herunter und Pantoffeln aus Seide, die mit Silber bestickt waren. Eilig zog Aschenputtel das Kleid an und ging zur Hochzeit. So schön sah das Mädchen nun aus, dass ihre Schwestern und die Stiefmutter es gar nicht erkannten. Sie meinten, es müsste eine fremde Königstochter sein. An ihre Schwester dachten sie überhaupt nicht, denn die, so meinten sie, saß ja zu Hause im Schmutz und suchte die Linsen aus der Asche.

Aschenputtel

Der Königssohn aber ging Aschenputtel entgegen, nahm es bei der Hand und tanzte nur mit ihm. Und wenn ein anderer Tänzer kam, der mit Aschenputtel tanzen wollte, dann ließ er seine Hand nicht los und sagte: »Das ist meine Tänzerin.«

Aschenputtel tanzte bis zum Abend und wollte dann nach Hause gehen. Aber der Königssohn sagte: »Ich komme mit und begleite dich.« Er wollte nämlich sehen, zu wem das schöne Mädchen gehörte. Doch Aschenputtel entwischte ihm und sprang ins Taubenhaus. Nun wartete der Königssohn, bis der Vater kam, und sagte ihm, wo das fremde Mädchen hin sei.

Der Vater dachte: Sollte das Aschenputtel sein?, und ließ sich eine Axt und eine Hacke bringen, um das Taubenhaus entzweizuschlagen. Doch er fand niemanden darin. Und als sie die Küche betraten, lag Aschenputtel in seinen schmutzigen Kleidern in der Asche. Es war nämlich flugs aus dem Taubenhaus hinten herabgesprungen und zu dem Haselbaum gelaufen. Dort hatte es die schönen Kleider ausgezogen und aufs Grab gelegt und der Vogel hatte sie wieder fortgenommen. Anschließend hatte sich Aschenputtel in seinem grauen Kittel in die Küche zur Asche gesetzt.

Als am nächsten Tag das Fest weitergefeiert wurde und die Eltern und Stiefschwestern fort waren, ging Aschenputtel zu dem Haselbaum und sprach:

> *»Bäumchen, rüttel dich und schüttel dich,*
> *wirf Gold und Silber über mich.«*

Da warf der Vogel ein noch viel schöneres Kleid herab als am Tag zuvor.

45

Brüder Grimm

Und als Aschenputtel in diesem Kleid auf der Hochzeit erschien, staunte jeder über seine Schönheit.

Der Königssohn hatte das Mädchen bereits erwartet. Er nahm es gleich bei der Hand und tanzte nur mit ihm. Wenn andere kamen, die mit ihm tanzen wollten, sagte er: »Das ist meine Tänzerin.«

Als es Abend wurde, wollte Aschenputtel fort. Der Königssohn ging ihm nach, um zu sehen, in welches Haus es ging. Doch es entkam ihm und sprang in den Garten hinter dem Haus, wo ein schöner großer Baum stand, an dem die prächtigsten Birnen hingen. Flink wie ein Eichhörnchen kletterte Aschenputtel zwischen die Äste und der Königssohn wusste nicht, wo es hingekommen war. Als der Vater kam, sagte er zu ihm: »Das fremde Mädchen ist mir entwischt. Ich glaube, es ist auf den Birnbaum geklettert.«

Der Vater dachte: Sollte das Aschenputtel sein?, ließ sich eine Axt bringen und fällte den Baum, doch er fand niemanden darauf.

Als sie die Küche betraten, lag Aschenputtel in der Asche wie sonst auch. Es war nämlich auf der anderen Seite vom Baum herabgesprungen, hatte dem Vogel auf dem Haselbaum die schönen Kleider zurückgebracht und seinen grauen Kittel angezogen.

Am dritten Tag, als die Eltern und Schwestern fort waren, ging Aschenputtel von neuem ans Grab seiner Mutter und sprach zu dem Bäumchen:

> *»Bäumchen, rüttel dich und schüttel dich,*
> *wirf Gold und Silber über mich.«*

Aschenputtel

Diesmal warf ihm der Vogel ein Kleid herab, das so prächtig und glänzend war, wie es noch keines gehabt hatte. Und die Pantoffeln waren aus purem Gold. Als es nun in diesem Kleid auf die Hochzeit kam, verschlug es jedermann vor Staunen die Sprache. Der Königssohn tanzte nur mit ihm und wenn ein anderer mit ihm tanzen wollte, sagte er: »Das ist meine Tänzerin.«

Als es Abend war, wollte Aschenputtel fort und der Königssohn wollte es begleiten. Es entwischte ihm aber so geschwind, dass er nicht folgen konnte. Er hatte sich aber zuvor eine List ausgedacht und die ganze Treppe mit Pech bestreichen lassen. Als er nun hinabsprang, sah er, dass der linke Pantoffel des Mädchens im Pech hängen geblieben war. Er hob ihn auf: Der Schuh war klein und zierlich und ganz golden.

Am nächsten Morgen ging er damit zu dem Mann und sagte zu ihm: »Keine andere soll meine Frau werden als die, der dieser goldene Schuh passt.« Da freuten sich die beiden Schwestern, denn sie hatten schöne Füße.

Die ältere nahm den Schuh und ging damit in die Kammer, um ihn anzuprobieren. Ihre Mutter war dabei. Doch der Schuh war zu klein, sie kam mit dem großen Zeh nicht hinein. Da gab ihr die Mutter ein Messer und sagte: »Schlag die Zehe ab. Wenn du erst Königin bist, brauchst du nicht mehr zu Fuß zu gehen.« Das Mädchen schlug sich die Zehe ab, zwängte den Fuß in den Schuh, verbiss sich den Schmerz und ging hinaus zum Königssohn. Der hob sie als seine Braut auf sein Pferd und ritt mit ihr davon. Unterwegs mussten sie aber am Grab vorbei. Dort saßen zwei Tauben im Haselbaum und riefen:

Brüder Grimm

> *»Rucke di guh, rucke di guh,*
> *Blut ist im Schuh;*
> *der Schuh ist zu klein,*
> *die rechte Braut sitzt noch daheim.«*

Da schaute er auf ihren Fuß und sah, dass er blutig war. Er wendete sein Pferd und brachte die falsche Braut wieder nach Haus. Er sagte, dass sie nicht die richtige sei; die andere Schwester solle den Schuh probieren.

Die jüngere Schwester ging in die Kammer, und sie kam auch mit den Zehen glücklich in den Schuh, aber die Ferse war zu groß. Da gab ihr die Mutter ein Messer und sagte: »Schlag ein Stück von der Ferse ab. Wenn du erst Königin bist, brauchst du nicht mehr zu Fuß zu gehen.« Das Mädchen schlug ein Stück von der Ferse ab, zwängte den Fuß in den Schuh, verbiss sich den Schmerz und ging hinaus zum Königssohn.

Der hob sie als seine Braut auf sein Pferd und ritt mit ihr davon. Als sie an dem Haselbaum vorbeikamen, saßen die zwei Tauben darauf und riefen:

> *»Rucke di guh, rucke di guh,*
> *Blut ist im Schuh;*
> *der Schuh ist zu klein,*
> *die rechte Braut sitzt noch daheim.«*

Er schaute auf ihren Fuß und sah, dass er blutig war. Da wendete er sein Pferd und brachte die falsche Braut wieder nach Haus. »Das ist auch nicht die Richtige«, sagte er. »Habt ihr keine andere Tochter?«

Aschenputtel

»Nein«, antwortete der Mann. »Nur von meiner verstorbenen Frau ist noch ein kleines, verkümmertes Aschenputtel da. Das kann unmöglich die Braut sein.«

Der Königssohn wollte, dass er sie herschickte, doch die Mutter sprach: »Ach nein, das Mädchen ist viel zu schmutzig, es kann sich auf keinen Fall sehen lassen.«

Weil aber der Königssohn darauf bestand, musste Aschenputtel gerufen werden.

Das wusch sich erst Gesicht und Hände, dann ging es hin und verneigte sich vor dem Königssohn, der ihm den goldenen Schuh reichte.

Aschenputtel setzte sich, schlüpfte in den Pantoffel und er saß wie angegossen. Als es sich dann aufrichtete und der König sein Gesicht sah, da erkannte er das schöne Mädchen wieder, das mit ihm getanzt hatte, und rief: »Das ist die richtige Braut!«

Die Stiefmutter und die beiden Schwestern erschraken und wurden bleich vor Ärger. Der Königssohn aber hob Aschenputtel auf sein Pferd und ritt mit ihm davon. Als sie an dem Haselbaum vorbeikamen, riefen die beiden weißen Tauben:

> *»Rucke di guh, rucke di guh,*
> *kein Blut im Schuh;*
> *der Schuh ist nicht zu klein,*
> *die rechte Braut, die führt er heim.«*

Nachdem sie das gerufen hatten, kamen sie beide herabgeflogen und setzten sich dem Aschenputtel auf die Schultern, die eine rechts, die andere links, und blieben da sitzen.

Rapunzel

Es waren einmal ein Mann und eine Frau, die sich schon lange ein Kind gewünscht hatten. Aber sie bekamen keins. Nun allerdings machte sich die Frau doch Hoffnungen, dass ihr Wunsch erfüllt würde.

An ihrem Hinterhaus hatten die Leute ein kleines Fenster. Von dort aus konnte man in einen prächtigen Garten sehen, in dem die schönsten Blumen und Kräuter wuchsen. Der Garten war aber von einer hohen Mauer umgeben und niemand wagte es hineinzugehen. Er gehörte nämlich einer Zauberin, die große Macht hatte und von aller Welt gefürchtet wurde.

Eines Tages stand die Frau an diesem Fenster und sah in den Garten hinab. Da bemerkte sie ein Beet, das mit den schönsten Rapunzeln bepflanzt war. So frisch und grün sahen sie aus, dass sie den größten Appetit darauf bekam. Von Tag zu Tag wurde ihre Lust, von den Rapunzeln zu essen, stärker. Weil sie aber wusste, dass sie niemals welche bekommen würde, wurde sie schließlich fast krank davon und sah ganz blass und elend aus. Da erschrak ihr Mann und fragte sie: »Was fehlt dir, liebe Frau?«

»Ach«, sagte die Frau, »wenn ich keine Rapunzeln aus dem

Garten hinter unserem Haus zu essen kriege, dann sterbe ich.«

Der Mann hatte seine Frau lieb und deshalb dachte er: Bevor ich meine Frau sterben lasse, hole ich ihr welche von den Rapunzeln, koste es, was es wolle.

So stieg er in der Abenddämmerung über die Mauer in den Garten der Zauberin, stach in aller Eile eine Hand voll Rapunzeln und brachte sie seiner Frau. Die machte gleich einen Salat daraus und aß ihn gierig auf. Die Rapunzeln hatten ihr nun aber so unglaublich gut geschmeckt, dass sie am nächsten Tag noch dreimal so viel Lust darauf bekam. Wenn sie Ruhe haben sollte, dann musste der Mann noch einmal in den Garten steigen.

Wieder stieg er in der Abenddämmerung hinab. Doch als er über die Mauer geklettert war, erschrak er gewaltig, denn er sah die Zauberin vor sich stehen.

Mit zornigem Blick sprach sie ihn an: »Wie kannst du es wagen, in meinen Garten zu steigen und mir meine Rapunzeln zu stehlen! Das wird dir schlecht bekommen!«

»Ach«, bat er, »lasst Gnade vor Recht ergehen, ich habe es nur aus Not getan. Meine Frau hat Eure Rapunzeln vom Fenster aus gesehen und empfindet so große Lust darauf, dass sie sterben würde, wenn sie nicht davon zu essen bekommt.«

Da ließ der Zorn der Zauberin ein wenig nach und sie sagte zu ihm: »Wenn es wirklich so ist, wie du sagst, dann will ich dir erlauben, Rapunzeln mitzunehmen, so viel du willst. Doch unter einer Bedingung: Das Kind, das deine Frau zur Welt bringt, musst du mir geben. Es soll ihm gut gehen und ich werde wie eine Mutter dafür sorgen.«

Brüder Grimm

Da er so große Angst hatte, sagte der Mann es ihr zu.

Als die Frau das Kind geboren hatte, erschien die Zauberin sogleich, gab dem Kind den Namen Rapunzel und nahm es mit sich fort.

Rapunzel wurde das schönste Kind unter der Sonne. Als es zwölf Jahre alt war, sperrte es die Zauberin in einen Turm, der in einem Wald lag und weder eine Treppe noch Türen hatte. Nur ganz oben gab es ein kleines Fensterchen.

Wenn die Zauberin hineinwollte, stellte sie sich darunter und rief:

»Rapunzel, Rapunzel,
lass dein Haar herunter.«

Rapunzel hatte lange, prächtige Haare, die so fein waren wie gesponnenes Gold. Wenn sie die Stimme der Zauberin hörte, band sie ihre Zöpfe auf und wickelte sie oben um einen Fensterhaken. Dann fielen die Haare tief hinab und die Zauberin stieg daran hinauf.

Nachdem auf diese Weise ein paar Jahre vergangen waren, geschah es einmal, dass der Sohn des Königs durch den Wald ritt und an dem Turm vorüberkam. Da hörte er einen Gesang, der so zart und schön war, dass er sein Pferd anhielt und horchte. Es war Rapunzel, die sich in ihrer Einsamkeit die Zeit mit Singen vertrieb. Der Königssohn wollte zu ihr hinauf und suchte nach einer Tür im Turm, doch da war keine. So ritt er nach Hause; aber der Gesang hatte sein Herz so tief berührt, dass er von da an jeden Tag in den Wald hinausging, um zuzuhören.

Als er einmal hinter einem Baum stand, sah er, wie eine Zauberin herbeikam, und hörte, wie sie rief:

*»Rapunzel, Rapunzel,
lass dein Haar herunter.«*

Da ließ Rapunzel ihr Haar herab und die Zauberin stieg zu ihr hinauf. Da dachte der Königssohn: Wenn das die Leiter ist, auf der man hinaufkommt, dann will auch ich einmal mein Glück versuchen.

Am folgenden Abend, als es zu dämmern begann, ging er zu dem Turm und rief:

*»Rapunzel, Rapunzel,
lass dein Haar herunter.«*

Es dauerte nicht lange, da fielen die Haare herab und der Königssohn stieg hinauf.

Brüder Grimm

Anfangs erschrak Rapunzel gewaltig, als ein Mann zu ihr hereinkam, denn niemals zuvor hatte sie einen gesehen. Doch der Königssohn sprach so freundlich zu ihr und erzählte ihr, dass ihr Gesang sein Herz so sehr bewegt habe, dass er sie einfach sehen musste. Da verlor Rapunzel ihre Angst. Und als er sie fragte, ob sie ihn zum Mann nehmen wolle, und sie sah, dass er jung und schön war, da dachte sie: Der wird mich lieber haben als die alte Frau Gotel. Und sie sagte Ja und legte ihre Hand in seine. Sie sprach: »Gerne will ich mit dir gehen, aber ich weiß nicht, wie ich hinabkommen kann. Wenn du wiederkommst, dann bring jedes Mal ein Stück Seide mit. Daraus werde ich dann eine Leiter flechten und wenn sie fertig ist, steige ich daran hinab und du nimmst mich auf dein Pferd.«

Sie verabredeten, dass er bis dahin jeden Abend zu ihr kommen sollte, denn am Tag kam ja die Alte. Die Zauberin merkte auch gar nichts davon, bis Rapunzel einmal sagte: »Wie kommt es nur, Frau Gotel, Ihr seid viel schwerer heraufzuziehen als der junge Königssohn. Der ist im Nu bei mir.«

»Du böses Kind!«, rief da die Zauberin. »Ich dachte, ich hätte dich von aller Welt getrennt, und du hast mich betrogen!«

In ihrem Zorn packte sie die schönen Haare der Rapunzel, wickelte sie um ihre linke Hand, nahm mit der rechten eine Schere, und ritsch, ratsch waren die Haare ab. Und so unbarmherzig war die Zauberin, dass sie Rapunzel in eine verlassene Gegend brachte, wo das Leben traurig und elend war.

Noch an demselben Tag aber, an dem sie Rapunzel verstoßen hatte, machte die Zauberin die abgeschnittenen Haare von Rapunzel oben am Fenster fest. Und als der Königssohn kam und rief:

»Rapunzel, Rapunzel,
lass dein Haar herunter«,

da ließ sie die Haare hinab. Der Königssohn stieg hinauf, doch oben fand er nicht seine liebste Rapunzel, sondern die Zauberin, die ihn böse und giftig ansah.

»Aha«, rief sie höhnisch, »du willst dir deine Liebste holen! Aber der schöne Vogel sitzt nicht mehr im Nest und singt nicht mehr. Die Katze hat ihn geholt und wird auch dir noch die Augen auskratzen. Für dich ist Rapunzel verloren und du wirst sie nie mehr wiedersehen!«

Der Königssohn war außer sich vor Kummer und stürzte sich vom Turm. Den Sturz überlebte er zwar, aber die Dornen, in die er fiel, stachen ihm die Augen aus. Von da an irrte er blind durch den Wald, aß nur Wurzeln und Beeren und klagte und weinte, weil er seine Geliebte verloren hatte.

So wanderte er einige Jahre in großer Not umher und gelangte schließlich in jene verlassene Gegend, wo Rapunzel mit den Zwillingen, die sie geboren hatte – es waren ein Junge und ein Mädchen –, kümmerlich lebte. Dort hörte er eine Stimme, von der er dachte, dass sie ihm bekannt erschien. Er ging darauf zu, und als er näher kam, erkannte ihn Rapunzel, umarmte ihn und weinte. Zwei ihrer Tränen fielen auf seine Augen und nun konnte der Königssohn wieder sehen. Er brachte Rapunzel in sein Reich, wo er mit Freude empfangen wurde, und sie lebten noch lange glücklich und vergnügt.

Das tapfere Schneiderlein

An einem Sommermorgen saß ein Schneiderlein auf seinem Tisch am Fenster, war guter Dinge und nähte aus Leibeskräften. Da kam eine Bauersfrau die Straße herab und rief: »Gutes billiges Mus! Gutes billiges Mus!«

Das klang dem Schneiderlein recht angenehm in den Ohren. Es steckte sein Köpfchen zum Fenster hinaus und rief: »Kommt nur herauf, gute Frau! Hier werdet Ihr Eure Ware los!«

Die Frau stieg mit ihrem schweren Korb die drei Treppen zu dem Schneider hinauf. Dann musste sie alle ihre Töpfe vor ihm auspacken. Der sah sie sich sämtlich ganz genau an, hob sie in die Höhe, hielt die Nase daran. Schließlich sagte er: »Das Mus scheint mir gut! Wiegt mir doch hundert Gramm davon ab. Wenn's ein Viertelpfund ist, kommt's mir auch nicht darauf an!«

Die Frau, die gehofft hatte, viel von ihrem Mus bei ihm zu verkaufen, gab ihm das bisschen, das er verlangte, ging dann aber ärgerlich und brummig von ihm fort.

Das Schneiderlein rief: »Das Mus soll mir Kraft und Stärke geben!«, holte das Brot aus dem Schrank, schnitt sich eine

56

große Scheibe davon ab und strich das Mus darauf. Es sagte sich: »Das wird köstlich schmecken! Aber bevor ich abbeiße, will ich erst noch die Jacke fertig machen.«

Es legte das Brot neben sich, nähte weiter und machte vor Freude immer größere Stiche. In der Zwischenzeit stieg der Duft des süßen Muses an der Wand hinauf, wo viele Fliegen saßen, sodass sie angelockt wurden und sich scharenweise darauf niederließen. Das Schneiderlein sagte: »Wer hat euch denn eingeladen?«, und jagte die ungebetenen Gäste fort. Die Fliegen aber, die kein Deutsch verstanden, ließen sich nicht abweisen, sondern kamen in immer größerer Gesellschaft wieder. Da lief dem Schneiderlein schließlich die Laus über die Leber, wie man so sagt. Es griff nach einem Lappen und schlug ihn unbarmherzig auf die Fliegen nieder. Als er ihn abzog und zählte, da lagen nicht weniger als sieben Fliegen vor ihm tot und streckten die Beine von sich.

Das Schneiderlein sprach: »Bist du so ein Kerl?«, und musste seine eigene Tapferkeit bewundern. Und es beschloss: »Das soll die ganze Stadt erfahren!« Eilig schnitt es sich einen Gürtel, nähte ihn und stickte mit großen Buchstaben darauf: »Sieben auf einen Streich!« Dann sprach das Schneiderlein weiter: »Ach, was sag ich, die Stadt! Die ganze Welt soll es erfahren!« Und sein Herz wackelte ihm vor Freude wie ein Lämmerschwänzchen.

Der Schneider band sich den Gürtel um den Leib und wollte in die Welt hinaus, weil er meinte, seine Werkstatt sei zu klein für seine Tapferkeit. Bevor er abzog, suchte er aber im Haus herum, ob da nichts wäre, was er mitnehmen könnte. Er fand zwar nichts als einen alten Käse, aber den steckte er

57

ein. Und vor dem Tor bemerkte er noch einen Vogel, der sich in den Sträuchern verfangen hatte – der musste zu dem Käse in seine Tasche.

Nun nahm er den Weg tapfer in Angriff, und weil er leicht und flink war, wurde er auch nicht müde. Der Weg führte ihn auf einen Berg, und als er den höchsten Gipfel erreicht hatte, saß da ein gewaltiger Riese und schaute sich ganz gemächlich um. Das Schneiderlein ging beherzt auf ihn zu und sprach ihn an: »Guten Tag, Kamerad! Gell, du sitzt da und besiehst dir die weite Welt? Ich bin eben auf dem Weg dorthin und will sie entdecken. Hast du Lust mitzugehen?«

Der Riese sah den Schneider nur verächtlich an und sagte: »Du elender Wicht! Du armseliges Würmchen!«

Das Schneiderlein sagte: »Von wegen!« Es knöpfte den Rock auf und zeigte dem Riesen den Gürtel. »Da kannst du lesen, was ich für ein Mann bin!«

Der Riese las »Sieben auf einen Streich« und dachte, das wären Menschen gewesen, die der Schneider erschlagen hätte. Da bekam er ein wenig Respekt vor dem kleinen Kerl. Er wollte ihn aber erst auf die Probe stellen. Deshalb nahm er einen Stein in die Hand, drückte ihn, dass das Wasser heraustropfte, und sagte zu dem Schneider: »Das mach mir nach, wenn du genug Kraft hast!«

»Weiter nichts?«, sagte das Schneiderlein. »Das ist für unsereins ein Kinderspiel!« Er griff in seine Tasche, nahm den weichen Käse und drückte ihn, dass der Saft herauslief. »Gell«, sagte er, »das war ein bisschen besser?«

Der Riese wusste nicht, was er sagen sollte, und konnte das von dem Männlein gar nicht glauben. Da hob er einen Stein

Das tapfere Schneiderlein

auf, warf ihn so hoch, dass man ihn kaum mehr sehen konnte, und sagte: »Nun, du Erpel, jetzt mach mir das einmal nach!«

Der Schneider sagte: »Gut geworfen! Aber der Stein hat trotzdem wieder zur Erde herabfallen müssen! Ich will einen werfen, der soll überhaupt nicht wiederkommen!« Mit diesen Worten griff er in die Tasche, nahm den Vogel und warf ihn in die Luft. Der Vogel war froh über seine Freiheit, stieg auf, flog fort und kam nicht wieder. Der Schneider fragte: »Wie gefällt dir das, Kamerad?«

Der Riese sagte: »Werfen kannst du gut. Aber jetzt wollen wir mal sehen, ob du auch imstande bist, etwas Ordentliches zu tragen!« Er führte den Schneider zu einer mächtigen Eiche, die gefällt auf dem Boden lag, und sagte: »Wenn du stark genug bist, dann hilf mir, den Baum aus dem Wald herauszutragen.«

»Gerne«, antwortete der kleine Mann. »Nimm du nur den Stamm auf deine Schulter. Ich will die Äste mit den Zweigen aufheben und tragen, denn das ist doch das Schwerste.«

Der Riese nahm den Stamm auf die Schulter. Der Schneider aber setzte sich auf einen Ast, und der Riese, der sich nicht umsehen konnte, musste den ganzen Baum und das Schneiderlein noch obendrein davontragen. Das Schneiderlein war dahinten ganz lustig und vergnügt und pfiff das Liedchen »Es ritten drei Schneider zum Tore hinaus«, als wäre das Baumtragen ein Kinderspiel.

Nachdem der Riese die schwere Last ein Stück weit fortgeschleppt hatte, konnte er nicht weiter und rief: »Hör mal, ich muss den Baum jetzt fallen lassen!«

Der Schneider sprang flink herab, umfasste den Baum mit

Brüder Grimm

beiden Armen, als ob er ihn getragen hätte, und sagte zu dem Riesen: »Du bist so ein großer Kerl und kannst nicht einmal den Baum tragen!«

Dann gingen sie zusammen weiter und als sie an einem Kirschbaum vorbeikamen, griff der Riese in die Krone des Baumes, wo die ersten Früchte hingen, bog sie herab, gab sie dem Schneider in die Hand und sagte zu ihm, er solle essen. Das Schneiderlein aber war viel zu schwach, um die Baumkrone zu halten, und als der Riese losließ, fuhr der Baum in die Höhe und der Schneider wurde mit in die Luft geschnellt. Nachdem er unbeschadet wieder herabgefallen war, sagte der Riese zu ihm: »Was war das denn? Hast du etwa nicht die Kraft, die paar Ästchen zu halten?«

Das Schneiderlein antwortete: »An der Kraft fehlt es mir nicht! Meinst du denn, einer, der sieben auf einen Streich getroffen hat, hätte damit seine Mühe? Ich bin über den Baum gesprungen, weil die Jäger da unten in das Gebüsch schießen. Spring nach, wenn du's kannst!«

Der Riese versuchte es, kam aber nicht über den Baum, sondern blieb in den Ästen hängen, sodass das Schneiderlein auch hier die Oberhand behielt. Da sagte der Riese: »Wenn du ein so tapferer Kerl bist, dann komm mit in unsere Höhle und übernachte bei uns!« Das Schneiderlein war einverstanden und folgte ihm.

Als sie zu der Höhle kamen, saßen da noch andere Riesen am Feuer und jeder hatte ein gebratenes Schaf in der Hand und aß davon. Das Schneiderlein sah sich um und dachte: Hier ist doch viel mehr Platz als in meiner Werkstatt.

Der Riese wies ihm ein Bett an und sagte, er solle sich hin-

Das tapfere Schneiderlein

legen und ausschlafen. Dem Schneiderlein war das Bett aber zu groß. Deshalb legte es sich nicht hinein, sondern kroch in eine Ecke. Und als es Mitternacht war und der Riese meinte, das Schneiderlein läge in tiefem Schlaf, da stand er auf, nahm eine große Eisenstange, schlug das Bett mit einem Schlag durch und dachte, jetzt hätte er dem Grashüpfer den Garaus gemacht.

Am frühen Morgen gingen die Riesen in den Wald und hatten das Schneiderlein schon beinahe vergessen, da kam es auf einmal ganz lustig und verwegen dahergeschritten. Die Riesen erschraken, denn sie fürchteten, das Schneiderlein schlüge sie alle tot, und liefen eiligst fort.

So zog das Schneiderlein weiter, immer seiner spitzen Nase nach. Nachdem es lange gewandert war, kam es in den Hof eines königlichen Palastes. Weil es müde war, legte es sich ins Gras und schlief ein. Während es da lag, kamen die Leute von allen Seiten und lasen auf seinem Gürtel »Sieben auf einen Streich«.

Da sagten sie: »Nanu? Was will dieser Kriegsherr hier mitten im Frieden? Das muss ein mächtiger Herr sein!« Sie gingen und meldeten es dem König. Sie dachten nämlich, wenn Krieg ausbrechen sollte, dann wäre das ein nützlicher und mächtiger Mann, den man auf keinen Fall fortlassen dürfe.

Dem König gefiel der Rat und er schickte einen seiner Hofleute zu dem Schneider. Der sollte ihm, wenn er aufwachte, Kriegsdienste anbieten.

Der Abgesandte blieb neben dem Schlafenden stehen, wartete, bis er seine Glieder streckte und die Augen aufschlug, und brachte dann seinen Antrag vor.

Das Schneiderlein antwortete: »Genau deshalb bin ich hierher gekommen. Ich bin bereit, in den Dienst des Königs zu treten.« So wurde es mit allen Ehren empfangen und erhielt eine besondere Wohnung.

Die Kriegsleute aber wünschten, der Schneider wäre tausend Meilen weit weg. Sie sagten zueinander: »Was soll nur werden, wenn wir Streit mit ihm kriegen und er schlägt zu? Dann fallen auf jeden Streich sieben von uns! Der macht uns nieder!« Also fassten sie einen Entschluss, begaben sich allesamt zum König und baten um ihren Abschied. Sie sagten dem König: »Wir sind nicht gemacht, um neben einem Mann zu bestehen, der sieben auf einen Streich schlägt!«

Der König war traurig, dass er wegen des einen alle seine Diener verlieren sollte, wünschte, dass er ihn nie gesehen hätte, und wäre ihn gerne wieder losgeworden. Er traute sich aber nicht, ihn zu entlassen. Er fürchtete nämlich, dass er ihn mitsamt seinem Volk totschlagen und sich dann selbst auf den Königsthron setzen könnte. Der König überlegte lange hin und her, und endlich wusste er sich Rat. Er ließ dem Schneider sagen: Weil er so ein großer Kriegsherr sei, wolle er ihm folgendes Angebot machen: In einem Wald in seinem Reich hausten zwei Riesen, die mit Rauben, Morden und Brennen großen Schaden anrichteten. Niemand konnte sich ihnen nähern, ohne sich Lebensgefahr auszusetzen. Wenn er diese beiden Riesen zur Strecke brachte und tötete, dann würde er ihm seine einzige Tochter zur Frau geben und das halbe Königreich dazu. Es sollten außerdem hundert Reiter mitziehen und ihm Beistand leisten.

Das Schneiderlein dachte bei sich: Das wäre genau das

Das tapfere Schneiderlein

Richtige für einen Mann wie mich. Eine schöne Königstochter und ein halbes Königreich bekommt man nicht alle Tage angeboten. Und es antwortete dem König: »Aber ja, die Riesen werde ich schon bändigen. Die hundert Reiter benötige ich dazu gar nicht. Wer sieben auf einen Streich trifft, braucht sich vor zweien nicht zu fürchten!«

Das Schneiderlein zog aus und die hundert Reiter folgten ihm. Als es an den Rand des Waldes kam, sagte das Schneiderlein zu seinen Begleitern: »Bleibt ihr nur hier. Ich werde schon alleine mit den Riesen fertig!«

Gleich sprang es in den Wald hinein und schaute sich rechts und links um. Nach einer Weile erblickte es die beiden Riesen. Sie lagen unter einem Baum und schliefen und sie schnarchten dabei, dass sich die Äste auf- und niederbogen.

Das Schneiderlein, nicht faul, sammelte Steine auf, füllte damit seine Taschen und stieg auf den Baum. Als es in der Mitte war, rutschte es auf einem Ast so lange vor, bis es gerade über den schlafenden Riesen saß. Dann ließ es dem einen Riesen einen Stein nach dem anderen auf die Brust fallen. Der Riese merkte lange nichts, aber schließlich wachte er auf, stieß seinen Gesellen an und sprach: »Ha, was schlägst du mich!«

Der andere sagte: »Du träumst. Ich schlage dich nicht.«

Sie legten sich wieder nieder, da warf der Schneider auf den zweiten einen Stein herab.

Da rief der andere: »Was soll das? Warum bewirfst du mich?«

Der erste brummte: »Ich bewerfe dich nicht!«

Sie zankten sich eine Weile herum, aber weil sie müde waren, ließen sie's gut sein und die Augen fielen ihnen wieder zu. Das Schneiderlein aber fing sein Spiel von neuem an,

Brüder Grimm

suchte den dicksten Stein aus und warf ihn dem ersten Riesen mit aller Gewalt auf die Brust.

Der schrie: »Das ist zu viel!«, sprang wie ein Irrsinniger auf und stieß seinen Gesellen gegen den Baum, dass der zitterte. Der andere zahlte mit gleicher Münze zurück und sie gerieten in solche Wut, dass sie die Bäume ausrissen und aufeinander einschlugen, bis sie endlich beide zugleich tot auf die Erde fielen.

Nun sprang das Schneiderlein herab. Es sagte sich: »Ein Glück, dass sie den Baum, auf dem ich saß, nicht ausgerissen haben, sonst hätte ich wie ein Eichhörnchen auf einen anderen springen müssen!« Dann zog es sein Schwert und versetzte jedem der beiden Riesen ein paar tüchtige Hiebe auf die Brust. Darauf ging es hinaus zu den Reitern und sprach: »Die Arbeit ist getan. Ich habe beiden den Garaus gemacht. Aber hart war der Kampf. In ihrer Not haben sie Bäume ausgerissen, um sich zu wehren. Doch das hilft alles nichts, wenn einer kommt wie ich, der sieben auf einen Streich schlägt!«

Die Reiter fragten: »Ja seid Ihr denn nicht verwundet?«

»Ach was«, antwortete der Schneider, »kein Haar haben sie mir gekrümmt.«

Die Reiter konnten das nicht fassen und ritten in den Wald hinein. Da fanden sie die toten Riesen und ringsherum lagen die ausgerissenen Bäume.

Das Schneiderlein verlangte vom König die versprochene Belohnung, aber der bereute schon, was er ihm alles versprochen hatte. Und wieder überlegte er, wie er sich den Helden vom Hals schaffen könnte. Der König sagte also zu dem Schneiderlein: »Bevor du meine Tochter und das halbe Reich

Das tapfere Schneiderlein

erhältst, musst du noch eine Heldentat vollbringen. In dem Wald treibt sich ein Einhorn herum, das großen Schaden anrichtet. Das musst du einfangen.«

Der Schneider sprach: »Vor einem Einhorn fürchte ich mich noch weniger als vor zwei Riesen. Sieben auf einen Streich, so ist das bei mir.« Er nahm einen Strick und eine Axt und ging hinaus in den Wald. Wieder sagte er zu denen, die ihn begleiteten, sie sollten am Waldrand warten.

Das Schneiderlein musste nicht lange suchen. Das Einhorn kam bald dahergesprungen und es lief geradezu auf den Schneider los, als wollte es ihn aufspießen. Der sagte: »Sachte, sachte, so schnell geht das nicht.« Er blieb stehen und wartete, bis das Tier ganz nah war, dann sprang er flink hinter einen Baum. Das Einhorn rannte mit aller Kraft gegen den Baum und spießte sein Horn so fest in den Stamm, dass es nicht Kraft genug hatte, es wieder herauszuziehen. Und so war es gefangen.

Der Schneider sprach: »Jetzt habe ich das Vöglein«, kam hinter dem Baum hervor, legte dem Einhorn den Strick um den Hals, dann schlug er mit der Axt das Horn aus dem Baum, und als alles in Ordnung war, führte er das Tier weg und brachte es dem König.

Der König wollte ihm den versprochenen Lohn noch immer nicht geben und stellte eine dritte Forderung: Der Schneider sollte ihm vor der Hochzeit erst ein Wildschwein fangen, das in dem Wald sein Unwesen trieb, und die Jäger sollten ihm dabei helfen.

Das Schneiderlein antwortete: »Gerne. Das ist ein Kinderspiel.« Doch es nahm die Jäger nicht mit in den Wald, und sie

Brüder Grimm

waren darüber auch ganz froh. Denn das Wildschwein hatte sie schon mehrmals so empfangen, dass sie keine Lust hatten, ihm wiederzubegegnen.

Als das Wildschwein den Schneider erblickte, lief es mit schäumendem Maul und gebleckten Zähnen auf ihn zu und wollte ihn zur Erde werfen. Der Schneider lief davon und flüchtete in eine Kapelle, die in der Nähe war, aber sprang gleich oben in einem Satz wieder zum Fenster heraus. Das Schwein war hinter ihm hergerannt – er aber lief außen um die Kapelle herum und schlug die Tür hinter dem Wildschwein zu. Nun war das wütende Tier gefangen, denn es war viel zu schwer und unbeholfen, um oben aus dem Fenster zu springen. Das Schneiderlein rief die Jäger herbei, damit sie den Gefangenen mit eigenen Augen sahen.

Der Held aber begab sich zum König, und der musste nun sein Versprechen einlösen, ob er nun wollte oder nicht. So gab er dem Schneiderlein seine Tochter und das halbe Königreich dazu. Hätte er gewusst, dass kein Kriegsheld, sondern nur ein Schneiderlein vor ihm stand, es wäre ihm noch schwerer gefallen.

Die Hochzeit wurde also mit großer Pracht und kleiner Freude abgehalten und aus dem Schneider wurde ein König gemacht.

Nach einiger Zeit hörte die junge Königin in der Nacht, wie ihr Gemahl im Traum sprach: »Junge, mach mir die Jacke und flick mir die Hosen, oder ich werde dir die Elle über die Ohren schlagen!« Da merkte sie, was der junge Herr in Wirklichkeit war.

Das tapfere Schneiderlein

Am nächsten Morgen klagte sie dem König ihr Leid und bat ihn, er solle ihr helfen, den Mann wieder loszuwerden, weil er nichts weiter als ein Schneider wäre. Der König tröstete sie und sprach: »Lass in der nächsten Nacht deine Schlafkammer offen. Meine Diener sollen draußen warten. Wenn er eingeschlafen ist, sollen sie hineingehen, ihn fesseln und auf ein Schiff tragen, das ihn in die weite Welt bringt.«

Die Königstochter war mit diesem Vorschlag einverstanden. Doch der Waffenmeister, der alles mit angehört hatte, stand auf der Seite des jungen Herrn und verriet ihm, welchen Anschlag der König auf ihn vorhatte.

Da sagte das Schneiderlein: »Dem werde ich aber einen Riegel vorschieben!«

Am Abend legte er sich zur selben Zeit wie immer mit seiner Frau ins Bett. Als sie dachte, dass er eingeschlafen sei, stand sie auf, öffnete die Tür und legte sich wieder hin. Das Schneiderlein, das sich nur schlafend gestellt hatte, fing an, mit heller Stimme zu rufen: »Junge, mach mir die Jacke und flick mir die Hosen, oder ich werde dir die Elle über die Ohren schlagen. Ich habe sieben auf einen Streich getroffen, zwei Riesen getötet, ein Einhorn fortgeführt und ein Wildschwein gefangen und sollte mich nun vor denen fürchten, die draußen vor der Kammer stehen?«

Als die Diener des Königs draußen den Schneider das sagen hörten, bekamen sie so große Angst, dass sie davonliefen, als wäre das wilde Heer hinter ihnen her, und keiner wagte sich mehr in seine Nähe.

So war und blieb das Schneiderlein ein König, solange es lebte.

Tischleindeckdich, Goldesel und Knüppelausdemsack

Vor langer Zeit lebte einmal ein Schneider. Der hatte drei Söhne und nur eine Ziege. Weil die Ziege aber alle zusammen mit ihrer Milch ernährte, musste sie ihr gutes Futter bekommen und jeden Tag auf die Weide geführt werden. Und das besorgten der Reihe nach die Söhne.

Einmal brachte der Älteste die Ziege auf den Kirchhof, wo die schönsten Kräuter standen, und ließ sie dort fressen. Am Abend, als es Zeit war heimzugehen, fragte er sie: »Ziege, bist du satt?«

Und die Ziege antwortete:

>*»Ich bin so satt,*
>*ich mag kein Blatt, mäh, mäh!«*

Der Junge sagte: »Dann komm mit nach Hause!«, nahm den Strick, führte die Ziege in den Stall und band sie fest.

Der alte Schneider fragte ihn: »Und hat die Ziege auch ihr gutes Futter bekommen?«

Da antwortete der Sohn: »Die ist so satt, die mag kein Blatt.«

Der Vater aber wollte sich selbst überzeugen. Er ging in den

Stall, streichelte das liebe Tier und fragte: »Ziege, bist du auch satt?«

Die Ziege antwortete:

>»Wovon sollt ich satt sein?
Ich sprang nur über Gräbelein
und fand kein einzig Blättelein, mäh,
mäh!«*

»Was muss ich hören!«, rief der Schneider, lief zu seinem Jungen und sprach: »Du Lügner sagst, die Ziege wäre satt, und hast sie hungern lassen?« In seinem Zorn jagte er ihn mit Schlägen hinaus.

Am nächsten Tag war der zweite Sohn an der Reihe. Der suchte an der Gartenhecke einen Platz aus, an dem lauter gute Kräuter standen, und die Ziege fraß sie ratzekahl ab. Abends, als er heimwollte, fragte er: »Ziege, bist du satt?«

Die Ziege antwortete:

*»Ich bin so satt,
ich mag kein Blatt, mäh, mäh!«*

»Dann komm mit nach Hause«, sagte der Junge, führte die Ziege heim und band sie im Stall fest.

Der alte Schneider fragte: »Und hat die Ziege auch ihr gutes Futter bekommen?«

Da antwortete der Sohn: »Die ist so satt, die mag kein Blatt.«

Der Schneider wollte sich darauf nicht verlassen, ging in den Stall und fragte die Ziege: »Ziege, bist du auch satt?«

Die Ziege antwortete:

> *»Wovon sollt ich satt sein?*
> *Ich sprang nur über Gräbelein*
> *und fand kein einzig Blättelein, mäh, mäh!«*

»Der gottlose Bösewicht!«, rief der Schneider. »So ein frommes Tier hungern zu lassen!« Und er prügelte seinen Jungen zur Haustür hinaus.

Als Nächster war der dritte Sohn an der Reihe. Der wollte seine Sache gut machen, suchte Büsche mit dem schönsten Laub aus und ließ die Ziege daran fressen. Abends, als er heimwollte, fragte er: »Ziege, bist du auch satt?«

Die Ziege antwortete:

> *»Ich bin so satt,*
> *ich mag kein Blatt, mäh, mäh.«*

»Dann komm mit nach Hause«, sagte der Junge, führte sie in den Stall und band sie fest.

Der alte Schneider fragte: »Nun? Hat die Ziege auch ihr gutes Futter bekommen?«

Der Sohn antwortete: »Aber ja! Die ist so satt, die mag kein Blatt.«

Der Schneider traute ihm nicht, ging in den Stall und fragte: »Ziege, bist du auch satt?«

Das boshafte Tier antwortete:

»Wovon soll ich satt sein?
Ich sprang nur über Gräbelein
und fand kein einzig Blättelein, mäh, mäh!«

Da rief der Schneider: »Ihr seid doch Lügner allesamt! Aber ihr werdet mich nicht länger zum Narren halten!« Völlig außer sich vor Zorn rannte er in die Stube und verprügelte den Jungen so gewaltig, dass er zum Haus hinaussprang.

Jetzt war der alte Schneider mit seiner Ziege allein. Am nächsten Morgen ging er zu ihr, streichelte sie und sprach: »Komm, mein liebes Tierchen, heute werde ich dich selbst auf die Weide führen!« Er nahm sie am Strick und brachte sie zu grünen Hecken, die Ziegen ganz besonders gerne fressen.

Als er sie am Abend wieder heimholen wollte, fragte er sie: »Ziege, bist du satt?«

Und sie antwortete:

»Ich bin so satt,
ich mag kein Blatt, mäh, mäh!«

So sagte der Schneider: »Dann komm mit nach Hause!«, führte sie in den Stall und band sie fest. Als er fortging, drehte er sich noch einmal zu ihr um und sagte: »Nun bist du ja endlich einmal richtig satt!«

Aber die Ziege rief:

»Wovon soll ich satt sein?
Ich sprang nur über Gräbelein
und fand kein einzig Blättelein, mäh, mäh!«

Brüder Grimm

Da erkannte der Schneider, dass er seine Söhne zu Unrecht verstoßen hatte. »Na warte«, rief er, »du undankbares Geschöpf! Dich fortzujagen ist noch zu wenig. Ich will dich so zeichnen, dass du dich unter ehrbaren Schneidern nicht mehr sehen lassen kannst!« Und er holte sein Bartmesser, seifte der Ziege den Kopf ein und schor sie so glatt wie seine flache Hand. Zudem schlug er sie noch, sodass sie in großen Sätzen aus dem Haus sprang.

Als der Schneider nun so ganz allein in seinem Haus saß, wurde er sehr traurig. Gerne hätte er seine Söhne wiedergehabt, aber niemand wusste, wo sie hingegangen waren.

Der Älteste war zu einem Schreiner gegangen, um dort eine Lehre zu machen. Nachdem er fleißig gelernt hatte und seine Zeit um war, sollte er auf Wanderschaft gehen. Zum Abschied schenkte ihm der Meister ein Tischchen, das nicht besonders schön und aus ganz gewöhnlichem Holz war. Aber es hatte eine gute Eigenschaft. Wenn man es hinstellte und sprach: »Tischlein, deck dich«, dann war das gute Tischchen plötzlich mit einem sauberen Tuch bedeckt und es stand ein Teller mit Messer und Gabel darauf und dazu noch Schüsseln mit köstlichen Speisen.

Der junge Geselle dachte sich: Damit hast du genügend bis an dein Lebensende! Guter Dinge zog er durch die Welt, und die Wirtshäuser kümmerten ihn nicht. Wo es ihm gefiel, ganz gleich ob im Feld, im Wald oder auf einer Wiese, nahm er sein Tischchen vom Rücken, stellte es vor sich hin und sagte: »Tischlein, deck dich!«, und schon war alles da, was sein Herz begehrte.

Tischleindeckdich, Goldesel und Knüppelausdemsack

Eines Tages dachte er sich, dass er doch eigentlich zu seinem Vater zurückkehren könnte. Dessen Zorn war inzwischen sicher verraucht und mit dem Tischleindeckdich würde er ihn bestimmt gerne wieder aufnehmen.

Als er schon auf dem Heimweg war, geschah es aber, dass er abends doch einmal ein Wirtshaus betrat, das bis auf den letzten Platz besetzt war. Die Leute grüßten ihn und luden ihn ein, sich zu ihnen zu setzen und mit ihnen zu essen. Denn sonst würde er kaum mehr etwas bekommen.

Doch der Schreiner antwortete: »Nein, die paar Bissen will ich euch nicht vom Mund wegnehmen. Lieber sollt ihr meine Gäste sein!«

Die Leute lachten, weil sie meinten, er mache nur Spaß. Er aber stellte sein Tischchen mitten in die Stube und sprach: »Tischlein, deck dich!«

Sogleich standen die besten Speisen darauf, und sie waren so gut, wie der Wirt sie niemals hätte zubereiten können. Den Gästen stieg ein köstlicher Duft in die Nase.

Der junge Geselle rief: »Greift nur zu, liebe Freunde!« Das ließen sich die Gäste nicht zweimal sagen. Sie rückten heran, nahmen ihre Messer und griffen tapfer zu. Und – was für ein Wunder! – sobald eine Schüssel leer geworden war, stellte sich gleich von selbst eine volle an ihren Platz.

Der Wirt stand in einer Ecke, sah dem Treiben zu und wusste gar nicht, was er dazu sagen sollte. Er dachte sich aber: Einen solchen Koch könntest du gut in deiner Wirtschaft gebrauchen!

Der Schreiner und seine Gesellschaft ließen sich's wohl ergehen bis spät in die Nacht, dann legten sie sich schlafen.

Auch der junge Geselle ging zu Bett. Sein Wünschtischchen hatte er einfach an die Wand gestellt.

Dem Wirt aber ließen seine Gedanken keine Ruhe. Und wie er so nachdachte, fiel ihm ein, dass er in seiner Rumpelkammer ein altes Tischchen stehen hatte, das genauso aussah wie das des jungen Schreiners. Leise holte er es herbei und vertauschte es mit dem Tischleindeckdick. Als der Schreiner am nächsten Morgen bezahlte, sein Tischchen auflud und sich wieder auf den Weg machte, kam er gar nicht auf den Gedanken, dass er das falsche Tischchen auf dem Rücken haben könnte.

Am Mittag kam er bei seinem Vater an, der ihn mit großer Freude empfing. Er fragte: »Nun, mein lieber Sohn, was hast du gelernt?«

»Ich bin Schreiner geworden.«

»Ein gutes Handwerk«, sagte der Alte, »aber was hast du von deiner Wanderschaft mitgebracht?«

»Das Beste, was ich habe, ist dieses Tischchen«, sagte der Sohn.

Der Schneider betrachtete es von allen Seiten und sagte: »Das scheint mir ja nicht gerade ein Meisterstück! Es ist ein altes und schlechtes Tischchen!«

»Aber es ist ein Tischleindeckdich«, antwortete der junge Schreiner. »Wenn ich es hinstelle und ihm sage, es soll sich decken, dann stehen sofort die schönsten Gerichte darauf und dazu der beste rote Wein. Ladet nur alle Freunde und Verwandten ein. Die sollen sich einmal alle genüsslich daran satt essen!«

Der Vater tat, was sein Sohn gesagt hatte. Und als die ganze

Tischleindeckdich, Goldesel und Knüppelausdemsack

Gesellschaft versammelt war, stellte der junge Schreiner sein Tischchen mitten in die Stube und sprach: »Tischlein, deck dich!«

Aber das Tischchen regte sich nicht und blieb leer.

Da merkte der arme Geselle, dass sein Tischchen vertauscht worden war. Und er schämte sich sehr, weil er wie ein Lügner dastand. Die Verwandten aber lachten ihn aus und mussten hungrig und durstig wieder nach Hause gehen.

Der zweite Sohn war zu einem Müller gekommen und bei ihm in die Lehre gegangen. Als seine Lehrzeit vorbei war, sagte sein Meister: »Weil du ein so fleißiger und anständiger Lehrjunge gewesen bist, schenke ich dir einen Esel von besonderer Art. Er zieht keinen Wagen und trägt keine Säcke.«

Der junge Geselle fragte: »Wozu ist er dann überhaupt gut?«

»Er spuckt Gold«, sagte der Müller. »Wenn du ihn auf ein Tuch stellst und sagst: ›Bricklebrit‹, dann spuckt dir das gute Tier Goldstücke aus, vorne und hinten.«

»Das ist eine schöne Sache«, sagte der Geselle, dankte dem Meister und zog in die Welt. Wenn er Gold nötig hatte, brauchte er es künftig nur noch vom Boden aufzuheben, das war die einzige Mühe.

Nachdem er sich eine Weile in der Welt umgesehen hatte, dachte er: Ich sollte zu meinem Vater zurückgehen – wenn ich mit dem Goldesel komme, dann wird er seinen Zorn vergessen und mich im Guten wieder aufnehmen.

Auf seinem Weg aber kam es so, dass er in dasselbe Wirtshaus geriet, in dem seinem Bruder das Tischchen vertauscht worden war. Als er dort ankam, führte der junge Müller sei-

Brüder Grimm

nen Esel an der Hand. Und als der Wirt ihm den Esel abnehmen und ihn anbinden wollte, sagte er: »Macht Euch keine Mühe. Ich bringe ihn selbst in den Stall, denn ich muss wissen, wo er steht.«

Dies kam dem Wirt merkwürdig vor. Er dachte, einer, der sich um seinen Esel selber kümmern muss, hätte gewiss nicht viel Geld. Als der Fremde aber zwei Goldstücke aus seiner Tasche zog, sie ihm gab und sagte, er solle nur das Beste für ihn einkaufen, da machte er große Augen.

Nach dem Essen fragte der Gast, was er zu zahlen hätte, und der Wirt meinte, er müsse noch ein paar Goldstücke drauflegen. Der Geselle griff in seine Tasche, aber sein Gold war gerade zu Ende.

Er sagte: »Wartet einen Augenblick, Herr Wirt, ich werde gehen und welches holen.« Dann ging er, nahm aber das Tischtuch mit. Und weil der Wirt das doch sehr sonderbar fand, wurde er neugierig und schlich dem Gesellen nach. Der aber hatte die Stalltür zugesperrt, sodass der Wirt durch ein Astloch lugen musste. Der Fremde breitete das Tischtuch am Boden aus, zog den Esel darauf, rief: »Bricklebrit«, und sofort fing das Tier an Gold zu spucken, von vorn und von hinten, sodass es ordentlich auf die Erde herabregnete.

Der Wirt sagte sich: Potztausend! So ein Geldbeutel ist wirklich nicht übel!

Nachdem der Geselle den Wirt bezahlt hatte, legte er sich schlafen. Der Wirt aber schlich sich nachts in den Stall, führte den Goldesel fort und band einen anderen an seine Stelle. Und als der Geselle am nächsten Morgen aufbrach, meinte er, dass er den richtigen Esel hätte.

Tischleindeckdich, Goldesel und Knüppelausdemsack

Am Mittag kam der junge Müller bei seinem Vater an. Der freute sich, als er ihn wiedersah, und nahm ihn gerne wieder auf.

Der alte Schneider fragte: »Was ist denn aus dir geworden, mein Sohn?«

»Ein Müller«, antwortete er.

»Und was hast du von deiner Wanderschaft mitgebracht?«, fragte der Vater.

»Weiter nichts als einen Esel.«

Da sagte der Vater: »Esel gibt's hier genug, eine gute Ziege wäre mir lieber gewesen.«

»Mag sein«, antwortete der Sohn, »aber es ist kein gewöhnlicher Esel, sondern ein Goldesel. Wenn ich sage ›Bricklebrit‹, dann spuckt er Euch ein ganzes Tuch voller Goldstücke. Lasst nur alle Verwandten kommen, ich werde sie alle zu reichen Leuten machen.«

»Das lass ich mir gefallen«, sagte der Schneider, »dann muss ich mich nicht länger mit der Nadel quälen.« Auf der Stelle machte er sich selbst auf den Weg, um seine Verwandten herbeizuholen.

Sobald sie alle gekommen waren, forderte der Müller sie auf, Platz zu machen. Dann breitete er sein Tuch aus und brachte den Esel in die Stube. Er rief: »Jetzt gebt Acht! – Bricklebrit!« Aber es war kein Gold, was herabfiel, und es zeigte sich, dass das Tier die Kunst nicht beherrschte.

Der arme Müller machte ein langes Gesicht, denn er erkannte jetzt, dass er betrogen worden war. Er bat die Verwandten um Verzeihung, die genauso arm wieder nach Hause gingen, wie sie gekommen waren.

Brüder Grimm

Der dritte Bruder war zu einem Drechsler in die Lehre gegangen. Und weil das ein kunstreiches Handwerk ist, musste er am längsten lernen. Seine Brüder aber schrieben ihm einen Brief, in dem sie erzählten, wie übel es ihnen ergangen war und wie der Wirt sie noch am letzten Abend um ihre schönen Wünschdinge gebracht hatte.

Als die Lehre des Drechslers zu Ende war und er wandern sollte, da schenkte sein Meister ihm einen Sack, weil er so fleißig gewesen war, und er sagte: »Da ist ein Knüppel drin.«

Der junge Drechsler wunderte sich: »Den Sack kann ich umhängen und er kann mir gute Dienste erweisen. Aber was soll der Knüppel darin? Der macht ihn doch nur schwer!«

Der Meister antwortete: »Ich will es dir sagen! Wenn jemand dir etwas zuleide tut, dann musst du nur sagen: ›Knüppel, aus dem Sack!‹ Dann springt der Knüppel heraus und tanzt den Leuten auf dem Rücken herum, dass sie sich acht Tage lang nicht mehr rühren können. Und er hört nicht eher wieder auf, als bis du sagst: ›Knüppel, in den Sack!‹«

Der Geselle dankte ihm, hängte sich den Sack um und machte sich auf seine Wanderschaft.

Eines Abends kam auch er in dem Wirtshaus an, in dem seine Brüder einst betrogen worden waren. Er legte seinen Sack vor sich auf den Tisch und begann zu erzählen, was er alles Merkwürdiges in der Welt gesehen hatte. »Ja«, sagte er, »man begegnet sogar einem Tischleindeckdich, einem Goldesel und dergleichen; lauter gute Dinge, die ich nicht verachten würde. Aber das ist noch gar nichts gegen den Schatz, den ich erworben habe und den ich in meinem Sack habe!«

Der Wirt spitzte die Ohren und dachte: Was kann das nur

sein? Vielleicht ist der Sack ja mit Edelsteinen gefüllt. Na, die werd ich auch noch bekommen, denn aller guten Dinge sind drei!

Als Schlafenszeit war, streckte sich der Gast auf der Bank aus und legte seinen Sack als Kopfkissen unter. Der Wirt kam herbei, sobald er meinte, der Gast schlafe tief und fest. Vorsichtig zog er an dem Sack, weil er hoffte, ihn vielleicht wegziehen und einen anderen unterlegen zu können. Aber der Drechsler hatte schon auf ihn gewartet. Und als der Wirt gerade herzhaft an dem Sack ziehen wollte, rief er: »Knüppel, aus dem Sack!« Sogleich fuhr der Knüppel heraus, dem Wirt auf den Rücken und prügelte ihn windelweich, bis er erschöpft zu Boden fiel.

Der Drechsler sagte: »Wenn du das Tischleindeckdich und den Goldesel nicht wieder herausgibst, dann fängt der Knüppel von vorne an!«

Kleinlaut rief der Wirt: »Bitte nicht! Ich gebe ja alles wieder heraus! Lasst nur den verwünschten Kobold wieder in seinen Sack kriechen!«

Da sprach der Drechsler: »Ich will Gnade vor Recht ergehen lassen!«, und er rief: »Knüppel, in den Sack!«

Am nächsten Morgen zog der Drechsler mit dem Tischleindeckdich und dem Goldesel heim zu seinem Vater. Der Schneider freute sich, als er ihn wiedersah. Und er fragte auch ihn, was er in der Fremde gelernt hätte.

Da antwortete der Sohn: »Lieber Vater, ich bin ein Drechsler geworden.«

»Ein kunstreiches Handwerk«, sagte der Vater. »Und was hast du von der Wanderschaft mitgebracht?«

Brüder Grimm

»Ein kostbares Stück, lieber Vater«, antwortete der junge Drechsler, »einen Knüppelausdemsack.«

Der Vater rief: »Was, einen Knüppel! Das ist der Mühe wert? Den kannst du dir doch von jedem Baum abhauen!«

»Aber einen solchen nicht, lieber Vater! Sage ich: ›Knüppel, aus dem Sack!‹, dann springt der Knüppel heraus und macht mit dem, der es nicht gut mit einem meint, einen schlimmen Tanz. Seht Ihr, mit diesem Knüppel habe ich das Tischleindeckdich und den Goldesel wieder herbeigeschafft, die der Wirt den Brüdern gestohlen hatte. Jetzt lasst sie beide rufen und ladet alle Verwandten ein. Ich will ihnen auftischen und ihnen die Taschen noch mit Gold füllen!«

Der alte Schneider wollte nicht so recht daran glauben, aber trotzdem rief er die Verwandtschaft zusammen. Da breitete der Drechsler ein Tuch mitten in der Stube aus, führte den Goldesel herein und sagte zu seinem Bruder: »Nun, lieber Bruder, sprich mit ihm!«

Der Müller sagte: »Bricklebrit«, und schon sprangen die Goldstücke wie ein Regen auf das Tuch herab. Und der Esel hörte erst wieder auf, als alle so viel hatten, wie sie tragen konnten.

Dann holte der Drechsler das Tischchen und sagte: »Lieber Bruder, nun sprich mit ihm!« Und kaum hatte der Schreiner »Tischlein, deck dich« gesagt, so war es gedeckt und es standen die schönsten Schüsseln darauf. Jetzt wurde eine Mahlzeit gehalten, wie der gute Schneider noch keine in seinem Haus erlebt hatte. Die ganze Verwandtschaft blieb zusammen bis spät in die Nacht und alle waren lustig und vergnügt.

Der Schneider sperrte Nadel und Faden, Elle und Bügelei-

Tischleindeckdich, Goldesel und Knüppelausdemsack

sen in einen Schrank und lebte von nun an voller Freude und Herzlichkeit mit seinen Söhnen.

Wo aber war die Ziege abgeblieben, die schuld daran war, dass der Schneider seine drei Söhne fortjagte? Ich werde es dir sagen: Sie schämte sich über ihren kahlen Kopf, lief in einen Fuchsbau und verkroch sich dort.

Als der Fuchs nach Hause kam, funkelten ihm aus der Dunkelheit ein Paar große Augen entgegen. Da erschrak er so sehr, dass er wieder zurücklief. Unterwegs traf er den Bären, und weil der Fuchs ganz verstört aussah, fragte er ihn: »Was hast du, Bruder Fuchs? Warum machst du so ein Gesicht?«

Der Fuchs antwortete: »Ein grimmiges Tier sitzt in meinem Bau und hat mich mit feurigen Augen angeglotzt!«

»Das werden wir bald hinausgejagt haben!«, sagte der Bär. Er kam mit zu dem Fuchsbau und schaute hinein. Als er aber die feurigen Augen erblickte, bekam auch er es mit der Angst zu tun. Mit diesem grimmigen Tier wollte er lieber nichts zu tun haben und riss aus. Unterwegs begegnete er der Biene. Und weil sie merkte, dass ihm in seiner Haut nicht wohl war, fragte sie: »Bär, du machst ja so ein verdrießliches Gesicht. Wo ist deine Lustigkeit geblieben?«

Der Bär antwortete: »Du hast gut reden! Im Fuchsbau sitzt ein grimmiges Tier mit Glotzaugen und wir können es nicht hinausjagen!«

Da sprach die Biene: »Bär, du tust mir Leid. Ich bin zwar nur ein armes schwaches Geschöpf, das ihr am Weg gar nicht beachtet, aber ich glaube doch, dass ich euch helfen kann!«

Sie flog in den Fuchsbau hinein, setzte sich auf den glatt geschorenen Kopf der Ziege und stach sie so gewaltig, dass sie aufsprang. Sie schrie: »Mäh, mäh!«, und rannte wie toll in die Welt hinein. Und bis heute weiß niemand, wo sie hingelaufen ist.

König Drosselbart

Ein König hatte eine Tochter, die viel schöner war als alle anderen. Stolz und hochmütig aber war sie auch, sodass ihr keiner, der sie heiraten wollte, gut genug war. Jeden, der um ihre Hand anhielt, wies sie ab und verspottete ihn noch dazu.

Einmal aber veranstaltete der König ein großes Fest und lud alle Männer aus der Nähe und der Ferne dazu ein, denen der Sinn nach Heiraten stand. Ihrem Rang und Stand entsprechend wurden sie aufgestellt: Erst kamen die Könige, dann die Herzöge, die Fürsten, Grafen und Freiherrn, und ganz zuletzt kamen die Edelleute. Die Königstochter wurde die Reihen entlanggeführt, um sich einen Bräutigam auszusuchen. Aber natürlich hatte sie an jedem etwas auszusetzen. Der eine war zu dick, der andere zu lang, der Dritte zu kurz, der Vierte zu blass, der Fünfte zu rot, der Sechste zu krumm. Besonders aber machte sie sich über einen guten König lustig, der ganz oben stand und dem das Kinn ein wenig schief gewachsen war.

»Ei«, rief sie, »der hat ja ein Kinn wie die Drossel einen Schnabel.« Und von jener Zeit an nannte man den König Drosselbart.

Als der alte König aber sah, dass seine Tochter nichts anderes im Sinn hatte, als die Männer zu verspotten, wurde er zornig und schwor, dass sie den erstbesten Bettler zum Mann nehmen sollte, der vor seine Tür käme.

Nur wenige Tage später stellte sich ein Spielmann unter sein Fenster und begann zu singen, um sich auf diese Weise ein kleines Almosen zu verdienen. Der König wies an, dass man ihn heraufbringen sollte. Da trat der Spielmann in seinen schmutzigen, zerlumpten Kleidern ein und sang vor dem König und seiner Tochter. Als er fertig war, bat er um eine milde Gabe und der König sagte: »Dein Gesang hat mir so gut gefallen, dass ich dir meine Tochter zur Frau geben will.«

Die Königstochter erschrak, aber der König erwiderte: »Ich habe den Eid abgelegt, dich dem erstbesten Bettelmann zu geben, und ich werde ihn auch halten.«

Da gab es keine Widerrede. Der Pfarrer wurde geholt, die

Königstochter musste sich gleich mit dem Spielmann trauen lassen und auf der Stelle mit ihm fortziehen.

Als Königstochter und Spielmann unterwegs an einen großen Wald kamen, fragte sie:

»Ach, wem gehört der schöne Wald?«

»Der gehört dem König Drosselbart;
hättst du ihn genommen, so wär er dein.«

»Ich arme Jungfer zart,
ach, hätt ich genommen den König Drosselbart.«

Darauf kamen sie an eine Wiese und sie fragte wieder:

»Wem gehört die schöne grüne Wiese?«

»Sie gehört dem König Drosselbart;
hättst du ihn genommen, so wär sie dein.«

»Ich arme Jungfer zart,
ach, hätt ich genommen den König Drosselbart!«

Dann kamen sie durch eine große Stadt, da fragte sie wieder:

»Wem gehört diese schöne große Stadt?«

»Sie gehört dem König Drosselbart;
hättst du ihn genommen, so wär sie dein.«

»Ich arme Jungfer zart,
ach, hätt ich genommen den König Drosselbart!«

Der Spielmann aber sagte: »Es gefällt mir nicht, dass du dir immer einen anderen zum Mann wünschst. Bin ich dir etwa nicht gut genug?«

Und als sie schließlich an ein ganz kleines Häuschen kamen, sprach sie: »Ach Gott, was ist das Haus so klein! Wem mag das elend winzige Häuschen sein!«

Der Spielmann antwortete: »Das ist mein und dein Haus, wo wir zusammen wohnen.«

Das Häuschen war so klein, dass die Königstochter sich bücken musste, um durch die niedrige Tür zu kommen.

Und sie fragte: »Wo sind die Diener?«

»Was, Diener!«, antwortete der Bettelmann. »Du musst selber tun, was du getan haben willst. Mach gleich einmal Feuer an und stell Wasser auf, um mir ein Essen zu kochen. Ich bin hungrig und müde!«

Die Königstochter wusste aber nicht, wie man Feuer anmacht und kocht. Deshalb musste der Bettelmann selbst mithelfen, damit es zumindest eine karge Mahlzeit gab. Am nächsten Morgen aber jagte er sie schon in aller Frühe aus dem Bett, weil sie das Haus aufräumen sollte.

Auf diese Art und Weise lebten sie ein paar Tage lang schlecht und recht und brauchten ihren Vorrat auf. Dann sagte der Mann: »Frau, es geht nicht länger, dass wir alles aufessen und nichts verdienen. Du musst Körbe flechten.«

Der Bettelmann schnitt draußen Weiden und brachte sie heim. Die Königstochter begann auch gleich zu flechten, aber die harten Weiden stachen ihr die zarten Hände wund. Da sagte der Bettelmann: »Ich sehe, das geht nicht. Spinn lieber, vielleicht kannst du das besser.«

Die Königstochter versuchte zu spinnen, aber der harte Faden schnitt ihr bald in die weichen Finger, dass sie bluteten. Der Spielmann sagte: »Siehst du? Du bist zu keiner Arbeit gut. Da hab ich mir was Schönes mit dir eingehandelt! Also versuche ich es selbst. Ich werde einen Handel mit Töpfen und irdenem Geschirr eröffnen! Dann kannst du dich auf den Markt setzen, und die Ware verkaufen!«

Da dachte die Königstochter: Aber wenn auf den Markt Leute aus dem Reich meines Vaters kommen und mich da sitzen und verkaufen sehen – wie werden sie dann über mich spotten!

Aber es half nichts. Wenn sie nicht verhungern wollten, musste sie Töpfe verkaufen. Beim ersten Mal ging es auch ganz gut, denn die Leute kauften gern bei der Frau, weil sie schön war, und bezahlten, was sie verlangte. Und sie selbst und der Spielmann konnten eine Weile davon leben. Beim zweiten Mal aber setzte sie sich mit ihren Töpfen an eine Ecke des Marktes. Da kam plötzlich ein betrunkener Soldat dahergejagt und ritt mitten in die Töpfe hinein. Alles zersprang in tausend Scherben. Die Königstochter fing zu weinen an und wusste vor Angst nicht aus noch ein. »Was wird mein Mann dazu sagen!«, rief sie. »Wie zornig wird er sein!«

Sie ging nach Hause und erzählte ihm das Unglück.

Er aber sagte: »Wer setzt sich auch an eine Ecke des Marktes mit irdenem Geschirr! Hör auf zu weinen! Du bist eben zu keiner ordentlichen Arbeit zu gebrauchen! Ich bin im Schloss

Brüder Grimm

des Königs gewesen und habe gefragt, ob sie nicht eine Küchenmagd nötig hätten. Sie haben mir versprochen, dass sie dich dazunehmen werden. Dafür bekommst du dort das Essen umsonst.«

Nun wurde die Königstochter eine Küchenmagd, musste dem Koch helfen und schwere Arbeit tun. An ihren beiden Taschen band sie ein Töpfchen fest, worin sie nach Hause brachte, was sie von den Essensresten abbekam. Davon ernährten sie und der Bettelmann sich.

Eines Tages sollte die Hochzeit des ältesten Königssohnes gefeiert werden. Die arme Frau ging hinauf zum Schloss, stellte sich vor die Tür des Saales und wollte zusehen. Als nun die Lichter angezündet waren, die Gäste eintraten, einer schöner als der andere, und alles prächtig und glänzend war, da dachte sie traurig an ihr Schicksal. Und sie verwünschte ihren Stolz und ihren Hochmut, der sie so erniedrigt und in so große Armut gestürzt hatte.

Doch nun trat der Königssohn ein. Er war ganz in Samt und Seide gekleidet und trug goldene Ketten um den Hals. Und als er die schöne Frau, die an der Türe stand, sah, nahm er sie bei der Hand und wollte mit ihr tanzen. Sie aber erschrak und weigerte sich, denn sie sah, dass es der König Drosselbart war, den sie damals verspottet hatte. Doch es half alles nichts, er zog sie in den Saal. Da zerriss das Band an ihrer Schürze, an welchem die Taschen hingen, und die Töpfe, die daran festgebunden waren, fielen heraus, dass die Suppe floss. Als die Leute das sahen, lachten und spotteten sie, und die arme Frau schämte sich so sehr, dass sie sich unter die Erde wünschte. Sie sprang zur Tür hinaus und wollte, so schnell und weit sie

König Drosselbart

konnte, fortlaufen. Doch ein Mann folgte ihr, holte sie ein und brachte sie zurück.

Als sie ihn ansah, war es wieder der König Drosselbart. Freundlich sagte er zu ihr: »Fürchte dich nicht. Ich und der Spielmann, der mit dir in dem elenden Häuschen gewohnt hat, sind der Gleiche. Dir zuliebe habe ich mich so verkleidet und verstellt. Und der Soldat, der dir die Töpfe kaputtgeritten hat, bin auch ich gewesen. Das alles habe ich getan, um deinen Stolz zu beugen und dich für deinen Hochmut zu bestrafen, mit dem du mich verspottet hast.«

Da weinte sie bitterlich und sagte: »Ich habe großes Unrecht getan und bin es nicht wert, deine Frau zu sein.«

Er aber sprach: »Tröste dich, die bösen Tage sind vorüber. Jetzt wollen wir unsere Hochzeit feiern.«

Da kamen die Kammerfrauen herbei und legten ihr die prächtigsten Kleider an. Und ihr Vater kam und der ganze Hof dazu. Und alle wünschten ihr Glück zu ihrer Heirat mit dem König Drosselbart und es begann für sie eine glückliche Zeit.

Rumpelstilzchen

Es war einmal ein armer Müller, der eine sehr schöne Tochter hatte. Eines Tages sprach er mit dem König. Um einen besseren Eindruck zu erwecken, sagte er zu ihm: »Ich habe eine Tochter, die kann Stroh zu Gold spinnen.«

Der König sagte: »Das ist eine Fertigkeit, die mir sehr gut gefällt. Wenn deine Tochter so geschickt ist, wie du sagst, dann bringe sie morgen in mein Schloss. Da werde ich sie auf die Probe stellen.«

Als das Mädchen schließlich zu ihm gebracht wurde, führte er es in eine Kammer voller Stroh. Er gab ihm Spinnrad und Haspel und sagte: »Jetzt mache dich an die Arbeit. Wenn du das Stroh bis morgen früh nicht zu Gold versponnen hast, musst du sterben.«

Daraufhin schloss er die Kammer zu und das Mädchen blieb allein zurück.

Da saß die arme Müllerstochter nun und wusste sich nicht zu helfen. Sie konnte gar kein Stroh zu Gold spinnen. Ihre Angst wurde immer größer, sodass sie schließlich zu weinen begann.

Auf einmal ging die Tür auf und ein kleines Männchen kam

herein. Es sagte: »Guten Abend, Müllerstochter. Warum weinst du so sehr?«

»Ach«, antwortete das Mädchen, »ich soll Stroh zu Gold spinnen und kann das nicht.«

Das Männchen fragte: »Was gibst du mir, wenn ich's dir spinne?«

»Meine Halskette«, sagte das Mädchen.

Das Männchen nahm die Kette, setzte sich an das Spinnrad – und schnurr, schnurr, schnurr, dreimal gezogen, war die Spule voll.

Dann steckte es eine andere Spule auf – und schnurr, schnurr, schnurr, dreimal gezogen, da war auch die zweite voll.

Und so ging es weiter bis zum Morgen, da war das ganze Stroh versponnen und alle Spulen waren voll Gold.

Bei Sonnenaufgang kam auch schon der König. Als er das Gold erblickte, war er ganz erstaunt und hocherfreut.

Aber er wurde auch gierig nach noch mehr Gold. Also ließ er die Müllerstochter in eine andere Kammer voll Stroh bringen, die noch viel größer war. Dann befahl er ihr unter Todesdrohung, das ganze Stroh ebenfalls in einer Nacht zu verspinnen. Das Mädchen wusste sich nicht zu helfen und weinte.

Da ging wieder die Tür auf und das kleine Männchen erschien und fragte: »Was gibst du mir, wenn ich dir das Stroh zu Gold spinne?«

»Meinen Ring am Finger«, antwortete das Mädchen.

Das Männchen nahm den Ring, fing wieder an mit dem Spinnrad zu schnurren und hatte bis zum Morgen das ganze Stroh zu glänzendem Gold versponnen.

Brüder Grimm

Der König freute sich ungemein über den Anblick, hatte aber immer noch nicht genug von dem Gold. Er ließ die Müllerstochter in eine noch größere Kammer voll Stroh bringen und sagte: »Das alles musst du noch in der Nacht verspinnen. Gelingt es dir, so sollst du meine Frau werden.«

Er dachte nämlich: Auch wenn es nur eine Müllerstochter ist, eine reichere Frau finde ich auf der ganzen Welt nicht.

Als das Mädchen allein war, kam das Männchen zum dritten Mal wieder und fragte: »Was gibst du mir, wenn ich dir auch dieses Mal wieder das Stroh spinne?«

»Ich habe nichts mehr, was ich dir geben könnte«, antwortete das Mädchen.

»Dann versprich mir, dass du mir, wenn du Königin wirst, dein erstes Kind überlässt.«

Wer weiß, was noch geschieht, dachte die Müllerstochter. Außerdem wusste sie sich in ihrer Not nicht anders zu helfen. Also versprach sie dem Männchen, was es verlangte. Dafür spann es noch einmal das Stroh zu Gold.

Und als der König am Morgen kam und alles so vorfand, wie er es gewünscht hatte, heiratete er die schöne Müllerstochter und sie wurde Königin.

Nach über einem Jahr brachte sie ein hübsches Kind zur Welt und dachte gar nicht mehr an das Männchen.

Da kam das Männchen plötzlich in ihre Kammer und sagte: »Nun gib mir, was du mir versprochen hast.«

Die Königin erschrak und bot ihm alle Reichtümer des Königreiches an, wenn es sie das Kind behalten ließ. Aber das Männchen sprach: »Nein, etwas Lebendes ist mir lieber als alle Schätze dieser Welt.«

Da fing die Königin an so zu jammern und zu weinen, dass das Männchen Mitleid mit ihr hatte. »Drei Tage werde ich dir Zeit lassen«, sagte es. »Wenn du bis dahin meinen Namen weißt, kannst du dein Kind behalten.«

Die ganze Nacht über versuchte sich die Königin daraufhin an alle Namen zu erinnern, die sie jemals gehört hatte. Außerdem schickte sie einen Boten über das Land, der sich überall erkundigen sollte, was es sonst noch für Namen gab.

Als das Männchen am nächsten Tag kam, fing sie mit Kaspar, Melchior, Balthasar an und sagte dann alle Namen, die sie wusste, der Reihe nach auf. Aber bei jedem sagte das Männchen: »So heiß ich nicht.«

Am zweiten Tag ließ die Königin in der Nachbarschaft herumfragen, wie die Leute dort genannt wurden, und sagte dem Männchen anschließend die ungewöhnlichsten und seltsamsten Namen auf: »Heißt du vielleicht Rippenbiest oder Hammelwade oder Schnürbein?«

Aber es antwortete immer: »So heiß ich nicht.«

Am dritten Tag kam der Bote wieder zurück und erzählte: »Neue Namen habe ich nicht finden können. Aber als ich an einen Waldrand am Fuße eines hohen Berges kam, sah ich dort ein kleines Haus. Davor brannte ein Feuer und um das Feuer herum sprang ein lächerliches Männchen. Es hüpfte auf einem Bein und schrie:

> ›Heute back ich, morgen brau ich,
> übermorgen hol ich der Königin ihr Kind;
> ach, wie gut, dass niemand weiß,
> dass ich Rumpelstilzchen heiß!‹«

Ihr könnt euch denken, wie froh die Königin war, als sie den Namen hörte!

Als kurz darauf das Männchen hereinkam und fragte: »Nun, Frau Königin, wie heiße ich?«, fragte sie zunächst: »Heißt du Kunz?«

»Nein.«

»Heißt du Heinz?«

»Nein.«

»Heißt du etwa Rumpelstilzchen?«

»Das hat dir der Teufel gesagt! Das hat dir der Teufel gesagt!«, schrie das Männchen und stieß vor Zorn mit dem rechten Fuß so tief in die Erde, dass es darin verschwand.

Sterntaler

Es war einmal ein kleines Mädchen, dessen Eltern gestorben waren. Es war so arm, dass es keine Kammer mehr zum Wohnen und kein Bett mehr zum Schlafen hatte.

Am Ende besaß es nur noch die Kleider, die es anhatte, und ein Stückchen Brot, das ihm jemand aus Mitleid geschenkt hatte.

Das Mädchen war aber gut und fromm. Und weil es so von aller Welt verlassen war, ging es im Vertrauen auf den lieben Gott hinaus aufs Feld.

Da begegnete ihm ein armer Mann, der sagte: »Gib mir doch etwas zu essen, ich habe solchen Hunger!«

Das Mädchen gab ihm sein ganzes Stückchen Brot, sagte: »Gott segne dir's«, und ging weiter.

Dann kam ein Kind, das jammerte und sagte: »Es friert mich so an meinem Kopf! Schenk mir etwas, womit ich ihn bedecken kann!« Da nahm das Mädchen seine Mütze ab und gab sie dem Kind.

Als es noch ein Stück gegangen war, traf es ein anderes Kind. Das hatte kein Leibchen an und fror, also gab das Mädchen ihm seins.

Und wieder ein Stück weiter war ein Kind, das bat um einen Rock, und wieder gab es ihm seinen.

Schließlich, als es dunkel geworden war, kam es in einen Wald. Da war noch ein Kind und bat um ein Hemdchen.

Das fromme Mädchen dachte: Es ist ja schon dunkel, da sieht dich niemand, also kannst du dein Hemdchen ruhig weggeben. Es zog sein Hemdchen aus und verschenkte auch das.

Und wie es so dastand und gar nichts mehr hatte, da fielen auf einmal die Sterne vom Himmel und es waren lauter harte, glänzende Taler. Und obwohl es sein Hemdchen weggegeben hatte, hatte es nun ein neues an, und es war aus allerfeinstem Leinen. Da sammelte es sich die Taler hinein und war nun reich für sein ganzes Leben.

Hans im Glück

Nachdem Hans sieben Jahre lang bei seinem Herrn gedient hatte, sagte er zu ihm: »Herr, meine Zeit ist um. Ich möchte jetzt wieder nach Hause zu meiner Mutter gehen. Gebt mir meinen Lohn.«

Sein Herr antwortete: »Du hast mir treu und ehrlich gedient. Wie dein Dienst war, so soll auch dein Lohn sein.« Und er gab ihm einen Klumpen Gold, der so groß war wie sein Kopf.

Hans zog sein Tuch aus der Tasche, wickelte den Goldklumpen darin ein, warf ihn sich über die Schulter und machte sich auf den Weg nach Hause.

Wie er so dahinging und einen Fuß vor den anderen setzte, da kam ihm plötzlich ein Reiter entgegen, der frisch und fröhlich auf einem munteren Pferd dahinritt. Laut sagte Hans: »Das Reiten ist doch etwas Schönes! Da sitzt man wie auf einem Stuhl, stößt sich die Füße an keinem Stein, schont seine Schuhe und kommt einfach voran!«

Der Reiter, der das gehört hatte, hielt an und sagte: »Ja, Hans, warum läufst du auch zu Fuß?«

»Ich muss es wohl«, antwortete er. »Ich hab da einen Klum-

Brüder Grimm

pen heimzutragen. Er ist zwar aus Gold, aber ich kann den Kopf dabei nicht grade halten und er drückt mir auf die Schulter.«

»Weißt du was?«, sagte der Reiter. »Wir wollen tauschen. Ich gebe dir mein Pferd und du gibst mir dafür deinen Klumpen.«

»Von Herzen gern«, rief Hans. »Aber ich sage Euch: Ihr habt daran ganz schön zu schleppen!«

Der Reiter stieg ab, nahm das Gold, half Hans aufs Pferd, gab ihm die Zügel in die Hand und sprach: »Wenn's richtig schnell gehen soll, dann musst du mit der Zunge schnalzen und ›hopp, hopp, hopp‹ rufen!«

Als Hans auf dem Pferd saß und so leicht und munter dahinritt, war er in der Seele froh. Nach einer Weile fiel ihm aber ein, dass es vielleicht noch schneller gehen sollte, und er rief »hopp, hopp, hopp« und schnalzte mit der Zunge. Das Pferd setzte sich in starken Trab – und ehe sich's Hans versah, war er auch schon abgeworfen und lag im Graben. Und wenn es nicht ein Bauer aufgehalten hätte, der gerade seine Kuh über den Weg trieb, dann wäre das Pferd ganz sicher durchgegangen.

Hans suchte seine Sachen zusammen und rappelte sich wieder auf. Er war aber ganz verdrießlich und sagte zu dem Bauern: »Das Reiten ist ein schlechter Spaß, besonders wenn man an so einen Klepper gerät wie diesen, der einen abwirft, dass man sich beinah den Hals bricht. Nie wieder setze ich mich mehr darauf! Da lobe ich mir doch Eure Kuh! Man kann gemächlich hinterhergehen und bekommt dazu noch ihre Milch und hat Butter und Käse jeden Tag. Was gäbe ich drum, wenn ich so eine Kuh hätte!«

Da sagte der Bauer: »Wenn Euch so viel daran liegt, dann tausche ich Euch gern meine Kuh gegen das Pferd!«

Hans willigte voller Freude ein, der Bauer schwang sich aufs Pferd und ritt eilig davon.

Ruhig trieb nun Hans seine Kuh vor sich her und dachte darüber nach, welch glücklichen Handel er doch abgeschlossen hatte: Hab ich nur ein Stück Brot – und daran wird mir's ja wohl nicht fehlen – dann kann ich Butter und Käse dazu essen, sooft ich will. Habe ich Durst, dann melke ich meine Kuh und trinke Milch. Herz, was verlangst du mehr?

Als Hans zu einem Wirtshaus kam, machte er Halt, aß mit großem Appetit alles auf, was er bei sich hatte, und ließ sich für sein letztes Geld ein halbes Glas Bier einschenken. Dann trieb er seine Kuh weiter dem Dorf seiner Mutter entgegen. Aber je mehr es auf Mittag zuging, desto drückender wurde die Hitze, und Hans wurde es so heiß, dass ihm die Zunge am Gaumen klebte. Er dachte sich fröhlich: Dem ist doch abzuhelfen! Ich will jetzt meine Kuh melken!

Hans band seine Kuh an einen dünnen Baum, und weil er keinen Eimer hatte, stellte er seine Ledermütze unter. Aber sosehr er sich auch abmühte, die Kuh gab kein einziges Tröpfchen Milch! Und weil er sich beim Melken so ungeschickt anstellte, versetzte ihm das ungeduldige Tier auch noch mit dem Hinterfuß einen solchen Schlag auf den Kopf, dass er zu Boden fiel und eine Weile gar nicht mehr wusste, wo er war.

Glücklicherweise kam gerade ein Metzger des Weges, der ein junges Schwein auf seiner Schubkarre liegen hatte. Er rief: »Was sind denn das für Streiche!«, und half dem guten Hans

Brüder Grimm

auf die Füße. Hans erzählte, was ihm mit der Kuh geschehen war. Da reichte ihm der Metzger seine Flasche und rief: »Trinkt erst einmal und erholt Euch. Die Kuh wird Euch ganz gewiss niemals Milch geben, sie ist nämlich ein altes Tier.«

»Ei, ei«, sagte Hans und strich sich die Haare über den Kopf. »Wer hätte das gedacht! Ja aber wenn man so ein junges Schwein hätte!«

»Hört, Hans«, sagte da der Metzger, »Euch zuliebe will ich tauschen und Euch das Schwein für die Kuh lassen!«

Da gab ihm Hans freudig die Kuh und ließ sich das Schweinchen vom Karren losmachen und seinen Strick in die Hand geben. So zog er weiter und überdachte, wie ihm doch alles nach Wunsch ging. Kaum litt er einen Kummer, wurde er auf der Stelle wieder gutgemacht.

Eine kurze Zeit später gesellte sich ein junger Bursche zu ihm, der eine weiße Gans unter dem Arm trug. Hans und der Bursche gingen zusammen weiter und Hans erzählte von seinem Glück, dass er immer so vorteilhaft getauscht hatte. Da sagte der Bursch: »Hebt meine Gans nur einmal hoch und seht, wie schwer sie ist!«

»Ja«, sagte Hans und wog sie in der Hand, »die hat ein gutes Gewicht!«

Plötzlich aber schaute sich der Bursch nach allen Seiten ganz bedenklich um und schüttelte den Kopf. Er sagte: »Kann sein, dass es bei Eurem Schwein nicht mit rechten Dingen zugeht. In dem Dorf, durch das ich eben gekommen bin, ist eines gestohlen worden. Ich fürchte fast, es ist das, welches Ihr da in der Hand habt! Sie haben Leute ausgeschickt und es wäre schlimm für Euch, wenn sie Euch mit dem Schwein

erwischen! Ihr würdet bestimmt in das finsterste Loch gesteckt werden!«

Nun bekam es der gute Hans mit der Angst zu tun. Er bat den Burschen: »Helft mir aus meiner Not! Ihr kennt Euch hier besser aus als ich. Nehmt mein Schwein und lasst mir Eure Gans!«

Der junge Bursch war einverstanden. Er nahm also das Seil in die Hand und trieb das Schwein schnell über einen Seitenweg fort. Der gute Hans aber, der nun wieder frei von Sorge war, ging mit der Gans unterm Arm weiter seiner Heimat zu.

Als er durch das letzte Dorf gekommen war, stand da ein

Brüder Grimm

Scherenschleifer mit seinem Karren. Sein Rad schnurrte und er sang dazu:

> *»Ich schleife die Schere und drehe geschwind*
> *und hänge mein Mäntelchen nach dem Wind.«*

Hans blieb stehen und sah ihm zu. Schließlich sagte er zu ihm: »Euch geht es aber gut, wenn Ihr so lustig am Schleifen seid!«

»Ja«, sagte der Scherenschleifer, »das Handwerk hat einen goldenen Boden. Ein guter Scherenschleifer ist ein Mann, der immer, wenn er in die Tasche greift, auch Geld darin findet. Aber wo habt Ihr die schöne Gans gekauft?«

»Die hab ich nicht gekauft, sondern für mein Schwein eingetauscht«, sagte Hans.

»Und das Schwein?«

»Für eine Kuh.«

»Und die Kuh?«

»Für ein Pferd.«

»Und das Pferd?«

»Das Pferd hab ich für einen Klumpen Gold gegeben, der so groß war wie mein Kopf.«

»Und das Gold?«

»Das war mein Lohn für sieben Jahre Dienst.«

Da sprach der Scherenschleifer: »Nun, Ihr habt Euch immer zu helfen gewusst. Könntet Ihr es nun so weit bringen, dass Ihr das Geld in der Tasche klimpern hört, wenn Ihr aufsteht, dann habt Ihr Euer Glück gemacht.«

»Wie soll ich das anstellen?«, fragte Hans.

Hans im Glück

»Ihr müsst ein Scherenschleifer werden wie ich. Dazu braucht man nichts als einen Wetzstein, alles andere findet sich von selbst. Hier habe ich einen, der zwar schon ein bisschen angeschlagen ist, aber Ihr müsst mir auch nichts weiter als Eure Gans dafür geben. Wollt Ihr das?«

»Da fragt Ihr noch!«, rief Hans. »Ich werde ja zum glücklichsten Menschen auf Erden! Wenn ich Geld habe, sooft ich in die Tasche greife, dann habe ich nie wieder Sorgen!« Er gab dem Schleifer die Gans und nahm den Wetzstein in Empfang.

Der Schleifer hob noch einen gewöhnlichen schweren Feldstein auf, der neben ihm lag, und sagte: »Da habt Ihr noch einen tüchtigen Stein dazu, auf dem Ihr Eure alten Nägel grade klopfen könnt. Nehmt den auch noch mit und hebt ihn gut auf!«

Hans lud sich die Steine auf und ging vergnügt weiter. Seine Augen leuchteten vor Freude und er sagte zu sich selbst: »Ich muss in einer Glückshaut geboren sein. Alles, was ich mir wünsche, trifft ein!« Weil er aber seit Tagesanbruch auf den Beinen war, begann er langsam müde zu werden. Und Hunger quälte ihn auch, weil er ja aus Freude über die erhandelte Kuh all seine Vorräte aufgegessen hatte. Schließlich war er so erschöpft, dass er kaum mehr weitergehen konnte. Alle paar Schritte musste er stehen bleiben, und die beiden Steine wurden ihm fürchterlich schwer. Ob er wollte oder nicht, er musste einfach denken, wie gut es doch wäre, wenn er die zwei Steine gerade jetzt nicht zu tragen bräuchte.

Wie eine Schnecke kam er nun zu einem Brunnen im Feld geschlichen. Dort wollte er sich ausruhen und sich mit einem Schluck Wasser erfrischen. Damit er aber die Steine nicht beschädigte, während er sich setzte, legte er sie behutsam neben sich auf den Rand des Brunnens. Dann ließ er sich nieder und wollte sich bücken, um zu trinken. Aus Versehen aber stieß er ein wenig an die beiden Steine und sie plumpsten hinab. Als Hans sie nun mit eigenen Augen in der Tiefe versinken sah, sprang er auf vor Freude. Er kniete nieder und dankte Gott mit Tränen in den Augen, dass er ihm auch diese Gnade noch erwiesen hatte und ihn von den schweren Steinen befreit hatte, die ihm als Einziges noch hinderlich gewesen waren.

»So glücklich wie ich«, rief er aus, »ist kein anderer Mensch unter der Sonne!« Mit leichtem Herzen und frei von aller Last sprang er nun fort, bis er daheim bei seiner Mutter war.

Schneeweißchen
und Rosenrot

Es war einmal eine arme Witwe, die einsam in einer kleinen Hütte lebte. Vor ihrer Hütte gab es einen Garten, in welchem zwei Rosenbäumchen standen. Das eine Rosenbäumchen trug weiße, das andere rote Rosen. Außerdem hatte die arme Witwe zwei Kinder, die beide den Rosenbäumchen ähnlich sahen. Das eine hieß Schneeweißchen, das andere Rosenrot. Sie waren so fromm und gut, so fleißig und freundlich, wie es kaum jemals zwei Kinder auf der Welt gegeben hat. Schneeweißchen war etwas stiller und sanfter als Rosenrot. Rosenrot sprang lieber in den Wiesen und Feldern umher, suchte Blumen und fing Sommervögel. Schneeweißchen aber saß gern daheim bei ihrer Mutter, half ihr bei der Hausarbeit oder las ihr vor, wenn nichts anderes zu tun war.

Die beiden Kinder hatten sich so lieb, dass sie sich immer an den Händen fassten, wenn sie zusammen ausgingen. Und wenn Schneeweißchen sagte: »Wir wollen einander niemals verlassen«, dann antwortete Rosenrot: »Solange wir leben nicht.« Und die Mutter setzte noch dazu: »Was das eine hat, soll es mit dem anderen teilen.«

Oft liefen sie im Wald allein umher und sammelten rote Bee-

Brüder Grimm

ren. Aber niemals taten ihnen die Tiere etwas zuleide. Zutraulich kamen sie herbei. Der Hase fraß ein Kohlblatt aus ihren Händen, das Reh graste an ihrer Seite, der Hirsch sprang lustig vorbei und die Vögel blieben auf den Ästen sitzen und zwitscherten aus Leibeskräften. Niemals stieß den beiden etwas Unangenehmes zu. Wenn sie zu lang im Wald geblieben waren und die Nacht sie überfiel, dann legten sie sich nebeneinander ins Moos und schliefen, bis der Morgen kam. Die Mutter wusste das und machte sich deshalb keine Sorgen.

Einmal, als sie im Wald übernachtet hatten und das Morgenrot sie weckte, da sahen sie ein schönes Kind in einem weißen, glänzenden Kleidchen neben ihrem Lager sitzen. Es stand auf und blickte sie ganz freundlich an, sagte aber nichts und ging in den Wald hinein. Als sie sich umsahen, merkten sie, dass sie ganz nahe an einem Abgrund geschlafen hatten und gewiss hineingefallen wären, wenn sie in der Dunkelheit noch ein paar Schritte weiter gegangen wären. Die Mutter aber sagte später daheim zu ihnen, das müsste der Engel gewesen sein, der gute Kinder bewachte.

Schneeweißchen und Rosenrot hielten die kleine Hütte der Mutter so sauber, dass es eine Freude war hineinzuschauen. Im Sommer kümmerte sich Rosenrot um das Häuschen und stellte der Mutter jeden Morgen, wenn sie noch schlief, einen Blumenstrauß vors Bett. Darin war von jedem Bäumchen eine Rose. Im Winter zündete Schneeweißchen das Feuer an und hängte den Kessel an den Feuerhaken. Und abends, wenn die Flocken fielen, sagte die Mutter: »Geh, Schneeweißchen, und schieb den Riegel vor.« Dann setzten sie sich an den Herd, die Mutter nahm ihre Brille und las aus einem großen Buch vor.

Schneeweißchen und Rosenrot

Neben den beiden Mädchen lag ein Lämmchen auf dem Boden und hinter ihnen auf der Stange saß ein weißes Täubchen und hatte den Kopf unter den Flügel gesteckt.

Eines Abends, als sie so vertraut zusammensaßen, klopfte jemand an die Tür, als wollte er eingelassen werden. Die Mutter sagte: »Schnell, Rosenrot, mach auf. Das wird ein Wanderer sein, der eine Unterkunft braucht. Rosenrot ging, um den Riegel von der Tür zu schieben. Sie dachte, es sei bestimmt ein armer Mann. Doch es war kein Mann, es war ein Bär, der seinen dicken, schwarzen Kopf zur Tür hereinstreckte. Rosenrot schrie auf und sprang zurück. Das Lämmchen blökte, das Täubchen flatterte und Schneeweißchen versteckte sich hinter dem Bett der Mutter.

Der Bär aber fing zu sprechen an und sagte: »Fürchtet euch nicht, ich tue euch nichts. Ich bin halb erfroren und will mich nur ein wenig bei euch aufwärmen.«

Die Mutter sagte: »Du armer Bär, leg dich ans Feuer und gib nur Acht, dass du dir deinen Pelz nicht verbrennst!« Dann rief sie: »Schneeweißchen, Rosenrot, kommt nur wieder her, der Bär tut euch nichts. Er meint es ehrlich.«

Da kamen die beiden wieder heran, und nach und nach näherten sich auch das Lämmchen und die Taube. Nun hatten sie keine Angst mehr vor dem Bären.

Der Bär sagte: »Ihr Kinder, klopft mir doch den Schnee ein wenig aus dem Pelz!« Da holten sie den Besen und bürsteten ihm das Fell. Nun streckte sich der Bär am Feuer aus und brummte ganz behaglich.

Es dauerte nicht lang und sie wurden ganz vertraut und die Kinder begannen mit dem Bären zu spielen. Sie zausten ihm

Brüder Grimm

das Fell mit den Händen, setzten ihre Füßchen auf seinen Rücken und walkten ihn durch. Einmal nahmen sie sogar eine Haselrute und schlugen auf ihn los, und wenn er brummte, dann lachten sie. Der Bär ließ sich das alles gefallen, nur wenn sie es gar zu bunt trieben, dann rief er: »Kinder, lasst mich am Leben!

> *Schneeweißchen, Rosenrot,*
> *schlägst dir den Freier tot!«*

Als es Zeit zum Schlafen war und die anderen zu Bett gingen, sagte die Mutter zu dem Bären: »Du kannst in Gottes Namen da am Herd liegen bleiben. So bist du vor der Kälte und dem grimmigen Wetter geschützt.« Sobald es aber wieder hell wurde, ließen ihn die beiden Kinder hinaus und er trabte über den Schnee in den Wald hinein.

Von nun an kam der Bär jeden Abend zu der gleichen Stunde, legte sich an den Herd und erlaubte den Kindern, mit seinem Pelz zu spielen, so viel sie wollten. Und sie gewöhnten sich so sehr an ihn, dass die Tür nicht mehr verriegelt wurde, bis der schwarze Geselle eingetroffen war.

Als das Frühjahr gekommen war und draußen alles grünte, sagte der Bär eines Morgens zu Schneeweißchen: »Nun muss ich fort. Und ich darf den ganzen Sommer nicht wiederkommen.«

Schneeweißchen fragte: »Wo gehst du denn hin, lieber Bär?«

»Ich muss in den Wald und meine Schätze vor den bösen Zwergen beschützen. Im Winter, wenn die Erde hart gefroren

Schneeweißchen und Rosenrot

ist, müssen sie ja unten bleiben und können nicht aus der Tiefe nach oben gelangen. Aber jetzt, wo die Sonne die Erde aufgetaut und erwärmt hat, da brechen sie durch, steigen herauf und suchen und stehlen, was sie finden. Was erst einmal in ihren Händen ist und in ihren Höhlen liegt, das kommt so leicht nicht wieder ans Tageslicht.«

Schneeweißchen war traurig über den Abschied. Und als es dem Bären die Tür aufriegelte und er sich hinausdrängte, blieb er am Türhaken hängen und ein Stück seiner Haut riss auf. Da war es Schneeweißchen, als hätte sie Gold durchschimmern sehen, aber sicher war sie sich nicht. Der Bär lief eilig fort und war bald hinter den Bäumen verschwunden.

Einige Zeit später schickte die Mutter die Kinder in den Wald, um Reisig zu sammeln. Da bemerkten sie draußen einen großen Baum, der gefällt auf dem Boden lag. Am Stamm des Baumes sprang zwischen dem Gras etwas auf und ab, aber sie konnten nicht erkennen, was es war. Als sie näher kamen, sahen sie einen Zwerg mit einem alten, sehr faltigen Gesicht und einem ellenlangen, schneeweißen Bart. Das Ende des Bartes war in eine Spalte des Baumes eingeklemmt und der Kleine sprang hin und her wie ein Hündchen an einem Seil und wusste nicht, wie er sich helfen sollte. Er glotzte die Mädchen mit seinen roten, feurigen Augen an und schrie: »Was steht ihr da herum? Könnt ihr nicht herkommen und mir helfen?«

Rosenrot fragte: »Was hattest du denn vor, kleines Männchen?«

Der Zwerg antwortete: »Dumme, neugierige Gans! Den Baum habe ich spalten wollen, um kleines Holz in der Küche zu haben. Bei den dicken Klötzen brennt einem ja immer

109

Brüder Grimm

gleich das bisschen Essen an, das unsereins braucht. Wir schlingen nicht so viel hinunter wie ihr, ihr grobes, gieriges Volk. Ich hatte den Keil schon glücklich hineingetrieben und es wäre auch alles nach Wunsch gegangen, aber das verwünschte Holz war zu glatt und rutschte plötzlich wieder heraus. Der Baum fuhr so plötzlich zusammen, dass ich meinen schönen, weißen Bart nicht mehr herausziehen konnte. Jetzt steckt er darin und ich kann mich nicht von der Stelle bewegen. – Ja, da lacht ihr, ihr albernen glatten Milchgesichter! Pfui, was seid ihr garstig!«

Die Kinder gaben sich alle Mühe, aber sie konnten den Bart nicht aus der Spalte herausziehen, er steckte zu fest.

Rosenrot sagte: »Ich gehe und hole noch ein paar Leute!«

Da schnarrte der Zwerg: »Wahnsinnige Schafsköpfe! Wer wird gleich Leute holen! Ihr seid mir doch schon zwei zu viel. Fällt euch nichts Besseres ein?«

Schneeweißchen sagte: »Hab nur Geduld, ich werde schon Abhilfe schaffen.« Mit diesen Worten holte sie ihre kleine Schere aus der Tasche und schnitt das Ende des Bartes ab.

Sobald der Zwerg wieder frei war, griff er nach einem Sack, der zwischen den Wurzeln des Baumes steckte und mit Gold gefüllt war. Er hob ihn heraus und brummte vor sich hin: »Ungehobeltes Volk, schneidet mir ein Stück von meinem stolzen Bart ab! Lohn's euch der Kuckuck!« Damit schwang er sich den Sack auf den Rücken und ging fort, ohne die beiden auch nur noch anzusehen.

Einige Zeit danach wollten Schneeweißchen und Rosenrot ein paar Fische angeln, um sie zu kochen. Als sie an den Bach gekommen waren, sahen sie, dass etwas wie eine große Heu-

Brüder Grimm

schrecke dem Wasser entgegenhüpfte, als wollte es hinein-springen. Sie liefen heran und erkannten den Zwerg.

Rosenrot fragte: »Wo willst du hin? Du willst doch nicht etwa ins Wasser?«

Der Zwerg schrie: »Ich bin doch nicht blöd! Seht ihr nicht, dass dieser verwünschte Fisch mich hineinziehen will?«

Der Kleine hatte dagesessen und geangelt und unglückli-cherweise hatte der Wind seinen Bart mit der Angelschnur verflochten. Als gleich darauf ein großer Fisch anbiss, fehlten dem Wicht die Kräfte, um ihn herauszuziehen. Der Fisch be-hielt die Oberhand und riss den Zwerg zu sich hin. Zwar klammerte sich der Zwerg an alle Halme, die er greifen konnte, aber das half nicht viel. Er musste den Bewegungen des Fisches folgen und war in beständiger Gefahr, ins Wasser gezogen zu werden.

Die Mädchen waren gerade noch rechtzeitig gekommen. Sie hielten den Kleinen fest und versuchten, den Bart von der Schnur zu lösen, aber vergebens. Bart und Schnur waren zu fest miteinander verzwirbelt. Es blieb ihnen nichts weiter üb-rig, als wieder die Schere hervorzuholen und den Bart abzu-schneiden, wobei ein weiterer Teil des Bartes verloren ging.

Als der Zwerg das sah, schrie er sie an: »Ist das etwa eine Art, ihr Dummköpfe, ein Gesicht zu schänden? Nicht genug damit, dass ihr mir den Bart unten abgestutzt habt, jetzt schneidet ihr mir auch noch den besten Teil davon ab. Ich kann mich bei den meinen gar nicht mehr sehen lassen!« Dann holte er einen Sack Perlen, der im Schilf lag. Und ohne ein weiteres Wort zu sagen schleppte er ihn fort und ver-schwand hinter einem Stein.

Schneeweißchen und Rosenrot

Kurze Zeit später hatte die Mutter die beiden Mädchen in die Stadt geschickt, um Zwirn, Nadeln, Schnüre und Bänder einzukaufen. Der Weg führte sie über eine Heide, auf der hier und da mächtige Felsenstücke verstreut lagen. Da sahen sie einen großen Vogel in der Luft schweben, der langsam über ihnen kreiste, sich immer tiefer herabsenkte und sich schließlich nicht weit von ihnen entfernt auf einem Felsen niederließ. Gleich darauf hörten sie einen durchdringenden, jämmerlichen Schrei. Sie liefen zu der Stelle hin und sahen mit Schrecken, dass der Adler ihren alten Bekannten, den Zwerg, gepackt hatte und ihn forttragen wollte.

Die Kinder hatten Mitleid und hielten das Männchen gleich fest, und sie zerrten sich so lange mit dem Adler ab, bis er seine Beute wieder losließ.

Als der Zwerg sich vom ersten Schrecken erholt hatte, schrie er mit seiner kreischenden Stimme: »Konntet ihr nicht vorsichtiger mit mir umgehen? So sehr habt ihr an meinem dünnen Röckchen gerissen, dass es überall zerfetzt und durchlöchert ist, ihr unbeholfenes, täppisches Gesindel!« Dann nahm er einen Sack mit Edelsteinen und schlüpfte wieder unter den Felsen in seine Höhle.

Die Mädchen waren seinen Undank schon gewöhnt. Sie setzten ihren Weg fort und besorgten ihre Einkäufe in der Stadt.

Als sie auf dem Heimweg wieder auf die Heide kamen, überraschten sie den Zwerg, der auf einem sauberen Plätzchen seinen Sack mit Edelsteinen ausgeschüttet und nicht erwartet hatte, dass so spät noch jemand vorbeikommen würde. Die Abendsonne schien auf die glänzenden Steine, sie schim-

113

merten und leuchteten so prächtig in allen Farben, dass die Kinder stehen blieben, um sie zu betrachten.

Der Zwerg schrie: »Was steht ihr hier herum und glotzt!« Und sein aschgraues Gesicht wurde zinnoberrot vor Zorn. Er wollte auch noch weiterkeifen, als sich auf einmal ein lautes Brummen hören ließ und ein schwarzer Bär aus dem Wald herbeigetrabt kam. Erschrocken sprang der Zwerg auf, aber er konnte nicht mehr zu seinem Schlupfwinkel gelangen. Der Bär war schon ganz nahe. Da rief der Zwerg voller Angst: »Lieber Herr Bär, verschont mich! Ich will Euch alle meine Schätze geben: Seht die schönen Edelsteine, die da liegen! Schenkt mir das Leben, was habt Ihr schon an mir kleinem, schmächtigen Kerl? Ihr spürt mich doch nicht mal zwischen den Zähnen. Da, die beiden gottlosen Mädchen packt, die sind zwei zarte Bissen!«

Der Bär kümmerte sich nicht um seine Worte. Er versetzte dem boshaften Zwerg einen einzigen Schlag mit der Tatze und schon regte er sich nicht mehr.

Die Mädchen waren fortgelaufen, aber der Bär rief ihnen nach: »Schneeweißchen und Rosenrot, fürchtet euch nicht! Wartet, ich will mit euch gehen!« Da erkannten sie seine Stimme und blieben stehen. Und als der Bär bei ihnen war, fiel plötzlich die Bärenhaut von ihm ab und er stand da als ein schöner Mann und war ganz in Gold gekleidet. Er sagte: »Ich bin ein Königssohn und war von dem gottlosen Zwerg, der mir meine Schätze gestohlen hatte, dazu verwünscht, als ein wilder Bär im Wald umherzulaufen, bis ich durch seinen Tod erlöst würde. Jetzt hat er seine wohlverdiente Strafe erhalten.«

Schneeweißchen wurde mit dem Königssohn vermählt und

Schneeweißchen und Rosenrot

Rosenrot mit seinem Bruder, und sie teilten die großen Schätze miteinander, die der Zwerg in seiner Höhle zusammengetragen hatte. Die alte Mutter lebte noch lange Jahre ruhig und glücklich bei ihren Kindern. Die zwei Rosenbäumchen aber nahm sie mit und sie standen vor ihrem Fenster und trugen jedes Jahr die schönsten Rosen, weiß und rot.

Schneewittchen

Es war einmal mitten im Winter, als die Schneeflocken wie Federn vom Himmel herabfielen. Da saß eine Königin an einem Fenster, das einen Rahmen aus schwarzem Ebenholz hatte, und nähte.

Als sie einmal den Kopf hob, um nach dem Schnee zu sehen, da stach sie sich mit der Nadel in den Finger und drei Tropfen Blut fielen in den Schnee. Weil das Rot in dem weißen Schnee so schön aussah, dachte sie sich: Hätte ich doch ein Kind so weiß wie Schnee, so rot wie Blut und so schwarz wie Ebenholz.

Bald darauf bekam sie eine kleine Tochter. Sie war so weiß wie Schnee, so rot wie Blut und ihr Haar war so schwarz wie Ebenholz. Deshalb wurde das Mädchen Schneewittchen genannt.

Als aber das Kind geboren wurde, starb die Königin.

Nachdem ein Jahr vergangen war, heiratete der König eine andere Frau. Es war eine schöne Frau, aber sie war stolz und hochmütig und konnte nicht ertragen, wenn jemand schöner war als sie. Sie besaß einen ganz besonderen Wunderspiegel. Wenn sie hineinsah und sagte:

116

*»Spieglein, Spieglein an der Wand,
wer ist die Schönste im ganzen Land?«,*

dann antwortete der Spiegel:

»Frau Königin, Ihr seid die Schönste im Land.«

Da war sie zufrieden, weil sie wusste, dass der Spiegel die Wahrheit sprach.

Schneewittchen aber wuchs heran und wurde immer schöner. Als sie sieben Jahre alt war, war sie so schön wie ein Sonnentag und sogar noch schöner als die Königin selbst. Und als die Königin diesmal ihren Spiegel fragte:

*»Spieglein, Spieglein an der Wand,
wer ist die Schönste im ganzen Land?«,*

da antwortete er:

*»Frau Königin, Ihr seid die Schönste hier,
aber Schneewittchen ist tausendmal schöner als Ihr.«*

Da erschrak die Königin und wurde ganz gelb und grün vor Neid.

Von jenem Augenblick an hasste sie Schneewittchen. Der Neid wuchs wie ein Unkraut in ihrem Herzen, sodass sie keine Ruhe mehr fand, bei Tag nicht und auch nicht bei Nacht. Schließlich rief sie einen Jäger zu sich und befahl ihm: »Schaff das Kind in den Wald hinaus, ich will es nicht mehr

Brüder Grimm

sehen. Du sollst es töten und mir seine Lunge und seine Leber bringen zum Beweis.«

Der Jäger gehorchte und brachte Schneewittchen in den Wald. Als er aber sein Messer gezogen hatte, um damit Schneewittchens unschuldiges Herz zu durchbohren, da fing das Mädchen zu weinen an und sagte: »Ach, lieber Jäger, lass mir mein Leben. Ich will in den Wald laufen und nie wieder zurückkommen.«

Weil Schneewittchen so schön war, hatte der Jäger Mitleid und sagte: »So lauf fort, du armes Kind!« Aber er dachte bei sich: Die wilden Tiere werden dich bald gefressen haben. Und doch fühlte er sich, als wäre ein schwerer Stein von seinem Herzen gewälzt worden, weil er das Mädchen nicht töten musste. Und als gerade ein junges Wildschwein dahergelaufen kam, stach er es ab, schnitt Lunge und Leber heraus und brachte beides der Königin. Ihr Koch musste sie in Salz kochen und das böse Weib aß sie auf, weil sie meinte, sie hätte Schneewittchens Lunge und Leber gegessen.

Das arme Schneewittchen aber war nun in dem großen Wald mutterseelenallein und fürchtete sich sehr. Es fing zu laufen an, über spitze Steine und durch Dornen. Viele wilde Tiere sprangen um das Mädchen herum, aber sie taten ihm nichts. Schneewittchen lief, solange es seine Füße trugen. Als es aber schon beinah Abend wurde, entdeckte Schneewittchen ein kleines Häuschen und trat ein, um sich auszuruhen.

In dem Häuschen war alles klein, aber ganz sauber und ordentlich. Ein weiß gedecktes Tischchen stand da, mit sieben kleinen Tellern, jedes Tellerchen mit seinem Löffelchen, dazu noch sieben Messerchen und Gäbelchen und sieben Becherchen. An der Wand waren sieben kleine Bettchen nebeneinander aufgestellt und schneeweiße Laken waren darüber gedeckt.

Weil es so hungrig und so durstig war, aß Schneewittchen von jedem Tellerchen ein wenig Gemüse und Brot und trank aus jedem Becherchen einen Tropfen, denn es wollte nicht einem allein alles wegnehmen. Danach legte es sich in eines der Bettchen, weil es so müde war, aber keines passte. Das eine war zu lang, das andere zu kurz, bis endlich das siebte richtig war. Darin blieb Schneewittchen liegen und schlief ein.

Als es dunkel geworden war, kamen die Hausherrn des Häuschens zurück. Das waren die sieben Zwerge, die in den Bergen nach Erz hackten und gruben.

Sie zündeten ihre sieben Lichtlein an, und als es nun hell in dem Häuschen war, sahen sie, dass jemand da gewesen war, denn es war nicht mehr alles so ordentlich, wie sie es verlassen hatten.

Der Erste sprach: »Wer hat auf meinem Stühlchen gesessen?«

Der Zweite sprach: »Wer hat von meinem Tellerchen gegessen?«

Der Dritte sprach: »Wer hat von meinem Brötchen genommen?«

Der Vierte sprach: »Wer hat von meinem Gemüschen gegessen?«

Der Fünfte sprach: »Wer hat mit meinem Gäbelchen gestochen?«

Der Sechste sprach: »Wer hat mit meinem Messerchen geschnitten?«

Brüder Grimm

Der Siebte sprach: »Wer hat aus meinem Becherchen getrunken?«

Dann schaute sich der Erste um und sah, dass auf seinem Bett eine kleine Delle war. Da sagte er: »Wer ist in meinem Bettchen gewesen?«

Auch die anderen kamen gelaufen und riefen: »In meinem hat auch jemand gelegen.«

Als der Siebte aber in sein Bett sah, da erblickte er Schneewittchen, das darin lag und schlief. Nun rief er die anderen Zwerge. Die schrien verwundert auf, holten ihre sieben Lichtlein und leuchteten Schneewittchen an. Sie riefen: »Ei, du mein Gott! Ei, du mein Gott! Was ist das Kind so schön!« Und sie freuten sich so sehr, dass sie Schneewittchen nicht aufweckten, sondern es weiterschlafen ließen. Der siebte Zwerg aber schlief bei jedem seiner Gesellen eine Stunde, und dann war die Nacht vorbei.

Am Morgen erwachte Schneewittchen und erschrak, als es die sieben Zwerge sah. Sie waren aber freundlich zu ihm und fragten: »Wie heißt du?«

Schneewittchen antwortete: »Ich heiße Schneewittchen.«

»Und wie bist du in unser Haus gekommen?«

Da erzählte Schneewittchen, wie seine Stiefmutter es hatte töten lassen wollen, wie der Jäger ihm aber das Leben geschenkt hatte und es den ganzen Tag gelaufen war, bis es endlich dieses Häuschen gefunden hatte.

Die Zwerge sagten: »Wenn du dich um unseren Haushalt kümmerst und kochst und wäschst, nähst und strickst und alles ordentlich und sauber hältst, dann kannst du bei uns bleiben und es wird dir an nichts fehlen.«

Schneewittchen sagte: »Ja, von Herzen gern«, und blieb bei den sieben Zwergen.

Die sieben Zwerge gingen jeden Morgen in die Berge und suchten Erz und Gold. Und abends, wenn sie nach Hause kamen, da musste ihr Essen gekocht sein. Weil das Mädchen aber den ganzen Tag über allein war, warnten es die sieben Zwerge und sagten: »Hüte dich vor deiner Stiefmutter. Die wird bald wissen, dass du hier bist. Lass bloß niemanden herein!«

Die Königin aber dachte, dass Schneewittchen tot sei, nachdem sie geglaubt hatte, ihre Lungen und ihre Leber zu essen, und meinte, sie sei wieder die Erste und Allerschönste. So trat sie vor ihren Spiegel und sprach:

> *»Spieglein, Spieglein an der Wand,*
> *wer ist die Schönste im ganzen Land?«*

Da antwortete der Spiegel:

> *»Frau Königin, Ihr seid die Schönste hier,*
> *aber Schneewittchen über den Bergen*
> *bei den sieben Zwergen*
> *ist noch tausendmal schöner als Ihr.«*

Da erschrak die Königin, weil sie wusste, dass der Spiegel immer die Wahrheit sagte. Sie erkannte, dass der Jäger sie betrogen hatte und Schneewittchen noch am Leben war. Von diesem Augenblick an dachte sie von neuem tagaus, tagein

Brüder Grimm

über nichts anderes mehr nach, als wie sie Schneewittchen töten konnte. Denn solange sie nicht die Schönste war im ganzen Land, ließ ihr der Neid keine Ruhe. Und als sie sich schließlich etwas ausgedacht hatte, färbte sie sich das Gesicht und kleidete sich wie eine alte Krämerin, sodass sie niemand mehr erkennen konnte.

So, als alte Frau verkleidet, ging sie über die sieben Berge zu den sieben Zwergen, klopfte an die Tür und rief: »Schöne, billige Ware zu verkaufen!«

Schneewittchen sah zum Fenster hinaus und antwortete: »Guten Tag, liebe Frau, was habt Ihr anzubieten?«

Die verkleidete Königin antwortete: »Gute Ware, schöne Ware! Schnürriemen in allen Farben!« Und sie holte einen hervor, der aus bunter Seide geflochten war.

Das Schneewittchen dachte: Diese ehrliche Frau kann ich wohl hereinlassen. Es riegelte die Tür auf und kaufte sich den hübschen Schnürriemen.

Die Alte sprach: »Kind, wie du aussiehst! Komm, ich will dich einmal ordentlich schnüren!«

Schneewittchen war ganz voller Zutrauen, stellte sich vor die Alte hin und ließ sich mit dem neuen Riemen schnüren. Aber die Alte zog das Band so schnell so fest, dass Schneewittchen nicht mehr atmen konnte und wie tot hinfiel.

Da sprach die Alte: »Nun bist du die Schönste gewesen!«, und eilte hinaus.

Wenig später, am Abend, kamen die sieben Zwerge nach Haus. Aber wie erschraken sie, als sie ihr liebes Schneewittchen auf dem Boden liegen sahen. Und es regte und bewegte sich nicht, als wäre es tot. Sie hoben es auf, und weil sie sa-

Schneewittchen

hen, dass es zu fest geschnürt war, schnitten sie den Riemen auf. Da fing Schneewittchen ein wenig zu atmen an und kam nach und nach wieder ins Leben zurück. Als die Zwerge hörten, was geschehen war, sagten sie: »Die alte Krämerin war keine andere als die gottlose Königin. Hüte dich und lass keinen Menschen herein, wenn wir nicht bei dir sind.«

Als die böse Königin aber nach Hause gekommen war, trat sie vor ihren Spiegel und fragte:

>»Spieglein, Spieglein an der Wand,
>wer ist die Schönste im ganzen Land?«*

Der Spiegel antwortete wie zuvor:

>»Frau Königin, Ihr seid die Schönste hier,
>aber Schneewittchen über den Bergen
>bei den sieben Zwergen
>ist noch tausendmal schöner als Ihr.«*

Als die Königin das hörte, erschrak sie zutiefst, denn sie sah wohl, dass Schneewittchen wieder lebendig geworden war. Sie sprach: »Aber diesmal werde ich mir etwas überlegen, das dich zugrunde richten soll!« Und mit ihren Hexenkünsten, auf die sie sich verstand, machte sie einen giftigen Kamm. Dann nahm sie die Gestalt eines anderen alten Weibes an.

So ging sie wieder über die sieben Berge zu den sieben Zwergen, klopfte an die Tür und rief: »Schöne, billige Ware zu verkaufen!«

Schneewittchen schaute heraus und sagte: »Geht nur weiter, ich darf niemanden hereinlassen.«

Die Alte sagte: »Die Sachen anzusehen, wird dir doch wohl erlaubt sein!« Dann zog sie den giftigen Kamm heraus und hielt ihn in die Höhe. Der Kamm aber gefiel Schneewittchen so gut, dass es der Alten doch noch die Tür öffnete. Und nachdem sie den Kamm gekauft hatte, sagte die Alte: »Nun will ich dich einmal ordentlich kämmen.«

Das arme Schneewittchen dachte sich nichts Böses und ließ die Alte machen. Aber kaum, dass sie den Kamm in Schneewittchens Haare gesteckt hatte, begann das Gift darin zu wirken und Schneewittchen fiel besinnungslos zur Erde nieder.

Die böse Alte sagte: »Du Ausbund von Schönheit, jetzt ist es aber aus mit dir!«, und ging fort.

Zum Glück wurde es bald Abend und die sieben Zwerge kamen nach Hause. Als sie Schneewittchen wie tot auf der Erde liegen sahen, hatten sie gleich die Stiefmutter im Verdacht. Sie besahen sich Schneewittchen genauer und fanden den giftigen Kamm.

Kaum dass sie ihn herausgezogen hatten, kam Schneewittchen wieder zu sich und erzählte, was geschehen war. Da warnten es die sieben Zwerge noch einmal, vorsichtig zu sein und niemandem die Tür zu öffnen.

Die Königin aber stellte sich zu Hause vor ihren Spiegel und sprach:

»*Spieglein, Spieglein an der Wand,*
wer ist die Schönste im ganzen Land?«

Schneewittchen

Der Spiegel antwortete wie zuvor:

> *»Frau Königin, Ihr seid die Schönste hier,*
> *aber Schneewittchen über den Bergen*
> *bei den sieben Zwergen*
> *ist noch tausendmal schöner als Ihr.«*

Als die Königin den Spiegel das sagen hörte, zitterte und bebte sie vor Zorn. Sie rief: »Schneewittchen soll sterben, und wenn es mein eigenes Leben kostet!«

Darauf betrat sie eine ganz geheime und versteckte Kammer, wo keiner sonst hinkam. Dort machte sie einen giftigen, giftigen Apfel. Von außen sah er sehr schön aus, weiß mit roten Backen, sodass jeder, der ihn sah, Lust darauf bekam, hineinzubeißen. Doch jeder, der ein Stückchen davon aß, musste sterben.

Als der Apfel fertig war, färbte sich die Königin das Gesicht und verkleidete sich als Bauersfrau, und so ging sie über die sieben Berge zu den sieben Zwergen. Dort angekommen, klopfte sie an die Tür.

Schneewittchen streckte den Kopf zum Fenster heraus und sagte: »Ich darf niemanden hereinlassen, die sieben Zwerge haben's mir verboten.«

Die Bäuerin antwortete: »Das macht nichts. Schau, ich schenke dir einen Apfel!«

Schneewittchen sagte: »Nein danke, ich darf nichts annehmen!«

Da sagte die Alte: »Fürchtest du dich etwa vor Gift? Siehst du, ich schneide den Apfel in zwei Teile. Iss du die rote Seite,

Brüder Grimm

die weiße esse ich.« Sie hatte den Apfel nämlich so gemacht, dass nur die rote Seite vergiftet war.

Schneewittchen bekam großen Appetit auf den Apfel. Und als es sah, dass die Bäuerin selbst davon aß, konnte es nicht länger widerstehen. Es streckte die Hand aus und nahm die giftige Hälfte entgegen. Kaum aber hatte es davon abgebissen, fiel es wie tot zur Erde nieder.

Nun betrachtete die Königin Schneewittchen mit grausigen Blicken und sprach: »Weiß wie Schnee, rot wie Blut, schwarz wie Ebenholz. Diesmal können dich die Zwerge nicht wiedererwecken!«

Und als sie zu Hause ihren Spiegel befragte:

»Spieglein, Spieglein an der Wand,
wer ist die Schönste im ganzen Land?«,

da antwortete er endlich:

»Frau Königin, Ihr seid die Schönste im Land.«

Da hatte ihr neidisches Herz endlich Ruhe, so gut ein neidisches Herz eben Ruhe haben kann.

Als die Zwerge am selben Abend nach Hause kamen, da fanden sie Schneewittchen auf der Erde liegen, und es kam kein Atem mehr aus ihrem Mund und es war tot. Sie hoben es auf, suchten, ob sie etwas Giftiges fänden, kämmten ihm das Haar, wuschen es mit Wasser und Wein – aber es half alles nichts. Das liebe Kind war und blieb tot.

Schneewittchen

Die sieben Zwerge legten es auf eine Bahre und setzten sich alle sieben daran und beweinten das Schneewittchen, und sie weinten drei Tage lang. Dann wollten sie es begraben. Das Schneewittchen aber sah immer noch so frisch aus wie ein lebendiger Mensch und hatte noch seine schönen roten Backen. Sie sagten: »Wir können sie nicht in die schwarze Erde versenken!« Und sie ließen für das Schneewittchen einen durchsichtigen Sarg aus Glas machen. Da legten sie es hinein und schrieben mit goldenen Buchstaben seinen Namen darauf und dass Schneewittchen eine Königstochter war. Dann stellten sie den Sarg hinaus auf den Berg und einer von ihnen blieb immer dort, um ihn zu bewachen. Und auch die Tiere kamen und beweinten Schneewittchen, erst eine Eule, dann ein Rabe und zuletzt eine Taube.

Nun lag Schneewittchen lange, lange Zeit in dem Sarg. Aber es sah aus, als ob es schlafen würde, denn es war noch immer so weiß wie Schnee, so rot wie Blut und so schwarzhaarig wie Ebenholz.

Einmal aber geriet ein Königssohn in den Wald und zum Häuschen der sieben Zwerge und wollte dort übernachten. Er sah auf dem Berg den Sarg und das schöne Schneewittchen darin und las, was mit goldenen Buchstaben auf den Sarg geschrieben worden war. Da sagte er zu den sieben Zwergen: »Gebt mir den Sarg. Ihr bekommt dafür, was immer ihr wollt!«

Die Zwerge aber antworteten: »Wir geben den Sarg nicht her, nicht um alles in der Welt!«

Darauf bat der Königssohn: »Dann schenkt ihn mir, denn ich kann nicht leben, ohne Schneewittchen zu sehen. Ich will es ehren und achten wie mein Allerliebstes.«

Brüder Grimm

Als er dies sagte, hatten die guten Zwerge Mitleid mit ihm und gaben ihm den Sarg.

Gleich ließ der Königssohn den Sarg von seinen Dienern auf den Schultern forttragen. Da geschah es aber, dass sie über einen Strauch stolperten. Von der Erschütterung sprang der giftige Apfelschnitz, den Schneewittchen gegessen hatte, aus seinem Hals. Es dauerte nicht lange, da öffnete es die Augen, hob den Deckel vom Sarg, richtete sich auf und war wieder lebendig. Es rief: »Ach Gott, wo bin ich?«

Voller Freude sagte der Königssohn: »Du bist bei mir!«, und erzählte, was sich zugetragen hatte. Und am Ende sagte er: »Ich habe dich lieber als alles auf der Welt. Komm mit mir in das Schloss meines Vaters, ich möchte, dass du meine Frau wirst.«

Da ging das Schneewittchen mit ihm und ihre Hochzeit sollte ganz besonders schön und prächtig werden.

Zu dem Hochzeitsfest wurde aber auch Schneewittchens gottlose Stiefmutter eingeladen. Als sie nun ihre schönsten Kleider angelegt hatte, trat sie vor den Spiegel und sprach:

>*»Spieglein, Spieglein an der Wand,*
>*wer ist die Schönste im ganzen Land?«*

Der Spiegel antwortete:

>*»Frau Königin, Ihr seid die Schönste hier,*
>*aber die junge Königin*
>*ist tausendmal schöner als Ihr.«*

Schneewittchen

Da stieß das böse Weib einen Fluch aus und bekam solche Angst, dass es nicht mehr aus noch ein wusste. Zuerst wollte die böse Königin gar nicht mehr auf die Hochzeit gehen, doch es ließ ihr keine Ruhe. Sie musste hin und die junge Königin sehen.

Als sie in den Saal trat, erkannte sie das Schneewittchen. Vor Angst und Schrecken stand sie nun stocksteif da. Aber man hatte schon eiserne Pantoffeln über ein Kohlenfeuer gestellt. Mit Zangen wurden sie hereingebracht und vor die böse Königin hingestellt. Die musste nun in die rot glühenden Schuhe steigen und so lange tanzen, bis sie tot zur Erde fiel.

Von dem Fischer
und seiner Frau

Es waren einmal ein Fischer und seine Frau, die wohnten zusammen in einem alten Pott ganz nah an der See. Der Fischer ging alle Tage ans Wasser und angelte und angelte und angelte. So saß er auch diesmal mit seiner Angel dort und schaute immerzu in das klare Wasser, und er saß und saß.

Auf einmal aber ging die Angel auf den Grund, tief, tief hinab. Und als der Fischer sie heraufholte, da zog er einen großen Butt heraus. Der Butt sagte zu ihm: »Höre, Fischer, ich bitte dich, lass mich leben. Ich bin kein richtiger Butt, ich bin ein verwunschener Prinz. Was hilft es dir, wenn du mich tötest? Ich würde dir ja doch nicht schmecken. Setz mich wieder in das Wasser und lass mich schwimmen.«

Der Mann sagte: »Du brauchst gar nicht so viele Worte zu machen. Einen Butt, der sprechen kann, werde ich natürlich schwimmen lassen.« Damit setzte er ihn wieder in das klare Wasser und der Butt schwamm an den Grund hinab. Der Fischer aber stand auf und ging zu seiner Frau in den alten Pott zurück.

Die Frau sagte: »Mann, hast du heute nichts gefangen?«

»Nein«, sagte der Mann. »Ich habe einen Butt gefangen, der

sagte, er sei ein verwunschener Prinz. Da habe ich ihn wieder schwimmen lassen.«

»Hast du dir denn nichts gewünscht?«, fragte die Frau.

»Nein«, sagte der Mann. »Was hätte ich mir denn wünschen sollen?«

»Ach«, sagte die Frau, »es ist doch übel, immer in diesem alten Pott zu wohnen, der stinkt und eklig ist. Du hättest uns doch eine kleine Hütte wünschen können. Geh noch einmal hin und rufe den Butt und sage ihm, wir wollen eine kleine Hütte haben. Er macht es gewiss.«

Der Mann sagte: »Ach was, wozu soll ich da noch mal hingehen!«

»Na«, sagte die Frau, »du hast ihn doch gefangen und trotzdem wieder schwimmen lassen. Er macht das bestimmt. Geh nur jetzt gleich!«

Der Mann wollte nicht recht. Seine Frau enttäuschen wollte er aber auch nicht. Also ging er schließlich wieder an die See.

Als er dort ankam, war die See ganz grün und gelb und gar nicht mehr so klar. Der Mann rief:

»Manntje, Manntje, Timpe Te,
Buttje, Buttje in der See,
meine Frau, die Ilsebill,
will nicht so, wie ich wohl will.«

Da kam der Butt angeschwommen und sagte: »Na, was will sie denn?«

Der Mann sagte: »Ach, ich hatte dich doch gefangen. Nun sagt meine Frau, ich hätte mir etwas wünschen sollen. Sie mag nicht mehr in dem alten Pott wohnen. Sie hätte gerne eine Hütte.«

Da sagte der Butt: »Geh nur nach Haus. Sie hat sie schon.«

Gleich ging der Mann nach Haus, und seine Frau hockte nicht mehr in dem alten Pott, sondern an seiner Stelle stand jetzt eine kleine Hütte da, und die Frau saß vor der Tür auf einer Bank. Da nahm ihn seine Frau bei der Hand und sagte zu ihm: »Komm nur herein. Siehst du? Jetzt ist das doch viel besser.«

Da gingen sie hinein. In der Hütte gab es einen kleinen Vorplatz, eine kleine hübsche Stube und eine Kammer, in der für jeden ein Bett stand. Auch eine Küche und Speisekammer und ein Geräteschuppen waren da, und alles war auf das Schönste und Beste eingerichtet. Hinter der Hütte gab es auch noch einen kleinen Hof mit Hühnern und Enten und einen keinen Garten mit Gemüse und Obst.

Die Frau sagte: »Siehst du? Ist das nicht nett?«

»Ja«, sagte der Mann. »So soll es bleiben. Nun wollen wir glücklich und zufrieden leben.«

»Das werden wir ja sehen«, sagte die Frau. Dann aßen sie zu Abend und gingen ins Bett.

So ging das wohl acht oder vierzehn Tage lang, dann sagte die Frau: »Hör mal, Mann. Die Hütte ist doch recht eng und der Hof und der Garten sind so klein. Der Butt hätte uns eigentlich gleich ein größeres Haus schenken können. Ich möchte in einem großen steinernen Schloss wohnen. Geh noch mal zum Butt. Er soll uns ein Schloss schenken!«

»Ach, Frau«, sagte der Mann. »Die Hütte ist doch gut genug. Was sollen wir in einem Schloss wohnen?«

»Ach was«, sagte die Frau. »Geh nur hin, der Butt kann das sehr gut machen.«

»Nein, Frau«, sagte der Mann. »Der Butt hat uns erst die Hütte gegeben. Ich mag nicht schon wieder ankommen. Das könnte den Butt vielleicht ärgern.«

»Geh schon«, sagte die Frau. »Er kann das gut und tut es gern. Geh du nur hin!«

Dem Mann war das Herz ganz schwer. Er wollte nicht hin. Er sagte zu sich selbst: Das ist nicht recht. Aber dann ging er doch.

Als er an die See kam, war das Wasser ganz violett und dunkelblau und grau und dick und gar nicht mehr so grün und gelb, aber es war noch ruhig. Da stellte der Mann sich hin und rief:

> »*Manntje, Manntje, Timpe Te,*
> *Buttje, Buttje in der See,*
> *meine Frau, die Ilsebill,*
> *will nicht so, wie ich wohl will.*«

Der Butt sagte: »Na, was will sie denn?«

»Ach«, sagte der Mann halb bekümmert. »Sie will in einem großen Schloss wohnen.«

»Geh nur hin, sie steht schon vor der Tür«, sagte der Butt.

Da ging der Mann fort und dachte, er würde nach Hause gehen. Aber als er dort ankam, war da nun ein großer, steinerner Palast. Seine Frau stand gerade auf der Treppe und wollte hineingehen. Da nahm sie ihn bei der Hand und sagte: »Komm nur herein!« So ging er mit ihr hinein.

Brüder Grimm

In dem Schloss gab es eine große Diele mit einem Boden aus Marmorstein. Und es waren viele Bedienstete da, die die großen Türen aufrissen. Die Wände glänzten vor schönen Tapeten und in den Zimmern gab es lauter goldene Stühle und Tische; kristallene Kronleuchter hingen an der Decke, und in allen Stuben und Kammern lagen Teppiche. Und die Tische bogen sich vor Essen und Flaschen mit dem allerbesten Wein. Hinter dem Haus war ein großer Hof mit Pferdestall und Kuhstall und Kutschen. Außerdem gab es einen großen, prächtigen Garten mit den schönsten Blumen und feinen Obstbäumen und einem keinen Wäldchen mit Hirschen und Rehen und Hasen – alles, was man sich nur wünschen kann.

Die Frau sagte: »Na, ist das nicht schön?«

»Ach ja«, sagte der Mann, »so soll es auch bleiben. Nun wollen wir in dem schönen Schloss wohnen und zufrieden sein.«

»Das werden wir ja sehen«, sagte die Frau.

Am nächsten Morgen wachte die Frau zuerst auf, als es gerade Tag wurde. Von ihrem Bett aus sah sie das wunderschöne Land vor sich liegen. Der Mann reckte sich noch, da stieß sie ihn mit dem Ellenbogen in die Seite und sagte: »Mann, steh auf und guck mal aus dem Fenster! Was meinst du, könnten wir nicht Herrscher werden über all das Land? Geh zum Butt, wir wollen König und Königin sein!«

»Ach, Frau«, sagte der Mann, »wozu sollen wir König und Königin sein! Ich mag nicht König sein!«

»Na«, sagte die Frau, »wenn du nicht König sein willst – ich will Königin sein. Geh zum Butt.«

»Ach, Frau«, sagte der Mann, »wozu willst du Königin sein? Das mag ich ihm nicht sagen!«

»Warum nicht?«, sagte die Frau. »Geh sofort hin, ich muss Königin sein.«

Da ging der Mann zum Butt und war ganz bekümmert, dass seine Frau Königin werden wollte. Er dachte: Das ist nicht recht, das ist nicht recht. Dann ging er aber trotzdem.

Und als er an die See kam, war das Wasser ganz schwarzgrau und brodelte von unten herauf und roch ganz faul. Da stellte er sich hin und rief:

> *»Manntje, Manntje, Timpe Te,*
> *Buttje, Buttje in der See,*
> *meine Frau, die Ilsebill,*
> *will nicht so, wie ich wohl will.«*

»Na, was will sie denn?«, fragte der Butt.

»Ach«, sagte der Mann. »Sie will Königin werden.«

»Geh nur hin, sie ist es schon«, sagte der Butt.

Da ging der Mann hin und als er zum Palast kam, da war das Schloss viel größer geworden und hatte einen großen Turm und prächtige Verzierungen daran. Schildwachen standen vor dem Tor und es waren dort ganz viele Soldaten und Pauken und Trompeten.

Und als der Mann in das Haus zurückkam, da war alles aus purem Marmor mit Gold und samtenen Decken und großen goldenen Quasten. Die Türen des Saals, in dem der ganze Hofstaat war, gingen auf und seine Frau saß auf einem hohen Thron aus Gold und Diamanten und hatte eine große goldene Krone auf; das Zepter in ihrer Hand war aus Gold und Edelsteinen. Rechts und links von ihr standen jeweils sechs Jung-

Brüder Grimm

frauen in einer Reihe, eine immer einen Kopf kleiner als die andere.

Da stellte der Mann sich hin und fragte: »Ach, Frau, bist du jetzt Königin?«

»Ja«, sagte die Frau, »nun bin ich Königin.«

Und er stand da und sah sie an. Als er sie so eine Zeit lang angesehen hatte, sagte er: »Ach, Frau, wie siehst du schön aus, wenn du Königin bist. Nun wollen wir uns auch nichts mehr wünschen.«

Die Frau aber war ganz unruhig und sagte: »Nein, Mann, mir wird es jetzt schon langweilig, ich kann das nicht mehr aushalten. Geh zum Butt. Königin bin ich, nun muss ich Kaiserin werden.«

»Ach, Frau«, sagte der Mann, »wozu willst du Kaiserin werden?«

»Mann«, sagte sie, »geh zum Butt, ich will Kaiserin sein!«

»Ach, Frau«, sagte der Mann, »Kaiser kann er nicht machen, ich mag das dem Butt nicht sagen. Kaiser ist nur einer im Reich: Kaiser kann der Butt gar nicht machen, das kann und kann er nicht.«

»Ich bin Königin«, sagte die Frau, »und du bist nur mein Mann. Willst du wohl gleich hingehen? Sofort gehst du hin! Wenn er Könige machen kann, kann er auch Kaiser machen. Ich will und will Kaiserin sein. Geh sofort hin!« Da musste er hingehen.

Als der Mann aber zum Butt ging, da war ihm ganz bang. Und als er so ging, dachte er bei sich: Das geht und geht nicht gut. Kaiserin ist zu unverschämt. Der Butt wird das am Ende doch müde.

Und als er an die See kam, da war die See ganz schwarz und dick und fing schon an, von unten herauf zu gären, dass es Blasen gab, und es fuhr ein Windstoß darüber hin, dass es nur so schäumte und dem Mann graute. Da stellte er sich hin und rief:

»Manntje, Manntje, Timpe Te,
Buttje, Buttje in der See,
meine Frau, die Ilsebill,
will nicht so, wie ich wohl will.«

»Na, was will sie denn?«, sagte der Butt.

»Ach, Butt«, sagte der Mann. »Meine Frau will Kaiserin werden.«

»Geh nur hin«, sagte der Butt, »sie ist es schon.«

Da ging der Mann fort, und als er ankam, da war das ganze Schloss aus poliertem Marmor mit Figuren aus Alabaster und goldenem Zierrat. Vor dem Tor marschierten die Soldaten und bliesen Trompeten und schlugen Pauken und Trommeln. Aber im Haus, da gingen die Barone und Grafen und Herzöge nur so als Bedienstete herum. Sie machten ihm die Türen auf, die aus purem Gold waren. Und als er hereinkam, da saß seine Frau auf einem Thron, der war aus einem Stück und wohl zwei Meilen hoch. Und sie hatte eine große goldene Krone auf, die war drei Ellen hoch und mit Brillanten und Karfunkelsteinen besetzt. In der einen Hand hielt sie das Zepter und in der anderen Hand den Reichsapfel. Und neben ihr, auf beiden Seiten, da standen die Leibwächter in zwei Reihen, einer immer kleiner als der andere, vom größten Riesen,

Brüder Grimm

der war zwei Meilen hoch, bis zum allerkleinsten Zwerg, der war nur so groß wie mein kleiner Finger. Und vor ihr standen viele Fürsten und Herzöge.

Da stellte sich der Mann dazwischen und sagte: »Frau, bist du nun Kaiserin?«

»Ja«, sagte sie, »ich bin Kaiserin.«

Und er stand nur da und sah sie sich an. Als er sie eine Zeit lang angesehen hatte, sagte er: »Ach, Frau, wie schön du bist als Kaiserin.«

»Mann«, sagte sie, »was stehst du da herum? Ich bin nun Kaiserin, jetzt will ich aber auch Papst werden. Geh zum Butt!«

»Ach, Frau«, sagte der Mann, »was willst du denn noch? Papst kannst du nicht werden, Papst ist nur einer bei den Christen. Das kann er doch nicht machen!«

»Ich will aber Papst werden«, sagte sie. »Geh sofort zum Butt. Ich muss heute noch Papst werden.«

»Nein, Frau, das sag ich ihm nicht! Das geht nicht gut, das ist zu arg. Zum Papst kann dich der Butt nicht machen!«

»Was für ein Geschwätz!«, sagte die Frau. »Wenn er einen Kaiser machen kann, kann er auch einen Papst machen. Geh sofort zum Butt! Ich bin Kaiserin und du bist bloß mein Mann. Willst du wohl hingehen?«

Da bekam er Angst und ging zum Butt. Ihm war aber ganz flau, und er zitterte und bebte und die Knie und die Waden bibberten ihm. Da fuhr ein Wind über das Land und die Wolken flogen über den Himmel, dass es dunkel wurde wie in der Nacht. Die Blätter wehten von den Bäumen und das Wasser ging und brauste, als ob es kochte, und schlug an die Ufer.

Vom Fischer und seiner Frau

Der Himmel war in der Mitte noch ein bisschen blau, aber an den Seiten, da zog es herauf wie ein schweres Gewitter. Da stellte sich der Mann ganz verzagt hin und sagte:

>*»Manntje, Manntje, Timpe Te,*
>*Buttje, Buttje in der See,*
>*meine Frau, die Ilsebill,*
>*will nicht so, wie ich wohl will.«*

»Na, was will sie denn?«, sagte der Butt.

»Ach«, sagte der Mann, »sie will Papst werden.«

»Geh nur hin, sie ist es schon«, sagte der Butt.

Er ging fort, und als er ankam, war da eine große Kirche und darum herum lauter Paläste. Er drängte sich durch das Volk. Innen war aber alles mit tausend und abertausend Lichtern erleuchtet und seine Frau war in lauter Gold gekleidet. Sie saß auf einem noch viel höheren Thron und hatte drei große goldene Kronen auf. Rings um sie herum standen viele Erzbischöfe und Kardinäle. Außerdem waren da zwei Reihen Lichter, das größte so dick und so groß wie der allergrößte Turm bis hinunter zum allerkleinsten Küchenlicht, und alle Kaiser und Könige lagen vor ihr auf den Knien und küssten ihr die Pantoffel.

»Frau«, sagte der Mann, »bist du nun Papst?«

»Ja«, sagte sie, »ich bin Papst.«

Und er stand da und sah sie sich an, und es war, als ob er in die helle Sonne sähe. Als er sie eine Zeit lang angesehen hatte, sagte er: »Ach, Frau, wie macht es dich schön, dass du Papst bist!«

139

Brüder Grimm

Sie aber saß so steif da wie ein Baum und rührte sich nicht.

Er sagte: »Frau, nun sei aber auch zufrieden. Jetzt, wo du Papst bist, kannst du doch nichts anderes mehr werden.«

»Das werde ich mir bedenken«, sagte die Frau. Damit gingen sie beide zu Bett. Aber sie war nicht zufrieden und die Gier ließ sie nicht schlafen. Sie dachte immer daran, was sie noch mehr werden könnte.

Der Mann schlief recht gut und fest, denn er war am Tag viel gelaufen. Die Frau aber konnte gar nicht einschlafen und warf sich von einer Seite auf die andere, die ganze Nacht hindurch. Und immer und immer wieder dachte sie nur darüber nach, was sie wohl noch mehr werden könnte, und es fiel ihr doch nichts mehr ein. Schließlich ging die Sonne wieder auf, und als die Frau das Morgenrot sah, richtete sie sich in ihrem Bett auf und sah es sich an. Und als sie nun im Fenster die Sonne heraufkommen sah, da dachte sie: Ha, könnte ich nicht auch die Sonne und den Mond aufgehen lassen?

»Mann«, sagte sie und stieß ihn mit dem Ellenbogen in die Rippen, »wach auf, geh hin zum Butt, ich will werden wie der liebe Gott.«

Der Mann war noch halb im Schlaf, aber er erschrak so, dass er aus dem Bett fiel. Er meinte sich verhört zu haben, rieb sich die Augen und fragte: »Frau, was hast du gesagt?«

»Mann«, sagte sie, »wenn ich nicht die Sonne und den Mond aufgehen lassen kann und immer mit ansehen muss, wie Sonne und Mond aufgehen – das kann ich nicht aushalten. Ich habe keine ruhige Stunde mehr, bis ich sie nicht selber aufgehen lassen kann.« Dabei sah sie ihn mit einer so grausigen Fratze an, dass ihn ein Schauder überlief. Und sie

Vom Fischer und seiner Frau

sprach weiter: »Sofort gehst du zum Butt. Ich will werden wie der liebe Gott!«

»Ach, Frau«, sagte der Mann und fiel vor ihr auf die Knie, »das kann der Butt nicht. Kaiser und Papst kann er machen. Ich bitte dich, sei vernünftig und bleib Papst!«

Da kam sie in Wut, die Haare flogen ihr wild um den Kopf. Sie riss sich das Hemd auf, trat mit dem Fuß nach ihm und schrie: »Ich halte und halte das nicht länger aus! Willst du wohl gleich zum Butt gehen!«

Und er zog sich die Hose an und rannte los wie ein Verrückter.

Draußen aber ging der Sturm und brauste, dass er kaum noch auf seinen Füßen stehen konnte. Die Häuser und die Bäume wurden umgeweht und die Berge bebten und die Felsbrocken stürzten in die See. Der Himmel war pechschwarz und es donnerte und blitzte, und die See rollte daher in hohen schwarzen Wogen, so hoch wie Kirchtürme und Berge, und sie hatten alle eine weiße Krone aus Schaum. Da schrie der Mann und konnte sein eigenes Wort nicht hören:

>*»Manntje, Manntje, Timpe Te,*
>*Buttje, Buttje in der See,*
>*meine Frau, die Ilsebill,*
>*will nicht so, wie ich wohl will.«*

»Na, was will sie denn?«, fragte der Butt.

»Ach«, sagte der Mann, »sie will werden wie der liebe Gott.«

»Geh nur hin, sie sitzt schon wieder in dem alten Pott.«

Und da sitzen sie noch bis heute und auf diesen Tag.

Hänsel und Gretel

Am Rande eines großen Waldes lebte ein armer Holzhacker mit seiner Frau und seinen zwei Kindern. Der Junge hieß Hänsel und das Mädchen Gretel. Der Holzhacker war so arm, dass er wenig zu essen hatte, und als einmal alles besonders teuer geworden war, da konnte er für seine Familie und sich nicht einmal mehr Brot kaufen.

Eines Abends wälzte er sich vor lauter Sorgen im Bett herum und sagte zu seiner Frau: »Was soll nur aus uns werden? Wie können wir unsere armen Kinder ernähren, wo wir doch nicht einmal für uns selbst etwas zu essen haben?«

Die Frau antwortete: »Weißt du was? Wir werden sie morgen in aller Frühe in den Wald hinausführen, dorthin, wo er am dichtesten ist. Da machen wir dann ein Feuer an und geben jedem von ihnen noch ein Stück Brot. Anschließend gehen wir an unsere Arbeit und lassen sie allein. Dann werden sie den Heimweg nicht mehr finden und wir sind sie los.«

»Nein«, sagte der Mann, »das bringe ich nicht übers Herz. Bald würden wilde Tiere kommen und sie zerreißen.«

»Du Narr«, sagte sie. »Dann müssen wir eben alle vier verhungern!« Und sie redete so lange auf ihn ein, bis er schließ-

143

Brüder Grimm

lich einwilligte, auch wenn ihm die Kinder fürchterlich Leid taten.

Die zwei Kinder hatten vor Hunger auch nicht schlafen können und mit angehört, was die Stiefmutter zum Vater gesagt hatte. Gretel weinte bitterlich und sagte zum Hänsel: »Jetzt ist es um uns geschehen!«

»Nur ruhig«, sagte Hänsel, »sorge dich nicht, ich werde uns schon helfen.« Und als die Alten eingeschlafen waren, stand er auf, zog seine Jacke an und schlich sich aus dem Haus. Der Mond schien ganz hell und die weißen Kieselsteine, die vor dem Haus lagen, glänzten wie lauter Münzen. Hänsel bückte sich und steckte so viele in seine Taschen, wie hineinpassten.

Noch vor Sonnenaufgang kam schon die Stiefmutter und weckte die Kinder, und gleich machten sie sich alle zusammen auf den Weg in den Wald. Hänsel aber hatte immer wieder einen der hellen Kieselsteine auf den Weg geworfen.

Mitten im tiefsten Wald sagte der Vater: »Jetzt sammelt Holz, Kinder, denn ich will ein Feuer anmachen, damit ihr nicht friert.« Und als die Flamme richtig hoch brannte, sagte die Frau: »Legt euch ans Feuer, Kinder, und ruht euch aus. Wir gehen in den Wald und hacken Holz. Wenn wir fertig sind, kommen wir wieder und holen euch.«

Hänsel und Gretel schliefen fest ein. Als sie endlich wieder erwachten, war es schon finstere Nacht. Gretel fing an zu weinen und sagte: »Wie sollen wir nun aus dem Wald herauskommen?«

Hänsel tröstete sie: »Warte nur, bis der Mond aufgegangen ist. Dann werden wir den Weg bestimmt finden.« Und als der volle Mond am Himmel aufgestiegen war, nahm Hänsel seine

Schwester an der Hand und ging den Kieselsteinen nach. Die glänzten wie neue Münzen und zeigten ihnen den Weg. Sie gingen die ganze Nacht, und als der Tag anbrach, kamen sie wieder zum Haus ihres Vaters.

Sie klopften an die Tür, und als die Stiefmutter sah, dass es Hänsel und Gretel waren, sagte sie: »Ihr bösen Kinder, was habt ihr so lange im Wald geschlafen! Wir dachten schon, ihr kommt gar nicht mehr wieder!« Der Vater aber freute sich, denn er war sehr traurig darüber gewesen, dass er seine Kinder so allein zurückgelassen hatte.

Aber nur kurze Zeit später herrschte von neuem furchtbare Not. Wieder hörten die Kinder, wie die Mutter in der Nacht zum Vater sagte: »Wir haben nur noch ein halbes Brot und sonst nichts mehr. Die Kinder müssen weg. Am besten, wir führen sie noch tiefer in den Wald, damit sie den Nachhauseweg auch ganz bestimmt nicht mehr finden. Sonst müssen wir alle verhungern.«

Den Vater bekümmerte das sehr und er dachte sich, es wäre besser, den letzten Bissen mit den Kindern zu teilen, aber die Frau ließ ihm keine Ruhe. Und weil er beim ersten Mal nachgegeben hatte, musste er es auch jetzt wieder tun.

Hänsel wollte gleich wieder hinaus, um Kieselsteine zu sammeln. Aber die Frau hatte die Tür verschlossen und deshalb konnte er nicht. Aber er tröstete seine Schwester und sprach: »Weine nicht, Gretel, der liebe Gott wird uns schon helfen.«

Am frühen Morgen kam die Frau und holte die Kinder aus dem Bett. Sie bekamen ein Stück Brot, das noch kleiner war als beim letzten Mal. Als sie in den Wald gingen, zerbröckelte

Brüder Grimm

Hänsel es in seiner Tasche und warf immer wieder einen Krümel auf die Erde.

Die Frau führte die Kinder so tief in den Wald hinein, wie sie es noch nie zuvor gewesen waren. Dann wurde wieder ein großes Feuer angemacht und die Mutter sagte: »Bleibt nur da sitzen, ihr Kinder. Und wenn ihr müde seid, könnt ihr ein wenig schlafen. Wir gehen in den Wald und hacken Holz. Und abends, wenn wir fertig sind, kommen wir und holen euch ab.«

Als es Mittag war, teilte Gretel ihr Brot mit Hänsel, der seines ja auf den Weg gestreut hatte. Dann schliefen sie ein und der Abend verging, aber niemand kam zu den armen Kindern. Sie wachten erst wieder auf, als es schon ganz finster war. Hänsel tröstete seine Schwester und sagte: »Warte nur, bis der Mond aufgeht. Dann werden wir die Brotbröckchen sehen, die ich ausgestreut habe. Sie zeigen uns den Weg nach Hause.«

Als der Mond kam, machten sie sich auf, aber sie fanden keine Brotstückchen mehr. Denn die vielen tausend Vögel, die im Wald und auf dem Feld umherfliegen, hatten sie weggepickt. Hänsel sagte zwar zu Gretel: »Wir werden den Weg schon finden!«, aber sie fanden ihn nicht. Sie gingen die ganze Nacht und noch einen Tag vom Morgen bis zum Abend, doch aus dem Wald kamen sie nicht heraus und waren furchtbar hungrig. Das Einzige, was sie gegessen hatten, waren ein paar Beeren, die sie von den Sträuchern pflückten. Und weil sie so müde waren, dass ihre Beine sie nicht mehr tragen wollten, legten sie sich unter einen Baum und schliefen ein.

Jetzt war es schon der dritte Morgen, seit sie das Haus ihres Vaters verlassen hatten. Sie liefen wieder weiter, aber gerieten nur noch immer tiefer in den Wald hinein. Wenn ihnen nicht bald jemand zu Hilfe kam, dann mussten sie verhungern.

Als es Mittag war, sahen sie ein schönes, schneeweißes Vögelchen auf einem Ast sitzen. Es sang so schön, dass sie stehen blieben und ihm zuhörten. Als es fertig war, schwang es seine Flügel und flog vor ihnen her. Sie folgten ihm, bis sie zu einem Häuschen kamen, auf dessen Dach es sich niederließ. Als Hänsel und Gretel nah an das Häuschen herangekommen waren, sahen sie, dass es aus Brot gebaut und mit Kuchen gedeckt war. Die Fenster bestanden aus weißem Zucker.

Hänsel sagte: »Da wollen wir uns dranmachen und eine gesegnete Mahlzeit halten. Ich esse ein Stück vom Dach. Und du, Gretel, du kannst vom Fenster essen, das schmeckt süß.« Hänsel griff nach oben und brach sich ein wenig vom Dach ab, um zu versuchen, wie es schmeckte. Gretel stellte sich an die Scheibe und knusperte daran.

Da rief eine dünne Stimme aus der Stube heraus:

>>*Knusper, knusper, knäuschen,*
wer knuspert an meinem Häuschen?«

Die Kinder antworteten:

>>*Der Wind, der Wind,*
das himmlische Kind«,

und aßen weiter ohne sich beirren zu lassen. Hänsel, dem das Dach sehr gut schmeckte, riss sich ein großes Stück davon herunter und Gretel brach eine ganze runde Fensterscheibe

Hänsel und Gretel

heraus, setzte sich auf den Boden und ließ es sich damit gut gehen.

Plötzlich wurde die Tür des Häuschens geöffnet und eine steinalte Frau kam auf einen Stock gestützt herausgeschlichen. Hänsel und Gretel erschraken so gewaltig, dass sie fallen ließen, was sie in den Händen hielten.

Die Alte aber wackelte mit dem Kopf und sagte: »Ihr lieben Kinder, wer hat euch hierher gebracht? Kommt nur herein, es wird euch nichts geschehen.« Sie nahm die beiden an der Hand und führte sie in ihr Häuschen. Dann brachte sie ihnen ein gutes Essen aus Milch, Pfannkuchen, Äpfeln und Nüssen. Danach wurden zwei schöne kleine Betten mit weißer Wäsche bezogen und Hänsel und Gretel legten sich hinein. Sie dachten nun, sie wären im Himmel.

Die Alte hatte sich aber nur freundlich gestellt. Sie war nämlich eine böse Hexe, die den Kindern auflauerte. Das Brothaus hatte sie nur gebaut, um die Kinder herzulocken. Wenn ein Kind in ihre Gewalt kam, dann kochte sie es und aß es auf. Ein solcher Tag war für sie ein wahrer Festtag. Hexen haben rote Augen und können nicht weit sehen, aber sie haben einen feinen Geruchssinn wie Tiere und merken, wenn ein Mensch kommt. Als Hänsel und Gretel dem Haus immer näher gekommen waren, da hatte sie boshaft gelacht und höhnisch gesagt: »Die habe ich, die werden mir nicht wieder entwischen.«

Früh am Morgen, als die Kinder noch schliefen, stand sie schon auf. Und als sie die beiden so friedlich und mit vollen roten Backen schlafen sah, murmelte sie vor sich hin: »Das wird ein Leckerbissen werden.« Dann packte sie Hänsel mit

Brüder Grimm

ihrer dürren Hand und sperrte ihn in einen kleinen Käfig. Er konnte schreien, so viel er wollte, es half ihm alles nichts. Danach ging die böse Hexe zu Gretel, rüttelte sie wach und rief: »Steh auf, Faulenzerin! Trag Wasser herbei und koch deinem Bruder etwas Gutes. Der sitzt draußen im Stall und soll fett werden. Wenn er dann fett genug ist, will ich ihn essen.« Gretel fing bitterlich zu weinen an, aber es war alles vergeblich. Sie musste tun, was die böse Hexe verlangte.

Nun wurde dem armen Hänsel das beste Essen gekocht, aber Gretel bekam nur Krebsschalen. Jeden Morgen schlich die Alte zu Hänsels Käfig und rief: »Hänsel, streck deinen Finger heraus, damit ich fühle, ob du bald fett bist.« Hänsel streckte ihr aber ein Knöchelchen hin und die Alte, die trübe Augen hatte, erkannte es nicht. Sie dachte, es wäre Hänsels Finger, und wunderte sich sehr, warum er nicht fett wurde.

Als vier Wochen vergangen waren und Hänsel noch immer mager blieb, wurde sie ungeduldig und wollte nicht länger warten. »Heda, Gretel!«, rief sie dem Mädchen zu. »Mach schnell und trag Wasser herbei! Hänsel mag fett oder mager sein, morgen werde ich ihn schlachten und kochen.« Wie jammerte da die arme Gretel und wie flossen ihr die Tränen über das Gesicht! Und früh am Morgen musste Gretel hinaus, den Kessel mit Wasser aufhängen und Feuer anzünden.

Die Alte sagte: »Zuerst wollen wir backen. Ich habe den Backofen schon eingeheizt und den Teig geknetet.« Sie stieß die arme Gretel hinaus zu dem Backofen, aus dem schon die Flammen schlugen, und sagte: »Kriech hinein, Gretel, und sieh nach, ob schon richtig eingeheizt ist, damit wir das Brot in den Ofen schieben können!« Sie wollte nämlich, sobald Gretel in den Ofen gekrochen war, die Klappe zumachen, und Gretel sollte darin braten. Denn die Hexe wollte auch sie essen.

Aber Gretel merkte, was die böse Hexe im Sinn hatte, und sagte: »Ich weiß nicht, wie ich das machen soll! Wie komme ich da hinein?«

»Dumme Gans!«, sagte die Alte. »Die Öffnung ist groß genug. Siehst du, sogar ich passe hinein!« Mit diesen Worten kam sie heran und steckte den Kopf in den Backofen.

Da gab ihr Gretel mit einem Mal einen Stoß, dass sie weit hineinfiel, machte die eiserne Tür zu und schob den Riegel vor. Hu!, da fing die Hexe an zu heulen, ganz grauselich. Doch Gretel lief fort und die alte Hexe musste elend verbrennen.

Gretel aber lief schnurstracks zum Hänsel, öffnete seine Stalltür und rief: »Hänsel, wir sind erlöst, die alte Hexe ist tot!«

Da sprang Hänsel wie ein Vogel aus seinem Käfig heraus. Wie haben sich die beiden gefreut! Sie sind sich um den Hals gefallen, sind herumgesprungen und haben einander abgeküsst! Und weil sie sich nicht mehr fürchten mussten, gingen sie in das Haus der Hexe hinein. Dort fanden sie in allen Ecken Truhen mit Perlen und Edelsteinen.

Hänsel sagte: »Die sind noch besser als Kieselsteine«, und steckte in seine Tasche, so viel hineinpasste. Und auch Gretel füllte sich ihre Schürze voll. Dann sagte Hänsel: »Aber jetzt wollen wir fort, damit wir aus dem Hexenwald herauskommen.«

Nachdem sie ein paar Stunden gegangen waren, kamen sie an einen breiten Fluss. Hänsel sprach: »Da können wir nicht rüber. Ich sehe keinen Steg und keine Brücke.«

Und Gretel antwortete: »Hier fährt auch kein Boot. Aber da schwimmt eine weiße Ente. Wenn ich sie bitte, dann hilft sie uns hinüber.« Und sie rief:

»Entchen, Entchen,
da stehen Gretel und Hänsel.
Kein Steg und keine Brücke,
nimm uns auf deinen weißen Rücken.«

Das Entchen kam auch wirklich herbeigeschwommen. Hänsel setzte sich auf seinen Rücken und Gretel sollte sich hinter ihn setzen. Aber Gretel sagte: »Nein, das wird der kleinen Ente zu schwer. Sie soll uns einen nach dem andern hinüberbringen.«

Das tat das gute Tierchen auch, und als sie glücklich drüben waren und ein Stück gingen, da kam ihnen der Wald immer bekannter und immer bekannter vor, und schließlich sahen sie schon von weitem das Haus ihres Vaters.

Da fingen sie zu laufen an, stürzten in die Stube und fielen ihrem Vater um den Hals. Der hatte keine einzige frohe Stunde mehr gehabt, seit er die Kinder im Wald gelassen hatte. Seine Frau aber, die war gestorben.

Gretel schüttete ihre Schürze aus, dass die Perlen und Edelsteine in der Stube herumsprangen, und Hänsel warf eine Hand voll nach der anderen aus seiner Tasche dazu. Da hatten alle Sorgen ein Ende und Vater und Kinder lebten in lauter Freude zusammen.

Der Hase und der Igel

Es war einmal an einem Sonntagmorgen im Herbst, gerade als der Buchweizen blühte. Die Sonne war hell am Himmel aufgegangen. Der Morgenwind strich warm über die Stoppeln. Die Vögel sangen in der Luft, und die Bienen summten im Buchweizen. Die Leute gingen in ihrem Sonntagsanzug in die Kirche und alle waren lustig und vergnügt, ebenso wie der Igel.

Der Igel aber stand vor seiner Tür, hatte die Arme verschränkt, guckte dabei in den Morgenwind hinaus und brummte ein Lied vor sich hin. Auf einmal fiel ihm ein, dass er ja ein wenig ins Feld spazieren gehen könnte, solange seine Frau die Kinder noch wusch. Da konnte er nachsehen, wie seine Steckrüben gewachsen waren. Die Steckrüben standen seinem Haus am nächsten und er und seine Familie aßen immer davon, weshalb er sie als die seinen betrachtete.

Gesagt, getan.

Der Igel machte die Haustür hinter sich zu und schlug den Weg zum Feld ein. Er war noch gar nicht weit von zu Hause entfernt und wollte gerade um den Schlehenbusch, der vor dem Feld liegt, zum Steckrübenacker hinübergehen, als ihm

153

Brüder Grimm

der Hase begegnete. Der Hase war übrigens aus ähnlichen Gründen wie der Igel unterwegs: Er wollte nach seinem Kohl sehen.

Als der Igel den Hasen erblickte, wünschte er ihm einen freundlichen guten Morgen. Der Hase aber, der ein vornehmer Herr war und fürchterlich eingebildet dazu, erwiderte den Gruß des Igels nicht, sondern sagte nur hochmütig zu ihm: »Wie kommt es denn, dass du hier schon so früh am Morgen im Feld herumläufst?«

»Ich gehe spazieren«, sagte der Igel.

Lachend fragte der Hase: »Spazieren? Na, ich denke, du könntest deine Beine auch zu etwas Besserem gebrauchen!«

Diese Antwort verärgerte den Igel ungeheuer, denn alles konnte er vertragen, nur auf seine Beine ließ er nichts kommen, weil sie eben von Natur aus schief waren. Und er sagte zu dem Hasen: »Du bildest dir wohl ein, dass du mit deinen Beinen mehr ausrichten kannst?«

Der Hase sagte: »Das denke ich schon.«

Da meinte der Igel: »Das kommt wohl auf einen Versuch an. Ich bin sicher, wenn wir um die Wette laufen, dann überhole ich dich.«

Der Hase sagte: »Das ist ja zum Lachen. Du mit deinen schiefen Beinen. Aber meinetwegen, lass uns um die Wette laufen, wenn du darauf so große Lust hast. Worum wetten wir?«

Der Hase und der Igel

»Um einen goldenen Taler und eine Flasche Branntwein«, sagte der Igel.

»Einverstanden«, sagte der Hase. »Schlag ein, dann kann es losgehen.«

Aber der Igel meinte: »Nee, so große Eile hat es nicht. Ich habe noch nicht gefrühstückt. Erst will ich nach Hause gehen und ein bisschen was essen. In einer halben Stunde bin ich wieder hier.«

Und damit ging der Igel. Unterwegs dachte er sich: Der Hase verlässt sich auf seine langen Beine, aber ich werde ihn schon kriegen. Er ist zwar ein vornehmer Herr, aber trotzdem recht dumm, und er soll mir bezahlen.

Als nun der Igel nach Hause kam, sagte er zu seiner Frau: »Zieh dich schnell an, du musst mit mir aufs Feld hinaus.«

Seine Frau fragte: »Was gibt es denn?«

»Ich habe mit dem Hasen um einen goldenen Taler und 'ne Flasche Branntwein gewettet. Ich will mit ihm um die Wette laufen und da sollst du mit dabei sein.«

Da fing die Frau des Igels an zu schreien: »Du meine Güte, Mann, hast du denn ganz den Verstand verloren? Wie kannst du mit dem Hasen um die Wette laufen wollen?«

Der Igel antwortete ruppig: »Sei still, Weib, das ist meine Sache. Zieh dich an und komm mit.«

Und die Frau des Igels ging mit, ob sie nun wollte oder nicht.

Als sie miteinander auf dem Weg waren, sprach der Igel zu seiner Frau: »Jetzt pass auf, was ich dir sage: Da vorne, auf dem langen Acker, wollen wir unseren Wettlauf machen. Der Hase läuft in der einen Furche und ich in der anderen und wir

155

Brüder Grimm

fangen von oben zu laufen an. Du musst nichts weiter tun, als dich hier unten hinstellen. Und wenn der Hase auf der anderen Seite ankommt, dann rufst du ihm entgegen: ›Ich bin schon hier!‹«

In der Zwischenzeit waren sie bei dem Acker angelangt. Der Igel wies seiner Frau den Platz an und ging nun den Acker hinauf. Als er oben ankam, war der Hase schon da. Er fragte gleich: »Kann es losgehen?«

»Jawohl«, sagte der Igel, »dann mal zu!«

Und damit stellte sich jeder in seine Furche. Der Hase zählte »Eins, zwei, drei«, und fegte sogleich wie der Wind den Acker hinab. Der Igel aber lief gerade mal drei Schritte, dann duckte er sich in seine Furche und blieb ganz ruhig sitzen.

Als nun der Hase in vollem Lauf unten am Acker ankam, da rief ihm die Frau des Igels entgegen: »Ich bin schon hier!«

Der Hase stutzte und wunderte sich nicht wenig. Er dachte natürlich, es wäre der Igel selbst, der ihm das zurief, denn bekanntlich sieht die Igelfrau ja gerade so aus wie der Igelmann. Und er rief: »Das geht nicht mit rechten Dingen zu. Noch mal gelaufen! Wieder zurück!« Und wieder fegte er los wie der Wind, dass ihm die Ohren am Kopf flogen.

Die Frau des Igels aber blieb ruhig an ihrem Platz. Als nun der Hase oben ankam, rief ihm der Igel entgegen: »Ich bin schon hier!«

Der Hase aber war außer sich vor Ärger und rief: »Noch mal gelaufen! Wieder zurück!«

Der Igel entgegnete: »Mir ist es gleich. Meinetwegen sooft du Lust hast.«

So lief der Hase noch dreiundsiebzig Mal und der Igel hielt

immer mit. Jedes Mal, wenn der Hase oben oder unten ankam, sagten der Igel oder seine Frau: »Ich bin schon hier.«

Beim vierundsiebzigsten Mal aber schaffte es der Hase nicht mehr bis zum Ende. Mitten auf dem Acker stürzte er zur Erde nieder und blieb da liegen. Der Igel aber nahm seinen gewonnenen Taler und seine Flasche Branntwein, rief seine Frau aus der Furche heraus, und beide gingen vergnügt zusammen nach Hause.

Und wenn sie nicht gestorben sind, dann leben sie noch heute.

Der Teufel mit den
drei goldenen Haaren

Es war einmal eine Frau, die brachte ein Kind mit einer Glückshaut zur Welt. Sie freute sich sehr. Kinder mit einer Glückshaut sind nämlich Glückskinder. Und Glückskinder haben immer Glück. Die Leute im Dorf erzählten: »Das Glückskind wird später einmal die Tochter des Königs heiraten!«

Eines Tages kam der König in das Dorf. Er hörte, was die Leute sagten. Da wurde er sehr böse. Denn er wollte seine Tochter mit einem reichen Königssohn verheiraten und nicht mit einem armen Jungen.

Da hatte der König eine Idee. Er ging zu der armen Frau und sagte: »Gib mir deinen Sohn. Ich will für ihn sorgen.«

Die Frau gab ihm das Kind, denn sie dachte sich: Es kann ihm ja nichts passieren. Schließlich ist es ein Glückskind.

Der König nahm das Kind und legte es in eine Schachtel. Diese warf er in einen Fluss. Doch die Schachtel ging nicht unter. Sie schwamm wie ein Schiff auf dem Wasser. Und schwamm und schwamm.

Bei einer Mühle fanden Müllersleute die Schachtel. Sie hatten keine Kinder und freuten sich über den Jungen. Also nahmen sie ihn mit nach Hause und zogen ihn groß.

Jahre später kam der König zufällig an der Mühle vorbei.
Er fragte die Müllersleute nach ihrem Sohn.

Da erzählten sie ihm: »Er ist nicht unser Sohn. Wir haben
ihn vor Jahren in einer Schachtel im Fluss gefunden.«

Der König erschrak sehr, weil das Glückskind noch lebte.

Da hatte der böse König wieder eine Idee. »Der Junge soll
der Königin einen Brief von mir bringen«, sagte er.

Heimlich schrieb der König einen Brief, in dem stand: »An
die Königin. Ein Junge bringt Euch diesen Brief. Dieser Junge
soll sofort getötet werden.«

Der Junge machte sich mit dem Brief auf den Weg. Er ver-
irrte sich jedoch und kam in einen großen Wald. Dort stand
ein kleines Häuschen. Er klopfte an die Tür und eine alte Frau
öffnete ihm.

Der Junge sagte: »Ich soll der Königin einen Brief bringen.
Aber ich habe mich im Wald verirrt. Darf ich hier übernachten?«

»Du bist in ein Räuberhaus geraten«, entgegnete die alte
Frau. »Die Räuber sind gerade nicht zu Hause. Sie sind ge-
fährlich. Sie werden dich umbringen.«

»Mir wird schon nichts passieren«, sagte der Junge. »Ich bin
doch ein Glückskind!« Das Glückskind legte sich schlafen.

Kurz darauf kamen die Räuber nach Hause. Sie sahen den
schlafenden Jungen und wurden zornig.

»Ach«, sagte die alte Frau. »Es ist doch nur ein armer Junge.
Er soll der Königin einen Brief bringen.«

Die Räuber wollten den Brief sehen. Erstaunt lasen sie ihn.
Der Junge sollte getötet werden!

Da hatten sie Mitleid mit dem armen Jungen. Sie schrieben

Brüder Grimm

einfach einen neuen Brief, in dem stand: »An die Königin. Ein Junge bringt Euch diesen Brief. Dieser Junge soll sofort mit der Königstochter verheiratet werden.«

Am nächsten Morgen führten die Räuber den Jungen zum Königsschloss. Er überreichte der Königin den Brief, die ihn schnell las. Und noch am gleichen Tag wurde der Junge mit der Königstochter verheiratet. Ein großes Fest wurde gefeiert.

So lebten der Junge und die Königstochter glücklich miteinander. Nach einiger Zeit kam jedoch der König von seiner langen Reise zurück. Er sah das Glückskind und erschrak.

»Was ist passiert?«, fragte er die Königin. »Habt Ihr den Brief nicht gelesen?«

Die Königin war verwundert und zeigte ihm den Brief.

»Der Brief ist vertauscht worden!«, rief der König voller Wut.

Da hatte der böse König wieder eine Idee. Er ließ das Glückskind rufen.

»So leicht kommst du mir nicht davon«, sprach der König. »Geh in die Hölle! Und bring mir drei goldene Haare vom Teufel. Nur dann darfst du meine Tochter behalten.«

Das Glückskind antwortete: »Ich habe keine Angst vor dem Teufel. Ich bin doch ein Glückskind. Die drei goldenen Haare hole ich dir.«

Der Junge machte sich auf den Weg. Nach einer Weile kam er in eine Stadt. Dort traf er einen Wächter.

Der Wächter fragte: »Wer bist du?«

»Ich bin ein Glückskind. Ich weiß alles«, antwortete der Junge.

»Dann kannst du mir vielleicht helfen«, sagte der Wächter.

Der Teufel mit den drei goldenen Haaren

»Unser Brunnen war früher voll Wein. Jetzt gibt es dort nicht einmal mehr Wasser. Weißt du, warum?«

»Wenn ich zurückkomme, bekommst du eine Antwort«, sagte das Glückskind.

Nach einer Weile kam das Glückskind in eine andere Stadt. Dort traf es einen anderen Wächter.

Der Wächter fragte: »Wer bist du?«

»Ich bin ein Glückskind. Ich weiß alles«, antwortete der Junge.

»Dann kannst du mir vielleicht helfen«, sagte der Wächter. »Unser Baum hatte früher goldene Äpfel. Jetzt hat er nicht einmal mehr Blätter. Weißt du, warum?«

»Wenn ich zurückkomme, bekommst du eine Antwort«, sagte das Glückskind.

Nach einer Weile kam das Glückskind zu einem Fluss. Dort traf es einen Fährmann.

Der Fährmann fragte: »Wer bist du?«

»Ich bin ein Glückskind. Ich weiß alles«, antwortete der Junge.

»Dann kannst du mir vielleicht helfen«, sagte der Fährmann. »Immer muss ich hin- und herfahren. Niemals werde ich abgelöst. Weißt du, warum?«

»Wenn ich zurückkomme, bekommst du eine Antwort«, sagte das Glückskind.

Endlich stand das Glückskind vor der Hölle. Der Teufel war nicht zu Hause. Nur seine Mutter war da. Aber sie sah gar nicht böse aus.

»Ich brauche drei goldene Haare vom Teufel«, sagte das Glückskind. »Sonst darf ich meine Frau nicht behalten.«

Brüder Grimm

»Der Teufel wird dich umbringen. Er mag keine Menschen«, entgegnete die Teufelsmutter. »Aber ich werde dir helfen.«

Sie verwandelte das Glückskind in eine Ameise.

»Drei Dinge möchte ich noch wissen«, sagte das Glückskind. Es erzählte der Teufelsmutter von dem Brunnen, von dem Baum und von dem Fährmann.

»Das sind schwere Fragen«, entgegnete die Teufelsmutter. »Aber vielleicht kann ich dir helfen.«

Am Abend kam der Teufel nach Hause.

»Ich rieche, rieche Menschenfleisch!«, rief er wütend.

Die Teufelsmutter schimpfte mit ihm. »Unsinn! Jetzt setz dich hin und iss dein Abendbrot.«

Nach dem Essen legte sich der Teufel schlafen. Bald begann er laut zu schnarchen. Da riss ihm die Teufelsmutter ein Haar aus.

»Autsch!«, schrie der Teufel. »Was machst du da?«

»Ich habe schlecht geträumt«, entgegnete die Teufelsmutter.

»Was hast du denn geträumt?«, wollte der Teufel wissen.

»Ach, ich habe im Traum einen Brunnen gesehen«, antwortete die Teufelsmutter. »Früher war er voll Wein. Und nun gibt es dort nicht einmal mehr Wasser. Warum bloß?«

»Hehehe«, lachte der Teufel. »Wenn die wüssten! Eine Kröte sitzt im Brunnen. Man muss sie töten. Dann gibt es wieder Wein in dem Brunnen.«

Der Teufel legte sich wieder schlafen. Bald begann er laut zu schnarchen. Da riss ihm die Teufelsmutter das zweite Haar aus.

»Autsch!«, schrie der Teufel. »Verflixt. Was machst du da?«

»Ich habe schlecht geträumt«, sagte die Teufelsmutter.

»Was hast du denn jetzt schon wieder geträumt?«, wollte der Teufel wissen.

»Ach, ich habe im Traum einen Baum gesehen«, antwortete die Teufelsmutter. »Früher hatte er goldene Äpfel. Und nun hat er nicht einmal mehr Blätter. Warum bloß?«

»Hehehe«, lachte der Teufel. »Wenn die wüssten! Eine Maus nagt an der Wurzel des Baumes. Man muss sie töten. Dann hat der Baum auch wieder goldene Äpfel. Aber jetzt lass mich schlafen!«

Der Teufel legte sich wieder hin. Bald begann er laut zu schnarchen. Da riss ihm die Teufelsmutter das dritte Haar aus.

»Autsch!«, schrie der Teufel. »Verflixt. Was machst du da?« Jetzt war der Teufel wirklich wütend.

»Ich habe schlecht geträumt«, sagte die Teufelsmutter.

»Was hast du denn jetzt schon wieder geträumt?«, wollte der Teufel wissen.

»Ach, ich habe im Traum einen Fährmann gesehen«, antwortete die Teufelsmutter. »Immer muss er hin- und herfahren. Niemals wird er abgelöst. Warum bloß?«

»Hehehe«, lachte der Teufel. »Wenn der wüsste! Er muss seine Ruderstange einem Fahrgast in die Hand drücken. Dann muss der andere hin- und herfahren. Und der Fährmann ist frei. Aber jetzt lass mich schlafen! Wehe, du weckst mich noch einmal. Dann kriegst du eine Ohrfeige!«

Die Teufelsmutter ließ den Teufel in Ruhe schlafen.

Am nächsten Morgen verwandelte sie die Ameise wieder in das Glückskind zurück.

»Der Teufel ist fort«, sagte die Teufelsmutter. »Hier hast du

Brüder Grimm

die drei goldenen Haare. Und die drei Antworten hast du ja auch gehört.«

Das Glückskind bedankte sich. Dann machte es sich auf den Rückweg zum Schloss.

Am Fluss traf das Glückskind den Fährmann.

»Hier hast du die Lösung«, sagte das Glückskind. Es wiederholte die Worte des Teufels.

Der Fährmann bedankte sich.

Nach einer Weile kam das Glückskind in die Stadt. Dort stand der Baum ohne Blätter. Es traf den Wächter.

»Hier hast du die Lösung«, sagte das Glückskind. Es wiederholte die Worte des Teufels.

Zum Dank schenkte der Wächter dem Glückskind zwei Goldesel.

Nach einer Weile kam das Glückskind in die andere Stadt. Dort befand sich der Brunnen ohne Wasser. Es traf den anderen Wächter.

»Hier hast du die Lösung«, sagte das Glückskind. Es wiederholte die Worte des Teufels.

Zum Dank schenkte der Wächter dem Glückskind zwei weitere Goldesel.

Endlich kehrte das Glückskind ins Schloss zurück. Die Königstochter freute sich sehr. Das Glückskind überreichte dem König die drei goldenen Haare.

»Du hast die Prüfung bestanden«, sagte der König. »Du darfst meine Tochter behalten. Aber sage mir noch eines: Wo hast du die Goldesel gefunden?«

»Ganz einfach«, antwortete das Glückskind. »Ich bin über einen Fluss gefahren. Am anderen Ufer findest du das Gold.«

164

»Kann ich mir auch etwas davon holen?«, fragte der König.

»So viel du nur willst«, erwiderte das Glückskind. »Dort ist ein Fährmann am Fluss. Lass dich von ihm ans andere Ufer bringen.«

Der böse König machte sich sofort auf den Weg. Nach einer Weile kam er zu dem Fluss.

Er befahl dem Fährmann: »Bring mich ans andere Ufer!«

Der Fährmann fuhr ihn über den Fluss. Am anderen Ufer drückte er dem König die Ruderstange in die Hand. Dann lief er davon. Endlich war er frei!

Nun musste der König hin- und herfahren. Von einem Ufer zum anderen.

Und wenn er nicht gestorben ist, dann fährt der König noch heute hin und her, hin und her.

Brüderchen
und Schwesterchen

Brüderchen nahm sein Schwesterchen an der Hand und sagte: »Seit unsere Mutter tot ist, haben wir keine gute Stunde mehr. Die Stiefmutter schlägt uns jeden Tag und stößt uns mit den Füßen fort. Die harten Brotkrusten, die übrig bleiben, sind unser einziges Essen. Sogar dem Hündchen geht es besser: Dem wirft sie manchmal einen guten Bissen zu. Komm, wir wollen zusammen in die weite Welt hinaus gehen.«

Sie gingen den ganzen Tag, über Wiesen, Felder und Steine. Am Abend kamen sie in einen großen Wald und waren vom Kummer, dem Hunger und dem langen Weg so müde, dass sie sich unter einen Baum setzten und einschliefen.

Am nächsten Morgen, als sie erwachten, stand die Sonne schon hoch am Himmel und schien heiß in den Baum hinein. Da sprach das Brüderchen: »Ich habe solchen Durst! Wenn ich eine Quelle wüsste, ginge ich hin, um zu trinken. Ich meine aber, ich hörte eine rauschen!« Brüderchen stand auf, nahm Schwesterchen an der Hand und sie standen auf, um die Quelle zu suchen.

Die böse Stiefmutter aber war eine Hexe und hatte gesehen, dass die beiden fortgegangen waren. Heimlich, wie Hexen

166

schleichen, war sie ihnen nachgeschlichen und hatte alle Quellen im Wald verwünscht. Und als Brüderchen und Schwesterchen das Wasser fanden, das so glitzernd über die Steine sprang, wollte das Brüderchen sogleich daraus trinken.

Aber das Schwesterchen hörte, wie es im Rauschen sprach:

»Wer aus mir trinkt, wird ein Tiger!
Wer aus mir trinkt, wird ein Tiger!«

Da rief es: »Ich bitte dich, Brüderchen, trink nicht! Sonst wirst du ein wildes Tier und zerreißt mich!«

Das Brüderchen trank nicht, obwohl es großen Durst hatte, und sagte: »Ich werde bis zur nächsten Quelle warten.«

Als sie zur zweiten Quelle kamen, hörte das Schwesterchen, wie es aus dieser Quelle sprach:

»Wer aus mir trinkt, wird ein Wolf!
Wer aus mir trinkt, wird ein Wolf!«

Da rief das Schwesterchen: »Brüderchen, ich bitte dich, trink nicht, sonst wirst du ein Wolf und frisst mich!«

Das Brüderchen trank nicht und sprach: »Ich werde warten, bis wir zur nächsten Quelle kommen, aber dann muss ich trinken, egal, was du sagst.«

Als sie zur dritten Quelle kamen, hörte das Schwesterchen, wie es aus dem Rauschen sprach:

»Wer aus mir trinkt, wird ein Reh!
Wer aus mir trinkt, wird ein Reh!«

Brüder Grimm

Das Schwesterchen sprach: »Ach Brüderchen, ich bitte dich, trink nicht, sonst wirst du ein Reh und läufst mir fort!« Aber das Brüderchen hatte sich sofort an der Quelle niedergekniet und von dem Wasser getrunken. Und als die ersten Tropfen auf seine Lippen gekommen waren, lag es da und war ein Reh.

Nun weinte das Schwesterchen über das arme verwünschte Brüderchen, und das kleine Reh weinte auch und saß traurig neben ihm. Aber schließlich sagte das Mädchen: »Sei still, liebes Rehlein, ich werde dich doch niemals verlassen!« Dann band es sein goldenes Strumpfband ab, schlang es dem Rehlein um den Hals, rupfte Binsen aus und flocht daraus ein weiches Seil. Daran führte es das kleine Reh, und sie gingen immer tiefer in den Wald hinein. Und als sie lange gegangen waren, kamen sie an ein kleines Haus. Das Mädchen sah hinein und weil es leer war, dachte es: Hier können wir bleiben und wohnen.

Es suchte Laub und Moos, um dem Reh ein weiches Lager daraus zu machen, und jeden Morgen ging es in den Wald, um für sich selbst Wurzeln, Beeren und Nüsse zu sammeln. Für das Reh brachte es frisches Gras mit und es fraß dem Schwesterchen aus der Hand. Abends, wenn das Schwesterchen müde war, legte es seinen Kopf auf den Rücken des Rehs, und auf diesem Kissen schlief es sanft ein. Wenn das Brüderchen nur seine menschliche Gestalt gehabt hätte, wäre es ein wunderbares Leben gewesen.

So lebten sie eine Zeit lang allein in der Wildnis. Dann aber hielt der König eine große Jagd in jenem Wald ab und Hörnerblasen, Hundegebell und das lustige Geschrei der Jäger drang durch die Bäume. Das kleine Reh hörte es und wäre nur

zu gern dabei gewesen. »Ach«, sagte es zum Schwesterchen, »lass mich hinaus auf die Jagd. Ich kann es nicht mehr länger aushalten!« Und es bat so lange, bis das Schwesterchen schließlich einwilligte.

Doch es sagte zu ihm: »Komm mir ja am Abend wieder, denn vor den wilden Jägern verschließ ich meine Tür. Damit ich dich erkenne, klopf an und sag: ›Mein Schwesterlein, lass mich herein.‹ Wenn du nicht diese Worte sprichst, schließe ich die Tür nicht auf.« Da sprang das kleine Reh hinaus und es fühlte sich wohl und glücklich an der frischen Luft.

Der König und seine Jäger sahen das schöne Tier und verfolgten es, aber einholen konnten sie es nicht.

Als es dunkel wurde, lief das Rehlein zu dem kleinen Häuschen, klopfte und sagte: »Mein Schwesterlein, lass mich herein!« Da wurde ihm die Tür aufgemacht, es sprang hinein und ruhte sich die ganze Nacht lang auf seinem weichen Lager aus.

Am nächsten Morgen ging die Jagd von neuem los. Und als das kleine Reh wieder das Horn und die Rufe der Jäger hörte, hatte es keine Ruhe mehr und sagte: »Schwesterchen, mach mir auf, ich muss hinaus!«

Das Schwesterchen öffnete ihm die Tür und sprach: »Aber am Abend musst du wieder zurück sein und dein Sprüchlein sagen!«

Als der König und seine Jäger das kleine Reh mit dem goldenen Halsband abermals erblickten, jagten sie ihm alle nach, aber es war zu schnell und zu flink. So ging es den ganzen Tag, am Abend aber hatten die Jäger das Reh schließlich doch umzingelt und einer verwundete es leicht am Fuß. Jetzt musste es hinken und lief nur langsam fort. Diesmal schlich ihm ein Jäger bis zu dem kleinen Häuschen nach, und er hörte, wie das Rehlein rief: »Mein Schwesterlein, lass mich herein!«, und er sah, wie die Tür geöffnet wurde. Der Jäger merkte sich alles gut, ging zum König und erzählte ihm, was er gesehen und gehört hatte. Da sprach der König: »Morgen gehen wir noch einmal auf Jagd!«

Das Schwesterchen aber erschrak gewaltig, als es sah, dass das Rehlein verwundet war, und verband ihm die Wunde mit Kräutern. Am nächsten Morgen spürte das kleine Reh nichts mehr davon. Und als es draußen wieder die Jäger hörte, sagte es: »Ich kann es nicht aushalten, ich muss dabei sein! Und so schnell soll mich keiner kriegen!«

Da weinte das Schwesterchen und sagte: »Diesmal werden sie dich erlegen, dann bin ich ganz allein hier in diesem

Brüderchen und Schwesterchen

Wald und von aller Welt verlassen. Ich lasse dich nicht hinaus!«

»Dann sterbe ich hier vor Kummer!«, sagte das Reh. »Sobald ich das Horn höre, muss ich sofort losspringen!«

Da konnte das Schwesterchen nicht anders und schloss ihm schweren Herzens die Tür auf. Gesund und fröhlich lief das Reh in den Wald hinaus.

Als der König es sah, sagte er zu seinen Jägern: »Jagt es den ganzen Tag bis in die Nacht! Aber keiner darf ihm etwas zuleide tun!« Und sobald die Sonne untergegangen war, sprach der König zu dem Jäger: »Nun komm und zeige mir das kleine Häuschen im Wald!« Als er dann dorthin kam, klopfte er an die Tür und sagte: »Lieb Schwesterlein, lass mich herein!« Die Tür ging auf und der König trat ein. Und vor ihm stand nun ein Mädchen, das so schön war, wie er noch nie eines gesehen hatte.

Das Mädchen erschrak, als es sah, dass nicht sein kleines Reh, sondern ein Mann hereinkam, der eine goldene Krone trug. Aber der König blickte es freundlich an, gab ihm die Hand und sagte: »Willst du mit mir auf mein Schloss gehen und meine liebe Frau werden?«

»Ja«, antwortete das Mädchen, »aber das Reh muss auf jeden Fall mit!«

Da sagte der König: »Es soll bei dir bleiben, solange du lebst, und es soll ihm auch an nichts fehlen!«

Im selben Moment kam das Reh hereingesprungen. Da band das Schwesterchen es wieder an das Binsenseil und so verließen sie das kleine Häuschen im Wald.

Der König nahm das schöne Mädchen auf sein Pferd und

Brüder Grimm

führte es in sein Schloss. Mit großer Pracht wurde die Hochzeit gefeiert. Das Schwesterchen war nun Frau Königin und lange Zeit lebten sie glücklich zusammen. Das kleine Reh wurde gehegt und gepflegt und sprang im Schlossgarten herum.

Die böse Stiefmutter aber, deretwegen die Kinder in die Welt hinausgegangen waren, war sicher gewesen, dass Schwesterchen im Wald von den wilden Tieren zerrissen worden und dass Brüderchen als Reh von den Jägern totgeschossen worden war. Als sie nun hörte, dass es den beiden so gut ging, da wuchsen Neid und Missgunst in ihrem Herzen. Tag und Nacht dachte sie fortan darüber nach, wie sie Brüderchen und Schwesterchen doch noch ins Unglück stürzen könnte. Und ihre eigene Tochter, die so hässlich war wie die Nacht und nur ein Auge hatte, hielt ihr vor: »Königin zu werden – dies Glück hätte ich verdient!«

Doch die Alte beruhigte sie und sagte: »Warte nur ab. Wenn es Zeit ist, werde ich schon zur Stelle sein.«

Eine Zeit später brachte die Königin einen schönen Jungen zur Welt. Und weil der König gerade auf der Jagd war, nahm die alte Hexe die Gestalt der Kammerfrau an, trat in die Stube, in der die Königin lag, und sagte zu der Kranken: »Kommt, das Bad ist fertig. Es wird Euch gut tun und Euch frische Kräfte geben. Beeilt Euch, sonst wird es kalt!« Ihre Tochter hatte sie auch dabei. Gemeinsam trugen sie die schwache Königin in die Badestube und legten sie in die Wanne. Dann schlossen sie die Tür ab und gingen davon. In der Badestube aber hatten sie ein solches Höllenfeuer entfacht, dass die schöne junge Königin bald darin ersticken musste.

Brüderchen und Schwesterchen

Nachdem sie dies vollbracht hatten, nahm die Alte ihre Tochter, setzte ihr eine Haube auf und legte sie in das Bett der Königin. Sie machte auch, dass sie so aussah wie die Königin, nur das verlorene Auge konnte sie ihr nicht wiedergeben. Damit der König nichts merkte, musste sich die falsche Königin auf die Seite legen, wo sie kein Auge hatte.

Am Abend, als der König nach Hause kam und hörte, dass ihm ein kleiner Sohn geboren war, freute er sich von ganzem Herzen. Sogleich wollte er ans Bett seiner lieben Frau gehen und sehen, wie es ihr ging. Da rief die Alte schnell: »Aber lasst bloß die Vorhänge zu! Die Königin darf noch nicht ins Licht sehen und muss Ruhe haben!« Und als der König wieder zurückkam, da wusste er nicht, dass eine falsche Königin im Bett lag.

Als es aber Mitternacht war und alles schlief, da sah die Kinderfrau, die in der Kinderstube neben der Wiege saß und als Einzige wach war, wie die Tür aufging und die echte Königin hereinkam. Die Königin nahm das Kind aus der Wiege, legte es in ihren Arm und gab ihm zu trinken. Dann schüttelte sie ihm das Kissen auf, legte es hinein und deckte es wieder zu. Auch an das kleine Reh dachte sie, ging in die Ecke, in der es lag, und streichelte ihm über den Rücken. Dann ging sie wortlos wieder zur Tür hinaus. Die Kinderfrau fragte die Wächter am nächsten Morgen, ob in der Nacht jemand ins Schloss gegangen wäre, aber sie antworteten: »Nein, wir haben niemanden gesehen.«

So kam die Königin viele Nächte und sprach niemals ein Wort. Die Kinderfrau sah sie jedes Mal, aber sie traute sich nicht, jemandem etwas davon zu sagen.

173

Brüder Grimm

Nachdem dies eine Weile so gegangen war, begann die Königin eines Nachts zu sprechen und sagte:

»Was macht mein Kind? Was macht mein Reh?
Nun komm ich noch zwei Mal und dann nimmermehr.«

Die Kinderfrau antwortete ihr nicht. Aber als die Königin wieder verschwunden war, ging sie zum König und erzählte ihm alles. Da sagte der König: »Ach Gott, was hat das zu bedeuten? Ich will in der nächsten Nacht bei dem Kind wachen«, und er ging am Abend in die Kinderstube. Um Mitternacht erschien die Königin wieder und sprach:

»Was macht mein Kind? Was macht mein Reh?
Nun komm ich noch ein Mal und dann nimmermehr.«

Sie umsorgte das Kind, wie sie es immer getan hatte, und verschwand. Der König traute sich nicht, sie anzusprechen. Aber er wachte auch in der folgenden Nacht. Und wieder sprach die Königin:

»Was macht mein Kind? Was macht mein Reh?
Nun komm ich noch diesmal und dann nimmermehr.«

Jetzt konnte sich der König nicht zurückhalten. Er sprang zu ihr und sagte: »Du kannst niemand anders sein als meine liebe Frau!«

Da antwortete sie: »Ja, ich bin deine liebe Frau«, und im selben Augenblick hatte sie das Leben wiedererhalten, und sah

Brüderchen und Schwesterchen

frisch und gesund aus. Dann erzählte sie, was die böse Hexe und ihre Tochter mit ihr gemacht hatten.

Der König ließ beide vor Gericht stellen und sie wurden zum Tode verurteilt. Sobald sie hingerichtet waren, verwandelte sich das kleine Reh und bekam seine menschliche Gestalt zurück. Nun lebten Brüderchen und Schwesterchen glücklich zusammen, bis an ihr Lebensende.

Der gestiefelte Kater

Es war einmal ein Müller, der hatte drei Söhne, seine Mühle, einen Esel und einen Kater. Die Söhne mussten mahlen, der Esel Getreide holen und Mehl forttragen, und der Kater Mäuse fangen. Als der Müller starb, teilten sich die drei Söhne die Erbschaft: Der Älteste bekam die Mühle, der zweite den Esel und der dritte den Kater, mehr blieb nicht für ihn übrig. Da war er traurig und sagte zu sich selbst: »Mir ist es doch recht schlimm ergangen: Mein ältester Bruder kann mahlen, mein zweiter auf seinem Esel reiten – aber was kann ich schon mit einem Kater anfangen? Ich lasse mir ein Paar Pelzhandschuhe aus seinem Fell machen, und das war's dann.«

Da sagte der Kater, der alles verstanden hatte: »Hör mal, du brauchst mich nicht zu töten, um ein Paar schlechte Handschuhe aus meinem Pelz zu kriegen. Lass mir nur ein Paar Stiefel machen, damit ich ausgehen und mich unter den Leuten sehen lassen kann. Dann soll dir bald geholfen sein.«

Der Müllersohn wunderte sich, dass der Kater sprechen konnte. Und weil eben der Schuster vorbeiging, rief er ihn herein und ließ ihn Maß nehmen für die Stiefel.

Als sie fertig waren, zog der Kater sie an, nahm einen Sack,

füllte dessen Boden voll Korn und band eine Schnur darum, womit man ihn zuziehen konnte. Dann warf er sich den Sack über den Rücken und ging wie ein Mensch auf zwei Beinen zur Tür hinaus.

Damals regierte ein König im Land, der sehr gerne Rebhühner aß. Seine Not war nur, dass kaum welche zu kriegen waren. Der ganze Wald war zwar voll davon, aber sie waren so scheu, dass kein Jäger sie erwischte. Das wusste der Kater und er gedachte, es besser zu machen. Als er in den Wald kam, zog er seinen Sack auf, breitete das Korn auseinander, die Schnur aber legte er ins Gras und leitete sie hinter eine Hecke. Dort versteckte auch er sich, schlich herum und lauerte. Die Rebhühner kamen bald gelaufen, fanden das Korn – und eines nach dem anderen hüpfte in den Sack hinein. Als eine gute Anzahl darin war, zog der Kater den Strick wieder zu, lief herbei und drehte den Rebhühnern den Hals um. Dann warf er sich den Sack über die Schulter und marschierte geradewegs zum Schloss des Königs.

Dort rief die Wache: »Halt, wohin?«

»Zum König!«, antwortete der Kater rundheraus.

Da sagte der Wächter: »Bist du von Sinnen? Ein Kater und zum König?«

Aber ein anderer Wächter lenkte ein: »Lass ihn nur gehen. Der König hat doch oft Langeweile. Vielleicht bereitet ihm der Kater ja Vergnügen!«

Als der Kater vor dem König stand, machte er eine tiefe Verbeugung und sagte: »Mein Herr, der Graf« – nun nannte er einen langen und vornehmen Namen –, »lässt sich dem Herrn König empfehlen und schickt ihm diese Rebhühner hier.«

Brüder Grimm

Da geriet der König vor Freude völlig aus der Fassung und befahl dem Kater, so viel Gold aus der Schatzkammer in seinen Sack zu tun, wie er nur tragen könne. Und er sagte: »Das bringe deinem Herrn und danke ihm vielmals für sein Geschenk.«

Der arme Müllersohn aber saß zu Hause am Fenster, stützte den Kopf auf die Hand und dachte, dass er nun sein letztes Geld für die Stiefel des Katers ausgegeben hatte und dass der ihm wohl kaum etwas Besseres dafür bringen würde. Da aber kam der Kater herein, wuchtete sich den Sack von der Schulter, schnürte ihn auf und sagte: »Da hast du etwas Gold vom König, der dich grüßen lässt und sich für die Rebhühner bei dir bedankt!« Dann schüttete er das Gold dem Müller vor die Füße.

Der Müller war froh über den ganzen Reichtum, ohne dass er recht begreifen konnte, wie das zugegangen war. Der Kater aber erzählte ihm alles, während er seine Stiefel auszog. Und am Ende sagte er: »Nun hast du zwar Geld genug, aber dabei soll es nicht bleiben. Morgen ziehe ich meine Stiefel wieder an, dann sollst du noch reicher werden. Ich habe dem König nämlich gesagt, dass du ein Graf bist.«

Am nächsten Tag ging der Kater, wie er angekündigt hatte, wohl bestiefelt wieder auf die Jagd und brachte dem König einen reichen Fang. So ging es jeden Tag, und jeden Tag brachte der Kater dem Müllersohn Gold heim. Beim König war der Kater aber schon bald so beliebt, dass er im Schloss aus- und eingehen durfte.

Einmal stand der Kater in der Küche des Schlosses am Herd und wärmte sich. Da kam der Kutscher herein und fluchte:

Der gestiefelte Kater

»Ich wünschte den König und die Prinzessin zum Henker! Ich wollte ins Wirtshaus gehen, endlich einmal in Ruhe einen trinken und Karten spielen – und jetzt soll ich sie spazieren fahren an den See!«

Als der Kater das hörte, schlich er nach Hause und sagte zu seinem Herrn: »Wenn du ein Graf und reich werden willst, dann komm mit hinaus an den See und bade darin.«

Der Müller wusste nicht, was er dazu sagen sollte, doch er folgte dem Kater, zog sich splitternackt aus und sprang ins Wasser. Der Kater aber nahm seine Kleider, trug sie fort und versteckte sie. Kaum war er damit fertig, da kam der König dahergefahren. Sogleich stimmte der Kater ein großes Wehklagen an: »Ach, allergnädigster König! Mein Herr, der Graf, der hat sich hier im See zum Baden begeben. Da ist ein Dieb gekommen und hat ihm die Kleider gestohlen, die am Ufer lagen. Nun ist der Herr Graf im Wasser und kann nicht heraus, und wenn er sich noch länger darin aufhält, wird er sich erkälten und sterben!«

Sofort ließ der König anhalten und einer seiner Leute musste schnell zurückreiten und von den Kleidern des Königs holen. Der Herr Graf zog die prächtigen Kleider dann auch an, und weil der König ihm ohnehin gewogen war, da er ja meinte, all die Rebhühner von ihm bekommen zu haben, musste er sich zu ihm in die Kutsche setzen. Die Prinzessin war übrigens auch nicht böse darüber, denn der Graf war jung und schön und er gefiel ihr recht gut.

Der Kater aber war vorausgegangen und zu einer großen Wiese gekommen, wo über hundert Leute arbeiteten und Heu machten. Er fragte sie: »Wem gehört die Wiese?«

Brüder Grimm

»Dem großen Zauberer«, antworteten sie.

Da sagte der Kater: »Hört, jetzt wird gleich der König vorbeifahren, und wenn er wissen will, wem die Wiese gehört, dann antwortet ihr: ›Dem Grafen!‹, sonst werdet ihr alle erschlagen!«

Dann ging der Kater weiter und kam an ein Kornfeld, das so groß war, dass niemand es überblicken konnte. Da standen mehr als zweihundert Leute und schnitten das Korn. Der Kater fragte: »Wem gehört das Korn?«

»Dem Zauberer!«, antworteten sie.

Da sagte der Kater: »Hört, jetzt wird gleich der König vorbeifahren, und wenn er wissen will, wem das Korn gehört, dann antwortet ihr: ›Dem Grafen!‹, sonst werdet ihr alle erschlagen!«

Schließlich kam der Kater an einen prächtigen Wald, wo mehr als dreihundert Leute standen, die große Eichen fällten und Holz machten. Der Kater fragte: »Wem gehört der Wald?«

»Dem Zauberer«, antworteten sie.

Da sagte der Kater: »Hört, jetzt wird gleich der König vorbeifahren, und wenn er wissen will, wem der Wald gehört, dann antwortet ihr: ›Dem Grafen!‹, sonst werdet ihr alle erschlagen.«

Der Kater ging noch weiter und die Leute sahen ihm alle nach, und weil er so wunderlich aussah und wie ein Mensch in Stiefeln ging, fürchteten sie sich vor ihm.

Bald kam der Kater an das Schloss des Zauberers. Keck ging er hinein und geradewegs zum Zauberer hin. Der Zauberer sah ihn verächtlich an, dann fragte er den Kater, was er wolle. Der Kater verbeugte sich tief und sagte: »Ich habe gehört, dass du dich in jedes Tier, ganz nach deinem Belieben, verwandeln kannst. Was einen Hund, Fuchs oder auch Wolf betrifft, will ich es wohl glauben. Dass du dich aber in einen Elefant verwandeln kannst, das scheint mir ganz unmöglich. Deshalb bin ich gekommen, um mich selbst zu überzeugen.«

Der Zauberer sagte stolz: »Das ist eine Kleinigkeit für mich!«, und war im nächsten Augenblick in einen Elefant verwandelt.

Der Kater sagte: »Das ist viel. Aber wie ist es mit einem Löwen?«

»Das ist auch nichts«, sagte der Zauberer und stand als Löwe vor dem Kater.

Der Kater stellte sich erschrocken und rief: »Das ist unglaublich und unerhört! Dergleichen hätte ich nicht im Traum für möglich gehalten! Aber noch mehr als alles andere wäre es, wenn du dich in ein so kleines Tier, wie eine Maus es ist, verwandeln könntest. Gewiss kannst du mehr als jeder andere Zauberer auf der Welt, aber das wird dir dann doch zu hoch sein.«

Der Zauberer wurde ganz freundlich von den süßen Worten und sagte: »O doch, liebes Kätzchen, das kann ich auch!«, und lief als Maus im Zimmer herum. Der Kater sprang sofort hinter ihm her, fing die Maus mit einem Satz und fraß sie auf.

Der König aber war mit dem Grafen und der Prinzessin derweil weiter spazieren gefahren und zu der großen Wiese gekommen. Der König fragte: »Wem gehört das Heu?«, und alle riefen: »Dem Herrn Grafen!«, wie es der Kater ihnen befohlen hatte.

Der König entgegnete: »Ihr habt da ein schönes Stück Land, Herr Graf!«

Dann kamen sie an das große Kornfeld. Der König fragte: »Wem gehört das Korn?«, und alle riefen: »Dem Herrn Grafen!«

Der König meinte: »Ei! Herr Graf, große, schöne Ländereien!«

Darauf kamen sie zu dem Wald und wieder fragte der König: »Wem gehört das Holz?«, und wieder erhielt er zur Antwort: »Dem Herrn Grafen!«

Da wunderte sich der König noch mehr und sagte: »Ihr müsst ein reicher Mann sein, Herr Graf. Ich glaube nicht, dass ich einen so prächtigen Wald habe!«

Und schließlich kamen sie an das Schloss. Der Kater stand oben an der Treppe, und als der Wagen unten hielt, sprang er herab, machte die Tür auf und sagte: »Herr König, Ihr gelangt hier in das Schloss meines Herrn, des Grafen, den diese Ehre für sein Lebtag glücklich machen wird.«

Der König stieg aus und staunte über das prächtige Gebäude, das fast größer und schöner war als sein eigenes Schloss. Der Graf aber führte die Prinzessin die Treppe hinauf in den Saal, der ganz von Gold und Edelsteinen flimmerte.

Da wurde die Prinzessin dem Grafen versprochen, und als der König starb, wurde der Graf König, der gestiefelte Kater aber sein erster Minister.

LUDWIG
BECHSTEIN

Die Goldmarie
und die Pechmarie

Es war einmal eine Witwe, die zwei Töchter hatte: ihre eigene Tochter und eine Stieftochter. Die eigene Tochter war weder brav noch fromm, die Stieftochter dagegen war ein bescheidenes, anständiges Mädchen. Und obwohl sie oft von ihrer Mutter und ihrer Schwester zurückgewiesen wurde, war sie immer freundlich und machte ihre Küchenarbeit ohne zu klagen. Nur manchmal weinte sie heimlich in ihrem Schlafkämmerchen, wenn Mutter und Schwester sie wieder schlecht behandelt hatten.

Danach war sie dann aber schnell wieder fröhlich und sagte zu sich selbst: Sei nur zuversichtlich, der liebe Gott wird dir schon helfen. Dann arbeitete sie von neuem fleißig drauflos und hielt alles nett und sauber.

Ihrer Stiefmutter jedoch arbeitete sie nie genug. Eines Tages sagte diese sogar zu ihr: »Marie, ich kann dich nicht länger im Haus behalten. Du arbeitest wenig und isst dafür viel. Deine Mutter und dein Vater haben dir kein Vermögen hinterlassen. Alles, was du isst, gehört mir. Ich kann und will dich nicht länger ernähren. Du musst mein Haus verlassen und dir einen Dienst bei einer Herrschaft suchen.« Dann buk die Mutter Marie noch einen Fladen aus schlechtem Mehl und Milch, füllte einen kleinen Krug mit Wasser, gab ihr beides und schickte sie fort.

Marie war sehr traurig über diese Härte. Doch guten Mutes schritt sie durch die Felder und Wiesen, denn sie dachte sich: Einer wird dich schon als Magd aufnehmen, und vielleicht sind fremde Menschen sogar gütiger als die eigene Mutter.

Als sie hungrig wurde, setzte sie sich ins Gras, packte ihren Fladen aus und trank aus ihrem kleinen Krug. Viele Vögel flatterten herbei und pickten an ihrem Brot, und Marie goss Wasser in ihre Hand und ließ die kleinen Vögel trinken. Da aber verwandelte sich ihr dünner Fladen unversehens in eine Torte und ihr Wasser wurde köstlicher Wein. Gestärkt und freudig zog die arme Marie darauf weiter.

Als es dunkel wurde, kam sie an ein seltsam gebautes Haus, vor dem zwei Tore waren. Das eine sah pechschwarz aus, das andere glänzte, denn es war aus purem Gold. Bescheiden ging Marie durch das weniger schöne Tor in den Hof hinein und klopfte an die Haustür.

Ein Mann, der so wild aussah, dass man vor ihm nur erschrecken konnte, machte die Tür auf und fragte grob, was sie denn wolle. Zitternd sagte Marie: »Ich wollte nur fragen, ob Ihr nicht so gütig wärt, mich über Nacht zu beherbergen?«

Da brummte der Mann: »Komm herein!«

Sie folgte ihm, doch ihre Angst wurde noch größer, als sie in dem Haus nichts als Hunde und Katzen sah, die allesamt fürchterlich schrien und heulten. Außer dem wilden Thürschemann – so lautete der Name des Mannes – war weiter kein Mensch im Haus.

Jetzt brummte er: »Bei wem willst du schlafen, bei mir oder den Hunden und Katzen?«

Marie sagte: »Bei den Hunden und Katzen«, aber da musste sie grade bei ihm schlafen. Doch er gab ihr ein schönes weiches Bett, in dem sie ruhig und wunderbar schlief.

Am nächsten Morgen brummte Thürschemann: »Mit wem willst du frühstücken, mit mir oder den Hunden und Katzen?«

Marie sagte: »Mit den Hunden und Katzen«, aber da musste sie mit ihm trinken, Kaffee und süßen Rahm.

Und als Marie weggehen wollte, brummte er: »Zu welchem Tor willst du hinaus, zum Goldtor oder zum Pechtor?«

Marie sagte: »Zum Pechtor«, aber da musste sie durch das goldene gehen. Und als sie hindurchging, saß Thürschemann obendrauf und schüttelte so kräftig, dass das Tor erzitterte. Über und über wurde Marie mit dem Gold bedeckt, das von dem Tor herabfiel.

Nun ging Marie wieder nach Hause.

Als sie das Haus ihrer Eltern betrat, kamen ihr die Hühner, die sie sonst immer gefüttert hatte, freudig entgegengeflattert und -gelaufen und der Hahn krähte: »Kikiriki, da kommt die Goldmarie! Kikiriki!« Und als ihre Mutter die Treppe herunterkam, da knickste sie so ehrfürchtig vor der goldenen Dame, als wenn es eine Prinzessin wäre. Aber Marie sagte: »Liebe Mutter, kennst du mich denn nicht mehr? Ich bin doch Marie!«

Da kam auch die Schwester ganz erstaunt und verwundert herbei, und beide waren sie neidisch. Marie musste ihnen auf der Stelle erzählen, wie wunderbar es ihr ergangen war und wie sie zu dem Gold gekommen war.

Die Goldmarie

Nun nahm ihre Mutter sie wieder auf und behandelte sie besser als vorher. Marie wurde nun von allen geehrt und geliebt, und bald fand sich auch ein braver junger Mann, der sie heiratete und glücklich mit ihr lebte.

Der anderen Marie aber wuchs der Neid im Herzen. Und eines Tages beschloss sie, selbst fortzugehen und ebenso übergoldet wieder zurückzukommen. Ihre Mutter gab ihr süßen Kuchen und Wein mit auf die Reise, und als Marie davon aß und die Vögelchen geflogen kamen, da jagte sie sie ärgerlich fort. Ihr Kuchen aber verwandelte sich unbemerkt in schlechtes Mehl und ihr Wein in schales Wasser. Am Abend kam Marie ebenfalls an Thürschemanns Tore und stolz schritt sie durch das goldene hinein. Dann klopfte sie an die Haustür. Als Thürschemann öffnete und fragte, was sie wolle, antwortete sie schnippisch: »Übernachten will ich hier!«

Thürschemann brummte: »Komm herein.« Dann fragte er auch sie: »Bei wem willst du schlafen, bei mir oder den Hunden und Katzen?«

Sie sagte schnell: »Bei Euch, Herr Thürschemann!«, aber er führte sie in die Stube, wo die Hunde und Katzen schliefen, und schloss sie darin ein.

Am nächsten Morgen war Maries Gesicht hässlich zerkratzt und zerbissen. Thürschemann brummte wieder: »Mit wem willst du Kaffee trinken, mit mir oder den Hunden und Katzen?«

»Mit Euch natürlich«, sagte sie und musste wieder mit den Hunden und Katzen trinken. Danach wollte sie fort.

Thürschemann brummte: »Zu welchem Tor willst du hinaus, zum Goldtor oder zum Pechtor?«

Sie sagte: »Zum Goldtor, das versteht sich doch!« Aber dieses Tor wurde sogleich verschlossen und Marie musste zum Pechtor hinaus. Thürschemann aber saß obendrauf, rüttelte und schüttelte, dass das Tor nur so wackelte, und da fiel so viel Pech auf Marie herab, dass sie über und über voll und ganz schwarz davon wurde.

Als Marie wütend über ihr hässliches Aussehen nach Hause kam, krähte ihr der Hahn gleich entgegen: »Kikiriki, da kommt die Pechmarie! Kikiriki!« Und ihre Mutter wandte sich voller Abscheu von ihr ab, denn ihre hässliche Tochter konnte sich nun nicht mehr bei den Leuten sehen lassen. So wurde die Pechmarie hart bestraft, weil sie so aufs Gold aus gewesen war.

Die sieben Raben

Wie in der Welt nun einmal viele wunderliche Dinge geschehen, so geschah es auch einmal, dass eine arme Frau sieben Jungen auf einmal zur Welt brachte. Und alle sieben blieben am Leben und wuchsen heran. Nach vielen Jahren bekam dieselbe Frau auch noch ein Töchterchen.

Der Mann der Frau war fleißig und tüchtig in seiner Arbeit. Deshalb nahmen ihn Leute, die einen Arbeiter brauchten, gerne in ihre Dienste. So konnte er seine große Familie ernähren, und wenn sie sparsam waren, konnte seine Frau sogar noch etwas zurücklegen. Doch der Mann starb in seinen besten Jahren und die arme Witwe geriet bald in Not, weil sie nicht genug verdienen konnte, um ihren acht Kindern zu essen zu geben.

Die sieben Jungen wurden auch immer größer und brauchten immer mehr. Und zum großen Kummer ihrer Mutter wurden sie auch immer unartiger, ja sie wurden sogar wild und böse. Fast wurde der Frau das alles zu viel. Sie wollte ihre Kinder so gerne gut und fromm erziehen! Aber ob sie streng war oder nachsichtig, es half nichts. Die Herzen der Jungen waren und blieben verstockt.

Ludwig Bechstein

Eines Tages, als ihre Geduld zu Ende war, sagte sie darum zu den Jungen: »O ihr bösen Raben-Jungen, ich wollte, ihr wärt sieben schwarze Raben und würdet fortfliegen, damit ich euch nicht wiedersähe.« Und auf der Stelle wurden die sieben Jungen zu Raben, flogen zum Fenster hinaus und verschwanden.

Nun lebte die Mutter mit ihrer Tochter still und zufrieden und sie verdienten sich mehr, als sie brauchten. Die Tochter wurde ein hübsches und braves Mädchen. Aber nach vielen Jahren bekamen Mutter und Tochter große Sehnsucht nach den sieben Brüdern und sprachen oft von ihnen und weinten: »Wenn doch die Brüder wiederkämen und anständige Burschen wären! Wie gut und fröhlich könnten wir es dann zusammen haben!«

Und weil das Mädchen immer heftigere Sehnsucht nach seinen Brüdern bekam, sagte es schließlich zu seiner Mutter: »Liebe Mutter, lass mich fortgehen und die Brüder suchen, damit sie abkehren von ihrer bösen Art und zu dir zurückkommen, zur Ehre und Freude deines Alters.«

Die Mutter antwortete: »Du gute Tochter, ich kann und will dich nicht abhalten, diese fromme Tat auszuführen. So geh also fort, Gott möge dich leiten!« Und sie gab ihr einen kleinen Ring, den sie als Kind am Finger getragen hatte, zu der Zeit, als die Brüder in Raben verwandelt worden waren.

Da machte sich das Mädchen gleich auf den Weg und wanderte fort, weit, weit fort. Lange fand es keine Spur von seinen Brüdern. Aber einmal kam es an einen sehr hohen Berg, auf dem ganz oben ein Häuschen stand. Am Fuße des Berges setzte es sich nieder, um sich auszuruhen. Dabei sah das Mäd-

Ludwig Bechstein

chen immer wieder nachdenklich zu dem Häuschen hinauf. Mal schien es ihm wie ein Vogelnest – denn es sah grau aus, als ob es aus Steinen und Kot gebaut worden wäre –, mal wie ein Haus, in dem Menschen wohnten. Das Mädchen dachte: Ob dort oben nicht meine Brüder wohnen? Und als es schließlich sieben Raben aus dem Häuschen fliegen sah, war es fast überzeugt davon.

Voller Freude machte das Mädchen sich auf, um den Berg zu besteigen. Doch der Weg hinauf war mit seltsamen spiegelglatten Steinen gepflastert. Jedes Mal, wenn es ein gutes Stück des Weges hinter sich gebracht hatte, rutschte es aus und fiel wieder herunter. Da wurde es traurig, denn es wusste nicht, wie es hinaufkommen sollte. Dann aber sah das Mädchen eine schöne weiße Gans und dachte: Wenn ich nur deine Flügel hätte, dann wäre ich bald oben! Aber kann ich mir denn ihre Flügel nicht abschneiden? Dann wäre mir wirklich geholfen!

Schnell fing es die schöne Gans, schnitt ihr die Flügel ab und auch die Beine und nähte sich selbst alles an. Und siehe da, als das Mädchen zu fliegen versuchte, ging es ganz schön, ganz leicht und gut. Wenn es vom Fliegen müde war, dann lief es ein Stück auf seinen Gänsefüßen und rutschte damit kein einziges Mal aus. So kam es schnell und gut an das lang ersehnte Ziel.

Als das Mädchen oben angekommen war, trat es in das Häuschen. Das Häuschen war sehr klein. Es standen sieben winzig kleine Tischchen, sieben Stühlchen und sieben Bettchen darin. In der Stube waren auch sieben kleine Fenster und im Ofen standen sieben Schüsselchen, auf welchen kleine gebratene Vögel und gekochte Vogeleier lagen.

Die sieben Raben

Die gute Schwester war von der weiten Reise müde geworden und freute sich nun, sich einmal richtig ausruhen zu können. Außerdem hatte sie Hunger. So nahm sie die sieben Schüsselchen vom Ofen und aß von jedem ein wenig, setzte sich auf jedes Stühlchen ein wenig und legte sich in jedes Bettchen ein wenig, und in dem letzten Bettchen schlief sie ein. Sie schlief, bis die sieben Brüder zurückkamen.

Die sieben Brüder flogen durch die sieben Fenster herein, nahmen ihre Schüsseln vom Ofen und wollten essen, doch dann merkten sie, dass schon davon gegessen worden war. Und als sie sich schlafen legen wollten, merkten sie, dass ihre Betten verschoben worden waren. Und einer der Brüder stieß einen lauten Schrei aus und rief: »Was liegt da für ein Mädchen in meinem Bett!«

Die anderen Brüder liefen schnell herbei und betrachteten erstaunt das schlafende Mädchen. Dann sagten sie einer nach dem anderen: »Wenn es doch nur unsere Schwester wäre!« Aber dann riefen sie einer nach dem anderen voller Freude: »Ja, es ist unsere Schwester! Solche Haare und solch ein Mündchen hatte sie, und solch ein Ringlein trug sie damals an ihrem größten Finger, wie sie es jetzt an ihrem kleinsten Finger trägt!« Und sie jubelten und küssten sie. Aber die Schwester schlief so fest, dass sie lange nicht erwachte.

Dann aber schlug sie endlich die Augen auf und sah die sieben schwarzen Brüder um ihr Bett sitzen. Da sagte sie: »Seid herzlich gegrüßt, meine lieben Brüder! Gott sei gedankt, dass ich euch endlich gefunden habe. Um euretwillen habe ich eine lange und beschwerliche Reise gemacht, um euch wieder aus eurer Verbannung zurückzuholen. Nämlich dann,

Ludwig Bechstein

wenn ihr besser geworden seid, eure gute Mutter nie mehr ärgert, fleißig mit uns arbeitet und die Ehre und Freude unse-
rer alten Mutter werden wollt.«

Während sie so gesprochen hatte, hatten die Brüder bitterlich geweint. Nun sagten sie: »Ja, liebe Schwester, wir wollen
gut sein und nie wieder der Mutter einen Kummer machen!
Ach, als Raben haben wir ein elendes Leben, und bevor wir
uns dieses Häuschen bauten, sind wir oft vor Hunger und
Elend fast umgekommen.

Die Schwester weinte vor Freude darüber, dass ihre Brüder
bekehrt waren und so fromme Worte sprachen. Sie rief: »Jetzt
ist alles wieder gut! Wenn ihr nach Hause kommt und die Mutter hört, dass ihr besser geworden seid, dann wird sie euch sicher verzeihen und euch wieder zu Menschen machen!«

Bevor die Brüder aber mit der Schwester nach Hause flogen, öffneten sie erst ein hölzernes Kästchen und sprachen:
»Liebe Schwester, nimm diese schönen goldenen Ringe und
glitzernden Steinchen hier, die wir draußen so nach und nach
fanden, in deine Schürze und trage sie nach Hause. Denn als
Menschen können wir damit reich werden. Als Raben trugen
wir sie nur zusammen, weil sie so schön glänzen.« Das
Schwesterchen machte es, wie die Brüder sagten, und freute
sich selbst an dem schönen Schmuck.

Auf dem Heimweg trugen die Raben einer nach dem anderen die Schwester auf ihren Flügeln, bis sie zum Haus der
Mutter kamen. Sie flogen zum Fenster hinein, baten die Mutter um Verzeihung und versprachen, von nun an gute Kinder
zu sein. Da war die Mutter voller Freude und Liebe und ver-
zieh ihren sieben Söhnen. Sogleich wurden sie wieder Men-

Die sieben Raben

schen, und sogar schöne und blühende Jünglinge, einer so groß und hübsch wie der andere.

Bald darauf nahmen alle sieben Brüder Frauen und bauten sich ein schönes Haus, denn für ihre Schmuckschätze hatten sie sehr viel Geld bekommen. Schließlich nahm auch die Schwester einen guten Mann, doch die Brüder baten und bettelten sehr, dass sie weiter bei ihnen wohnen blieb. So hatte die gute Mutter noch viel Freude an ihren Kindern und wurde von ihnen bis in ihr spätes Alter liebevoll gepflegt.

Der kleine Däumling

Es war einmal ein armer Korbmacher. Mit seiner Frau hatte er sieben Jungen, und einer war immer kleiner als der andere. Der Jüngste war bei seiner Geburt nicht viel länger als ein Finger und deshalb nannte man ihn Däumling. Zwar ist er später noch ein bisschen gewachsen, aber nicht sehr. Den Namen Däumling hat er behalten. Er war aber ein besonders kluger und pfiffiger kleiner Knirps, und an Schlauheit steckte er seine Brüder allesamt in die Tasche.

Den Eltern aber erging es übel, denn mit Körbeflechten verdient man nicht viel. Und als eine besonders teure Zeit kam, da wurde dem armen Korbmacher und seiner Frau himmelangst, wie sie ihre sieben Kinder satt kriegen sollten. Denn alle waren mit einem äußerst guten Appetit gesegnet.

Eines Abends, als die Jungen im Bett waren, beratschlagten die Eltern, was sie tun sollten. Sie fassten den Entschluss, die Kinder mit in den Wald zu nehmen und sie heimlich zu verlassen. Der Däumling aber war wach. Er hörte mit an, was die Eltern sagten. Und weil er darüber vor Sorge nicht schlafen konnte, dachte er die ganze Nacht nach, wie er sich und seinen Brüdern helfen konnte.

Früh am Morgen lief der Däumling an den Bach, suchte weiße Kiesel, füllte seine Taschen damit und ging wieder heim. Seinen Brüdern aber hatte er nichts von dem erzählt, was er erlauscht hatte.

Schon machten sich die Eltern auf in den Wald, sagten den Kindern, sie sollten mitkommen, und der Däumling ließ ein Kieselsteinchen nach dem anderen auf den Weg fallen. Niemand sah es, denn als der Jüngste und Kleinste und Schwächste trottete er immer ganz am Ende hintennach.

Im Wald entfernten sich die Eltern unbemerkt von den Kindern und auf einmal waren sie fort. Und als die Jungen es merkten, fingen sie alle, bis auf den Däumling, lauthals zu jammern an. Der Däumling lachte und sagte zu ihnen: »Heult und schreit nicht so jämmerlich! Wir werden den Weg schon alleine finden!« Nun ging der Däumling voraus und nicht hinterher, richtete sich genau nach den weißen Kieselsteinen und fand den Weg ohne jede Mühe.

Als die Eltern nach Hause gekommen waren, hatte sie ein unerwarteter Geldsegen erreicht: Eine alte Schuld, auf deren Erfüllung sie gar nicht mehr gehofft hatten, war bezahlt worden. Nun konnten sie zu essen kaufen, dass sich der Tisch bog. Aber jetzt überkam sie auch Reue, dass sie ihre Kinder verstoßen hatten, und die Frau begann jämmerlich zu klagen: »Ach du lieber Gott! Wenn wir doch nur die Kinder nicht verstoßen hätten! Jetzt könnten sie sich alle satt essen, aber vielleicht haben sie die Wölfe schon im Magen! Wären unsere lieben Kinder doch nur wieder da!«

»Mutter, da sind wir ja!«, sagte in aller Ruhe der kleine Däumling, der mit seinen Brüdern bereits vor der Tür ange-

Ludwig Bechstein

kommen war und die Klagen der Mutter gehört hatte. Er öffnete die Tür und herein trippelten die kleinen Korbmacher – eins, zwei, drei, vier, fünf, sechs, sieben. Auch ihren guten Appetit hatten sie mitgebracht. Und dass der Tisch so reichlich gedeckt war, kam ihnen gerade recht. Die Freude darüber, dass die Kinder zurück waren, war nun groß. Und solange das Geld reichte, wurde in Freuden gelebt.

Aber es dauerte nicht lange, da war in des Korbmachers Hütte wieder Schmalhans Küchenmeister. Wieder fassten die Eltern den Entschluss, die Kinder im Wald ihrem Schicksal zu überlassen. Und da der Plan auch diesmal laut besprochen wurde, hörte der Däumling von neuem alles.

Am nächsten Morgen wollte der Däumling wieder aus dem Haus schlüpfen und Kieselsteine sammeln, aber o weh!, die Tür war verriegelt. Und der Däumling war viel zu klein, um an den Riegel zu kommen. So beschloss er denn, sich anders zu helfen.

Als alle aufbrachen, um in den Wald zu gehen, da steckte der Däumling sich ein Brot ein streute Krümel davon auf den Weg. Er meinte nämlich, er könne den Weg auch auf diese Weise wiederfinden.

Und alles ging genauso zu wie beim ersten Mal, nur mit dem Unterschied, dass der Däumling diesmal den Heimweg nicht fand. Die Vögel hatten nämlich alle Krümel aufgefressen.

Nun war guter Rat teuer und die Brüder machten ein Geheul im Wald, dass es zum Steinerweichen war. Sie tappten durchs Gehölz, bis es ganz finster war, und fürchteten sich ganz schrecklich. Der Däumling aber schrie als Einziger nicht und er fürchtete sich auch überhaupt nicht.

Der kleine Däumling

In der Nacht schliefen die sieben Brüder unter dem Laubdach eines Baumes auf weichem Moos. Und als es Tag wurde, stieg der Däumling auf einen Baum, um die Gegend zu erkunden. Erst sah er nichts als Baumwipfel, aber dann entdeckte er das Dach eines kleinen Häuschens. Er merkte sich die Richtung, rutschte vom Baum herab und ging dann seinen Brüdern tapfer voran.

Nach manchem Kampf mit Dickicht, Dornen und Disteln sahen alle das Häuschen durch die Büsche blinken und gingen guten Mutes darauf zu. Bescheiden klopften sie an die Tür. Da trat eine Frau heraus und der Däumling bat höflich, sie doch einzulassen, weil sie sich verirrt hätten. Die Frau sagte: »Ach, ihr armen Kinder!«, und ließ den Däumling und seine Brüder auch herein. Zugleich sagte sie ihnen aber auch, dass sie im Haus des Menschenfressers wären, der ganz besonders gerne kleine Kinder fraß.

Das waren ja schöne Aussichten! Die Kinder zitterten wie Espenlaub, als sie das hörten. Sie hätten so gern etwas zu essen gehabt und sollten stattdessen selber gegessen werden! Doch die Frau war gut und hatte Mitleid. Sie versteckte die Kinder und setzte ihnen auch eine Mahlzeit vor.

Bald darauf hörte man Schritte und es klopfte laut gegen die Tür. Es war der Menschenfresser, der eben nach Hause kam. Er setzte sich an den Tisch, um zu essen, ließ sich Wein bringen und schnüffelte, als ob er etwas riechen würde. Dann rief er seiner Frau zu: »Ich rieche Menschenfleisch!« Die Frau wollte ihm das ausreden, aber er ging dem Geruch nach und fand die Kinder. Die waren halb tot vor lauter Entsetzen. Schon wetzte der Menschenfresser sein langes Messer, um die

Der kleine Däumling

Kinder zu schlachten. Aber dann hörte er doch noch auf die Bitten seiner Frau, sie noch ein wenig am Leben zu lassen und aufzufüttern, weil sie so dürr wären, der kleine Däumling besonders. Die Kinder wurden ins Bett gebracht, und zwar in derselben Kammer, in der auch in einem großen Bett die sieben Töchter des Menschenfressers schliefen, die so alt wie die sieben Brüder waren. Die sieben Töchter waren hässlich anzusehen, doch jede trug eine goldene Krone.

Dies hatte der Däumling gesehen. Ganz still schlich er sich aus dem Bett, nahm seine Nachtmütze und die seiner Brüder, setzte sie den Töchtern des Menschenfressers auf den Kopf, und sich selbst und seinen Brüdern die Kronen.

Der Menschenfresser trank viel Wein. Und als er richtig betrunken war, bekam er wieder große Lust, die Kinder zu fressen. Er nahm sein Messer und schlich in die Schlafkammer, um ihnen die Hälse abzuschneiden. Es war aber stockfinster in der Kammer und der Menschenfresser tappte blind herum, bis er an ein Bett stieß. Dort befühlte er die Köpfe der Schlafenden. Als er die Krönchen fühlte, sprach er: »Halt! Das sind ja deine Töchter! Fast hättest du betrunkenes Schaf einen Eselsstreich gemacht!« Darauf tappte er zu dem anderen Bett. Und als er die Nachtmützen fühlte, schnitt er seinen Töchtern die Hälse ab, einer nach der anderen. Dann legte er sich hin und schlief seinen Rausch aus.

Als der Däumling ihn schnarchen hörte, weckte er seine Brüder, schlich sich mit ihnen aus dem Haus und sie suchten das Weite. Aber wie schnell sie auch liefen – sie wussten ja gar nicht wohin, und irrten voll Angst und Sorge herum wie zuvor.

Ludwig Bechstein

Am Morgen erwachte der Menschenfresser und sagte zu seiner Frau: »Geh und richte die sieben Jungen her!« Sie meinte, dass sie die Kinder wecken sollte, und ging voller Angst um sie hinauf in die Kammer. Aber welch ein Schrecken für die Frau, als sie nun sah, was geschehen war! Über den furchtbaren Anblick fiel sie sofort in Ohnmacht.

Der Menschenfresser aber wunderte sich, wo sie so lange blieb, und ging schließlich selbst hinauf. Und nun sah er, was er angerichtet hatte. Die Wut, die ihn darauf überkam, ist nicht zu beschreiben.

Sofort zog er sich die Siebenmeilenstiefel an. Wenn man in diesen Stiefeln sieben Schritte machte, dann war man schon eine Meile gegangen. Und es dauerte auch nicht lang, da sahen die sieben Brüder ihn von weitem über Berg und Täler schreiten, und sie bekamen große Angst. Doch der Däumling versteckte sich mit ihnen in der Höhlung eines großen Felsens.

Als der Menschenfresser an diesen Felsen kam, setzte er sich darauf, um sich ein wenig auszuruhen. Bald schlief er aber ein und schnarchte, dass es war, als brause ein Sturmwind. Und wie der Menschenfresser so schlief und schnarchte, schlich sich der Däumling hervor wie ein Mäuschen aus seinem Loch, zog ihm die Siebenmeilenstiefel aus und sich selber an. Zum Glück hatten diese Stiefel die Eigenschaft, dass sie an jeden Fuß passten wie angegossen. Dann nahm der Däumling einen seiner Brüder an jede Hand, die nahmen einander wieder an den Händen – und so ging es mit Siebenmeilenstiefelschritten nach Hause.

Zu Hause aber waren sie alle willkommen. Der Däumling

empfahl seinen Eltern, nur für seine Brüder zu sorgen. Er selbst werde mit den Siebenmeilenstiefeln schon sein Auskommen finden. Kaum hatte er das gesagt, da machte er einen Schritt und war schon weit fort, und noch einen, da war er oben auf dem Berg, und noch einen und er war Eltern und Brüdern aus den Augen.

Tatsächlich hat der Däumling später mit den Stiefeln sein Glück gemacht. Er unternahm viele und weite Reisen und hat vielen Herren gedient. Und wenn es ihm nicht gefallen hat, dann ist er schnurstracks weitergegangen. Kein Verfolger, weder zu Fuß noch zu Pferd, konnte ihn einholen, und die Abenteuer, die er mithilfe seiner Stiefel bestand, sind nicht zu beschreiben.

Der Mönch und das Vögelein

Vor langer Zeit lebte in einem Kloster ein junger Mönch mit dem Namen Urbanus. Er war sehr fromm und fleißig. Aus diesem Grunde hatte man Urbanus auch den Schlüssel zur Bücherei des Klosters anvertraut. Sorgsam hütete der Mönch diesen Schatz, doch er schrieb auch selbst manches schöne Buch und studierte viel in den anderen Büchern und in den heiligen Schriften.

Als er so am Lesen war, fand er einmal einen Spruch des Apostels Petrus, der sagte: »Vor Gott sind tausend Jahre wie ein Tag und wie eine Nachtwache.« Das kam dem jungen Mönch nun aber ganz und gar unmöglich vor. Dass tausend Jahre wie ein einziger Tag sein sollten, das konnte er einfach nicht glauben, und es quälten ihn schwere Zweifel.

Da geschah es eines Morgens, dass der Mönch aus dem dumpfen Bücherzimmer hinunterging in den schönen, sonnigen Klostergarten. Dort saß ein kleines, buntes Waldvögelchen. Es suchte Körner, flog auf einen Ast und sang so schön wie eine Nachtigall. Der kleine Vogel war auch gar nicht scheu, sondern ließ den Mönch ganz nah zu sich herankommen.

Der Mönch hätte es gern auf seine Hand genommen, doch

das Vögelchen entfloh von einem Ast zum anderen. Urbanus folgte ihm eine gute Weile, dann sang es wieder mit lauter und heller Stimme, aber ließ sich nicht fangen, und der Mönch hörte ihm zu. So war er dem kleinen Vogel schon ein gutes Stück aus dem Klostergarten hinaus in den Wald gefolgt. Schließlich ließ er den Vogel Vogel sein und kehrte ins Kloster zurück.

Doch hier kam ihm nun alles ganz anders vor! Die Gebäude und der Garten – alles war weiter, größer und schöner geworden. Anstelle des niederen, alten kleinen Klosterkirchleins stand jetzt ein stolzes Münster mit drei Türmen da. Das kam dem Mönch sehr seltsam, ja zauberhaft vor.

Als Urbanus an das Klostertor kam und bang an der Glocke zog, da trat ihm ein Pförtner entgegen, den er noch nie zuvor gesehen hatte und der bestürzt vor Urbanus zurückwich. Der Mönch wandelte nun über den Kirchhof. Doch dort fand er viele Gedenksteine, und er konnte sich gar nicht erinnern, sie jemals zuvor gesehen zu haben.

Als er dann aber zu den anderen Klosterbrüdern trat, wichen ihm alle entsetzt aus. Nur der Klostervorsteher hielt ihm stand. Der war aber nicht sein Vorsteher, sondern ein anderer, der viel jünger war. Er streckte Urbanus auch gleich ein Kreuz entgegen und sagte: »Im Namen des Gekreuzigten, Gespenst, wer bist du? Und was suchst du bei uns Lebenden?«

Da schauderte der Mönch, geriet ins Wanken wie ein alter Mann und senkte seinen Blick zur Erde. Und siehe da, er hatte einen langen, silberweißen Bart bekommen, der bis über seinen Gürtel herabreichte, an welchem noch der Schlüssel zu den vergitterten Bücherschränken hing.

Der Mönch und das Vögelein

Den Mönchen schien der Mann ein sonderbarer Fremdling: Mit scheuer Ehrfurcht führten sie ihn zum Sessel des Vorstehers. Dort gab er einem jungen Mönch die Schlüssel zu dem Büchersaal. Der schloss auf und brachte eine alte Chronik herbei, in der zu lesen stand, dass vor dreihundert Jahren der Mönch Urbanus spurlos verschwunden sei. Niemand wisse, ob er fortgelaufen oder verunglückt war.

»O Waldvöglein, war das dein Lied?«, fragte der Fremdling mit einem Seufzen. »Kaum drei Minuten lang folgte ich dir und lauschte deinem Gesang. Und drei Jahrhunderte vergingen seitdem! Du hast mir das Lied von der Ewigkeit gesungen, die ich nicht begreifen konnte. Nun begreife ich sie und bete Gott an im Staub und bin selber Staub!«

Nachdem er dies gesprochen hatte, senkte er seinen Kopf, und sein Leib zerfiel zu einem Haufen Asche.

Das Märchen vom Schlaraffenland

Hört zu, ich will euch von einem guten Land erzählen, in das so mancher auswandern würde, wenn er nur wüsste, wo es liegt. Aber der Weg dorthin ist weit. Der Name dieses schönen Landes ist Schlaraffenland.

Die Häuser sind dort mit Eierkuchen gedeckt, die Türen und Wände sind aus Lebkuchen und die Balken aus Schwei-

nebraten. Um jedes Haus steht ein Zaun aus Bratwürsten und alle Brunnen sind voll mit Wein und Champagner, die einem nur so in den Mund fließen, wenn man ihn an die Röhre hält. Auf den Birken und Weiden wachsen frisch gebackene Brötchen, und unter den Bäumen fließen Bäche von Milch. Die Fische schwimmen im Schlaraffenland ganz nahe am Ufer und oben auf dem Wasser, und sie sind auch schon gekocht oder gebacken. Und wenn einer wie ein echter Schlaraff trotzdem zu faul ist, sich nach ihnen zu bücken, dann braucht er nur zu rufen: »Bst! Bst!«, dann kommen die Fische aufs Land marschiert und hüpfen dem guten Schlaraffen in die Hand.

Und glaubt mir, dass die Vögel dort gebraten in der Luft herumfliegen, Gänse und Truthähne und Tauben. Und wem es zu viel Mühe macht, die Hand danach auszustrecken, dem fliegen sie schnurstracks in den Mund hinein. Die Spanferkel geraten dort jedes Jahr überaus köstlich. Sie laufen gebraten herum und jedes trägt ein scharfes Messer im Rücken, damit

Ludwig Bechstein

sich jeder, der möchte, ein frisches, saftiges Stück davon abschneiden kann.

Die Käse liegen im Schlaraffenland herum wie die Steine, groß und klein. Die Steine selbst sind kleine Fleischpastetchen. Im Winter, wenn es regnet, regnet es Honig in süßen Tropfen, da kann man lecken und schlecken, dass es eine Lust ist. Und wenn es schneit, dann schneit es klaren Zucker. Und wenn es hagelt, dann hagelt es Würfelzucker, gemischt mit Feigen, Rosinen und Mandeln.

Im Schlaraffenland legen die Pferde keine Pferdeäpfel, sondern große Eier, ganze Körbe voll, und davon ganze Haufen. Und Geld kann man von den Bäumen schütteln wie Kastanien. Jeder kann sich das Beste herunterschütteln und was weniger wert ist, lässt man einfach liegen.

In jenem Land gibt es auch große Wälder. Dort wachsen in den Büschen und auf den Bäumen die allerschönsten Kleider: Röcke, Mäntel, Hosen und Jacken in allen Farben. Wer etwas Neues anzuziehen braucht, der geht in den Wald und wirft es mit einem Stein herunter. In der Heide wachsen schöne Damenkleider aus Samt und Seide. Die Wacholderstöcke tragen goldene Anstecknadeln und ihre Beeren sind nicht schwarz, sondern echte Perlen. An den Tannen hängen kunstvoll gefertigte Damenuhren. Auf den Stauden wachsen Stiefel und Schuhe, auch Herren- und Damenhüte.

Auch viel Spaß und Unterhaltung gibt es im Schlaraffenland. Wer hierzulande kein Glück im Spiel hat, hat es dort. Auch für die Schlafsäcke und Faulpelze, die hier von ihrer Faulheit arm werden, sodass sie betteln gehen müssen, ist jenes Land wunderbar. Jede Stunde Schlafen bringt dort einen

Das Märchen vom Schlaraffenland

Gulden ein und jedes Mal Gähnen einen Doppeltaler. Wer die Leute am besten ärgern und verspotten kann, bekommt jeweils einen Gulden. Keiner darf etwas umsonst tun, und wer am besten lügen kann, bekommt eine Krone dafür. Hierzulande lügt so mancher, dass sich die Balken biegen, und erhält nichts für seine Mühe.

Wer gern arbeitet, Gutes tut und Böses lässt, von dem wendet sich dort jeder ab und er wird des Landes verwiesen. Aber wer gar nichts kann und dabei noch wunder wie eingebildet ist, der wird dort als ein Edelmann angesehen. Wer nichts anderes kann als schlafen, essen, trinken, tanzen und spielen, der wird zum Grafen ernannt. Aber der Faulste von allen, der am wenigsten kann, wird König über das ganze Land und erhält ein großes Einkommen dafür.

Nun wisst ihr, wie das Schlaraffenland ist. Wer sich also dorthin auf die Reise machen will, aber den Weg nicht weiß, der fragt am besten einen Blinden. Aber auch ein Stummer ist gut dazu, denn der sagt ihm bestimmt keinen falschen Weg.

Um das ganze Land herum ist aber eine Mauer aus Reisbrei gezogen, hoch wie ein Berg. Wer hinein- oder hinauswill, der muss sich da erst einmal durchfressen.

Das Märchen
vom Mann im Mond

Vor uralten Zeiten ging einmal ein Mann an einem Sonntagmorgen in den Wald, haute sich ein ganzes Bündel Holz ab, schnürte es zusammen und trug es auf seinem Rücken nach Hause.

Da begegnete ihm unterwegs ein schöner Mann in Sonntagskleidern, der wohl in die Kirche gehen wollte. Der blieb stehen und sprach den Mann mit dem Holz auf dem Rücken an.

»Weißt du nicht, dass auf Erden Sonntag ist? Der Tag, an dem der liebe Gott ruhte, nachdem er die Welt und alle Tiere und Menschen geschaffen hatte? Weißt du nicht, dass geschrieben steht: Du sollst den Feiertag heiligen?«

Jener Mann war der liebe Gott selbst.

Der Mann mit dem Holz auf dem Rücken aber war verstockt und antwortete: »Sonntag auf Erden oder Mondtag im Himmel, was kümmert's mich? Und was überhaupt geht dich das an?«

»So sollst du dein Holz für alle Zeiten tragen!«, sprach der liebe Gott. »Und weil der Sonntag auf Erden dir so gar nichts wert ist, sollst du von nun an ewig Mondtag haben und im

Mond stehen, als eine Warnung für alle, die den Sonntag mit Arbeit schänden!«

Seit jenem Tag steht im Mond immer noch der Mann mit dem Holzbündel auf dem Rücken und er wird wohl so stehen bleiben bis in alle Ewigkeit.

HANS CHRISTIAN ANDERSEN

Däumelinchen

Es war einmal eine Frau, die für ihr Leben gern ein kleines Kind gehabt hätte. Aber sie wusste nicht, wo sie eines herbekommen sollte. Deshalb ging sie zu einer alten Hexe und sagte zu ihr: »Ich möchte gern ein kleines Kind haben. Sage mir, wie ich eines bekommen kann.«

Die Hexe antwortete: »Nun, das lässt sich schon machen. Hier hast du ein Gerstenkorn. Es ist aber keines, wie sie auf den Feldern der Bauern wachsen oder wie man sie an die Hühner verfüttert. Leg es in einen Blumentopf mit Erde, dann sollst du sehen, was daraus wird.«

Die Frau bedankte sich und bezahlte der Hexe zwölf Silberstücke. Dann ging sie heim, steckte das Gerstenkorn in die Erde und sogleich wuchs eine schöne große Blume daraus hervor, die genau wie eine Tulpe aussah. Die Blütenblätter waren aber noch fest verschlossen wie bei einer Knospe.

Die Frau sagte: »Das ist ja eine reizende Blume!«, und küsste sie auf die schönen roten und gelben Blätter. Und als sie sie küsste, gab es in der Blume einen lauten Knall und sie öffnete sich. Nun konnte man sehen, dass es wirklich eine Tulpe war, aber mitten in der Blume auf dem grünen Stempel saß ein

219

Hans Christian Andersen

niedliches kleines Mädchen, das nicht größer als ein Daumen war. Und deshalb wurde es Däumelinchen genannt.

Als Wiege erhielt die Kleine eine schön lackierte Nussschale, blaue Veilchenblätter waren ihre Matratze und ein Rosenblatt war ihre Decke. In der Wiege schlief sie in der Nacht, aber am Tag spielte sie auf dem Tisch. Die Frau hatte einen Teller darauf gestellt, den ein Kranz von Blumen umgab, die Stängel der Blumen lagen im Wasser. Auf dem Wasser schwamm ein großes Tulpenblatt, auf dem Däumelinchen von der einen Seite des Tellers auf die andere rudern konnte. Als Ruder hatte sie zwei weiße Rosshaare, und das war sehr schön anzusehen. Däumelinchen konnte auch sehr schön singen, so fein und zart, wie man es noch nie gehört hatte.

Eines Nachts, als Däumelinchen in ihrer prächtigen Wiege lag, kam eine garstige Kröte durchs Fenster gehüpft, in dem eine Scheibe zerbrochen war. Die Kröte war sehr groß und nass und abscheulich hässlich. Sie hüpfte geradewegs auf den Tisch, wo Däumelinchen unter dem roten Rosenblatt lag und schlief.

Die Kröte sagte sich: »Das wäre aber eine nette Frau für meinen Sohn!«, packte die Nussschale, in der Däumelinchen schlief, und hüpfte durch die zerbrochene Scheibe in den Garten hinaus.

Am Garten floss ein großer breiter Fluss vorbei, dessen Ufer sumpfig und morastig waren. Hier wohnte die Kröte mit ihrem Sohn. Huh, wie war der widerlich und hässlich, ganz wie seine Mutter. Und das Einzige, was er zu sagen wusste, als er das süße kleine Mädchen in der Walnussschale erblickte, war: »Koax, koax breckekekex!«

220

Däumelinchen

Die alte Kröte ermahnte ihn: »Sprich nicht so laut, sonst wacht sie auf! Sie könnte uns davonlaufen, denn sie ist so leicht wie eine Daunenfeder. Wir wollen sie auf eines der großen Seerosenblätter im Fluss bringen. Das ist für sie, die so leicht und klein ist, wie eine ganze Insel. Von dort kann sie uns nicht weglaufen, während wir unten im Sumpf die gute Stube ausschmücken, in der ihr von nun an wohnen sollt.«

Im Fluss wuchsen viele Seerosen mit großen, runden Blättern, die aussehen, als ob sie auf dem Wasser schwämmen. Das größte Blatt war am weitesten draußen, und zu dem schwamm die alte Kröte und stellte die Wiege mit Däumelinchen darauf.

Ganz früh am Morgen wachte das arme kleine Ding auf, und als es sah, wo es war, fing es bitterlich zu weinen an, denn auf allen Seiten des großen grünen Blattes war Wasser. Däumelinchen konnte nirgends an Land kommen.

Unten im Sumpf saß die alte Kröte und schmückte die gute Stube mit Schilf und gelben Seerosen aus, denn ihre Schwiegertochter sollte es wirklich hübsch haben. Dann schwamm sie mit ihrem grässlichen Sohn zu dem Blatt hinaus, auf dem Däumelinchen gefangen war. Sie wollten ihre schöne Wiege holen, die ins Brautgemach gestellt werden sollte, bevor Däumelinchen selbst es betrat. Die alte Kröte verneigte sich im Wasser tief vor ihr und sagte: »Dies ist mein Sohn, der dein Mann werden soll, und ihr bekommt eine wunderschöne Wohnung unten im Sumpf.«

Doch das Einzige, was ihr Sohn zu sagen wusste, war: »Koax, koax, breckekekex!«

Dann packten die alte Kröte und ihr Sohn die Wiege und schwammen damit davon. Däumelinchen stand nun mutterseelenallein auf dem grünen Blatt und weinte, denn sie wollte nicht bei der abscheulichen Kröte wohnen und ihren grässlichen Sohn zum Mann nehmen.

Die kleinen Fische im Wasser hatten die Kröte gesehen und auch gehört, was sie gesagt hatte. Sie steckten die Köpfe aus dem Wasser, denn sie wollten das kleine Mädchen gerne sehen. Als sie Däumelinchen erblickten, gefiel sie ihnen sehr und sie tat ihnen von Herzen Leid, weil sie zu der grässlichen Kröte in den Sumpf hinuntersollte. Nein, das durfte niemals geschehen! Sie scharten sich um den grünen Stängel des Blattes, auf dem Däumelinchen stand, und nagten mit ihren Zähnen den Stängel ab. Da schwamm das Blatt mit Däumelinchen den Fluss hinunter, so weit fort, dass die Kröte nicht nachkommen konnte.

Däumelinchen segelte weit durch die Lande. Die kleinen Vögel in den Büschen, die sie vorbeischwimmen sahen, zwitscherten ihr zu: »Was bist du für ein reizendes kleines Mädchen!«, und das Blatt schwamm weiter und immer weiter. So ging Däumelinchen auf Reisen.

Ein schöner weißer Schmetterling flatterte immer um Däumelinchen herum und setzte sich schließlich zu ihr auf das Blatt, denn sie gefiel ihm gar so gut. Und das Mädchen freute sich, denn nun konnte die Kröte es nicht mehr einholen. Außerdem war das Schifffahren so wunderschön. Die Sonne schien aufs Wasser, dass es glänzte wie Gold. Da nahm Däumelinchen ihren Gürtel, band ihn um den Schmetterling und knüpfte das andere Ende an dem Blatt fest. Das schwamm nun viel schneller dahin und Däumelinchen mit, denn sie stand ja auf dem Blatt.

Däumelinchen

Mit einem Mal kam ein großer Maikäfer dahergeflogen. Kaum hatte er Däumelinchen erblickt, da schlug er auch schon seine Klauen um ihren schlanken Leib und flog mit ihr auf einen Baum. Das grüne Blatt schwamm weiter den Fluss hinunter und zog den Schmetterling mit sich, denn er war ja an dem Blatt festgebunden und konnte sich nicht losmachen.

Ach, wie erschrak die arme Kleine, als der Maikäfer mit ihr auf den Baum flog! Aber am meisten tat ihr doch der schöne weiße Schmetterling Leid, den sie an das Blatt gebunden hatte. Denn wenn er sich nicht losmachen konnte, musste er ja verhungern. Aber darum kümmerte sich der Maikäfer nicht. Er setzte sich mit ihr auf das größte grüne Blatt des Baumes, gab ihr das Süße aus einer Blume zu essen und sagte ihr, dass sie reizend sei, obwohl sie nicht wie ein Maikäfer aussehe. Später kamen alle anderen Maikäfer, die auf dem Baum wohnten, zu Besuch. Sie betrachteten sich Däumelinchen genau und die Maikäferfräulein rümpften die Fühlhörner und sagten: »Sie hat ja nur zwei Beine, das sieht doch recht armselig aus.« Oder: »Fühlhörner hat sie auch keine!« Und: »Sie ist so schlank um die Mitte, pfui, sie sieht wie ein Mensch aus!«

Als nun der Maikäfer alle sagen hörte, Däumelinchen sei hässlich, glaubte er es am Ende auch und wollte nichts mehr von ihr wissen. Seinetwegen konnte sie nun gehen, wohin sie wollte. Die Maikäfer flogen mit ihr vom Baum herunter und setzten sie auf ein Gänseblümchen, und Däumelinchen weinte, weil sie so hässlich war, dass die Maikäfer nichts von ihr wissen wollten. Dabei war sie doch so schön, wie man es sich nur vorstellen kann, so fein und zart wie das schönste Rosenblatt!

Hans Christian Andersen

Den ganzen Sommer hindurch lebte das arme Däumelinchen mutterseelenallein in dem großen Wald. Sie flocht sich ein kleines Bett aus Grashalmen und hängte es unter einem riesigen Klettenbaum auf, damit sie bei Regen nicht nass wurde. Sie aß das Süße aus den Blumen und trank den Tau, der jeden Morgen auf den Blättern lag. So vergingen der Sommer und der Herbst. Aber nun kam der Winter, der lange kalte Winter. Alle Vögel, die ihr so schön vorgesungen hatten, flogen davon, Blätter und Blumen verwelkten, das große Klettenblatt, unter dem sie gewohnt hatte, rollte sich zusammen, dass nichts mehr übrig blieb als ein gelber, verwelkter Stiel. Däumelinchen fror entsetzlich, denn ihre Kleider waren zerschlissen und zerrissen, und sie selbst war doch so klein und fein. Sie musste erfrieren! Das arme Däumelinchen! Nun fing es auch noch an zu schneien und jede Schneeflocke, die auf sie fiel, traf sie, die nur so groß war wie ein Daumen, so hart wie uns große Menschen eine ganze Schaufel voll Schnee. Zwar wickelte sie sich in ein verwelktes Blatt, aber das wärmte sie nicht und sie zitterte vor Kälte.

Am Rand des Waldes, wohin sie jetzt gekommen war, breitete sich ein großes Kornfeld aus. Aber das Korn war längst gemäht und nur die nackten dürren Stoppeln ragten noch aus der hart gefrorenen Erde hervor. Für Däumelinchen waren sie wie ein dichter Wald, den sie durchwandern musste. Unterwegs kam sie vor die Tür der Feldmaus, das war ein kleines Loch zwischen den Stoppeln. Dort wohnte die Feldmaus warm und sicher unter der Erde und hatte die ganze Stube voll Korn, dazu eine schöne Küche mit Speisekammer. Das arme Däumelinchen stellte sich wie eine Bettlerin in die Tür

Däumelinchen

und bat um ein Stückchen von einem Gerstenkorn, weil sie seit zwei Tagen nichts mehr gegessen hatte.

Die Feldmaus, die im Grunde eine gutherzige alte Maus war, sagte: »Du armes Ding! Komm nur herein in meine warme Stube und iss mit mir.« Da Däumelinchen ihr gut gefiel, sagte sie außerdem: »Du darfst den Winter über bei mir bleiben. Du musst aber meine Wohnung rein halten und mir Geschichten erzählen, denn das mag ich für mein Leben gern.« Und Däumelinchen tat mit Vergnügen, was die alte Maus von ihr verlangte, und sie hatte es sehr gut bei ihr.

Eines Tages kündigte die Feldmaus an: »Jetzt bekommen wir bald Besuch! Mein Nachbar pflegt mich jede Woche einmal zu besuchen. Er ist viel reicher als ich, hat große Säle und trägt einen schönen schwarzen Samtrock. Er ist ebenso gelehrt wie reich. Wenn du den zum Mann bekommen könntest, wärst du gut versorgt. Er kann aber nicht sehen. Du musst ihm die schönsten Geschichten erzählen, die du kennst.«

Dies war Däumelinchen aber alles gleichgültig, sie wollte den Nachbarn nämlich durchaus nicht zum Mann haben, weil er nämlich ein Maulwurf war.

So kam der Nachbar also in seinem schwarzen Samtrock und an Gelehrsamkeit fehlte es ihm nicht. Doch die Sonne und die Blumen konnte er nicht leiden und sagte allerlei Übles über sie, weil er sie nie gesehen hatte. Däumelinchen musste ihm etwas vorsingen, und da verliebte sich der Maulwurf in ihre schöne Stimme. Er sagte allerdings kein Wort, denn er war ein bedächtiger Mann.

Erst in der letzten Zeit hatte er einen langen Gang von seinem Haus bis zur Feldmaus gegraben, und er erlaubte der

225

Hans Christian Andersen

Feldmaus und Däumelinchen in diesem Gang spazieren zu gehen, sooft sie wollten. Sie sollten sich aber nicht vor dem toten Vogel fürchten, der darin lag. Es sei ein ganzer Vogel mit Schnabel und Federn, der wohl zu Beginn des Winters gestorben und zufällig da begraben war, wo er seinen Gang gemacht hatte.

Der Maulwurf nahm ein Stück faules Holz in den Mund, das bekanntlich im Dunkeln einen hellen Schimmer verbreitet, ging voraus und leuchtete den beiden in dem langen, finsteren Gang. Als sie an die Stelle kamen, wo der tote Vogel lag, stieß der Maulwurf mit seiner großen Nase ein Loch in die Decke, sodass das helle Tageslicht hereinschien. Auf dem Boden lag eine tote Schwalbe, die ihre schönen Flügel eng an den Leib gepresst und Kopf und Beine unter die Federn gesteckt hatte. Sicher war der arme Vogel erfroren. Er tat Däumelinchen wirklich Leid, denn sie liebte die kleinen Vögel innig, die ihr den Sommer über so schön vorgesungen und vorgezwitschert hatten.

Aber der Maulwurf trat mit seinen kurzen Beinen nach der Schwalbe und sagte: »Jetzt pfeift sie nicht mehr. Es ist doch traurig, wenn man als Vogel auf die Welt kommt. Gott sei Dank, dass meine Kinder davor bewahrt sind. So ein Vogel hat ja nichts als sein Quiwit und muss im Winter verhungern.«

Die Feldmaus erwiderte: »Ja, das ist sehr vernünftig gesprochen. Was haben die Vögel von all ihrem Gezwitscher, wenn der Winter kommt? Sie müssen verhungern und erfrieren, Aber das soll ja wohl etwas Großartiges sein.«

Däumelinchen sagte kein Wort. Als aber die beiden dem Vogel den Rücken kehrten, beugte sie sich zu ihm nieder, schob

Däumelinchen

die Federn über seinem Kopf zur Seite und küsste ihn auf die geschlossenen Augen. Sie dachte: Vielleicht ist er es gewesen, der mir im Sommer so lieblich vorgesungen hat. Wie viel Freude hat er mir gemacht, der schöne Vogel!

Der Maulwurf stopfte das Loch wieder zu, durch das der Tag hereinschien, und begleitete die Damen wieder nach Hause.

Däumelinchen aber konnte in dieser Nacht nicht schlafen. Sie stand auf und flocht einen hübschen großen Teppich aus Heu. Mit dem ging sie zu der toten Schwalbe und deckte sie zu. Sie stopfte warme Baumwolle, die sie in der Wohnung der Feldmaus gefunden hatte, rings um den Vogel, damit er warm in der kalten Erde lag.

Hans Christian Andersen

Und sie sagte zu ihm: »Leb wohl, du schöner Vogel. Hab Dank für deinen herrlichen Gesang im Sommer, als alle Bäume grün waren und die Sonne so warm schien.« Dann legte sie ihr Köpfchen an die Brust des Vogels und erschrak sehr, denn es war gerade, als ob da drin etwas klopfte. Es war das Herz des Vogels. Er war gar nicht tot, sondern lag nur in Erstarrung da, die Wärme hatte ihn wieder zum Leben erweckt.

Im Herbst fliegen die Schwalben in die warmen Länder. Wenn sich aber eine verspätet, dann fällt sie vor Kälte wie tot herab, bleibt liegen, wo sie hingefallen ist, und der kalte Schnee deckt sie zu.

Däumelinchen zitterte vor Schreck, denn der Vogel war ja riesengroß im Vergleich zu ihr, die nicht länger als ein Daumen war. Aber sie sprach sich selber Mut zu, stopfte die Baumwolle noch dichter um den Vogel, holte ein Krause-Minze-Blatt, das ihre eigene Bettdecke war, und legte es dem Vogel über den Kopf.

In der nächsten Nacht schlich sie wieder zu der Schwalbe. Der Vogel war wieder ganz zum Leben erwacht, aber noch so matt, dass er die Augen nur einen kurzen Moment aufmachen und Däumelinchen ansehen konnte, die mit einem Stückchen faulem Holz vor ihm stand. Denn anderes Licht hatte sie nicht.

Die Schwalbe sagte zu ihr: »Ich danke dir, du liebes Mädchen. Du hast mich so herrlich erwärmt. Bald werden meine Kräfte zurückgekehrt sein, dann kann ich wieder in den warmen Sonnenschein hinausfliegen.«

Däumelinchen erwiderte: »Aber es ist sehr kalt draußen, es schneit und friert. Bleib lieber in deinem warmen Bett, ich werde dich schon pflegen.«

Däumelinchen

Sie brachte der Schwalbe Wasser in einem Blumenblatt. Die trank und erzählte ihr dann, dass sie sich den Flügel an einem Dornbusch verletzt hatte und darum nicht so schnell wie die anderen Schwalben fliegen konnte, als sie in die wärmeren Länder ziehen wollten. Am Ende sei sie auf die Erde gefallen, aber sonst könne sie sich an nichts erinnern und sie wisse auch nicht, wie sie hierher in diesen Gang gekommen sei.

Den ganzen Winter über blieb die Schwalbe dort unten und Däumelinchen sorgte auf das Beste für sie und liebte sie sehr. Weder der Maulwurf noch die Feldmaus erfuhren etwas davon, denn sie konnten ja die Schwalbe nicht leiden.

Sobald das Frühjahr kam und die Sonnenwärme bis in die Erde drang, sagte die Schwalbe Däumelinchen Lebewohl, und das Mädchen machte das Loch wieder auf, das der Maulwurf in die Decke gestoßen hatte. Die Sonne schien herrlich herein und die Schwalbe fragte, ob Däumelinchen nicht mit ihr kommen wollte. Sie könnte auf ihrem Rücken sitzen und sie würden zusammen tief in den grünen Wald hineinfliegen. Aber Däumelinchen wusste, dass sie der alten Feldmaus sehr viel Kummer bereiten würde, wenn sie sie auf diese Weise verließ. Und deshalb sagte sie: »Nein, ich kann nicht.«

So entgegnete die Schwalbe: »Leb wohl, leb wohl, du gutes, liebes Mädchen!«, und flog in den warmen Sonnenschein hinaus.

Däumelinchen sah ihr nach und Tränen traten ihr in die Augen, denn sie hatte die Schwalbe von Herzen lieb gehabt. Der Vogel zwitscherte »Quiwit, quiwit!«, und flog in den grünen Wald hinein.

Däumelinchen war sehr traurig. Sie durfte nie mehr in den

Hans Christian Andersen

warmen Sonnenschein hinaus. Das Korn, das auf dem Acker gesät war, in dem die Wohnung der Feldmaus lag, wuchs in die Höhe und war ein dichter Wald für das arme kleine Mädchen, das nicht länger als ein Daumen war.

Eines Tages sagte die Feldmaus zu ihr: »Den Sommer über kannst du dir deine Aussteuer nähen!« Denn jetzt hatte der Nachbar, der langweilige Maulwurf mit dem schwarzen Samtrock, richtig um Däumelinchen angehalten.

Däumelinchen musste fleißig die Spindel drehen und die Feldmaus nahm vier Spinnen ins Haus, die Tag und Nacht spinnen und weben mussten. Jeden Abend machte der Maulwurf pflichtschuldig seinen Besuch und sprach dann immer davon, dass die Sonne nicht mehr so warm scheinen werde, wenn der Sommer endlich glücklich überstanden sei. Sie brenne ja die Erde zu hartem Stein. Ja, wenn der Sommer vorbei wäre, dann sollte die Hochzeit gefeiert werden.

Däumelinchen war alles andere als glücklich über diese Aussicht, denn sie konnte den langweiligen Maulwurf nicht ausstehen. Jeden Morgen, wenn die Sonne aufging, und jeden Abend, wenn sie unterging, schlich sie sich heimlich vor die Tür. Und wenn dann der Wind die Kornhalme teilte, dass sie den blauen Himmel sehen konnte, dachte sie sehnsüchtig daran, wie hell und schön es draußen war, und wünschte von tiefstem Herzen, die liebe Schwalbe einmal wiederzusehen. Die kam aber niemals mehr.

Als es Herbst wurde, hatte Däumelinchen ihre Aussteuer fertig. Die Feldmaus sagte: »In vier Wochen ist deine Hochzeit.«

Däumelinchen aber weinte und sagte, dass sie den langweiligen Maulwurf nicht heiraten wolle.

Däumelinchen

Da rief die Feldmaus aufgebracht: »Schnickschnack! Sei nicht widerspenstig, sonst beiße ich dich mit meinen spitzen Zähnen. Du bekommst doch einen vortrefflichen Mann. Einen so schönen schwarzen Samtrock wie er hat nicht einmal die Königin! Bei ihm sind Küche und Keller wohl gefüllt. Du kannst Gott danken, dass du ihn bekommst.«

Nun sollte also die Hochzeit sein. Der Maulwurf war bereits gekommen, um Däumelinchen abzuholen. Von jetzt an sollte sie mit ihm tief unten unter der Erde wohnen und in ihrem Leben nie mehr in die warme Sonne heraufkommen, denn die konnte er nicht leiden. Das arme Kind war tief traurig, dass es jetzt von der Sonne Abschied nehmen musste, die es bei der Feldmaus doch wenigstens manchmal noch unter der Türritze durchscheinen sah.

Däumelinchen streckte die Arme hoch empor und rief: »Leb wohl, du strahlende Sonne!« Sie ging auch ein paar Schritte von der Tür weg, denn jetzt war das Korn geschnitten und nur noch die dürren Stoppeln standen auf dem Acker. »Leb wohl, leb wohl!«, rief sie, und umarmte zärtlich eine kleine rote Blume, die da blühte, und sagte zu ihr: »Grüße die liebe Schwalbe von mir, wenn du sie sehen solltest.«

In diesem Augenblick hörte sie ein Zwitschern über ihrem Kopf: »Quiwit, quiwit!« Däumelinchen sah auf, da flog gerade die Schwalbe vorbei. Als diese das Mädchen erblickte, freute sie sich sehr. Däumelinchen erzählte ihr, wie ungern sie den hässlichen Maulwurf zum Mann nehmen wollte, mit dem sie unter der Erde leben müsse, wo niemals die Sonne hingelänge. Dabei konnte sie die Tränen nicht zurückhalten.

Die Schwalbe sagte: »Jetzt kommt der kalte Winter. Ich

Hans Christian Andersen

fliege weit fort in die warmen Länder. Willst du mit mir kommen? Du kannst dich auf meinen Rücken setzen. Binde dich nur mit deinem Gürtel fest, dann fliegen wir zusammen weg von dem hässlichen Maulwurf und seiner finsteren Wohnung. Weit weg über die hohen Berge bis in die warmen Länder, wo die Sonne viel heißer scheint als hier, wo immer Sommer ist und immer schöne Blumen blühen. Fliege nur mit mir, du liebes kleines Däumelinchen, das mir das Leben gerettet hat, als ich erfroren in dem finsteren Erdkeller lag.«

Diesmal sagte Däumelinchen: »Ja, ich will mit dir kommen!«, und setzte sich auf den Rücken des Vogels, legte die Füße auf die ausgebreiteten Schwingen und band sich mit ihrem Gürtel an der stärksten Feder fest. Dann flog die Schwalbe mit ihr hoch in die Luft hinauf über Wälder und Seen hinweg und über die hohen Berge, auf denen der ewige Schnee liegt.

Dort fror es Däumelinchen in der kalten Luft, aber sie kroch unter die warmen Federn und steckte nur das Köpfchen hervor, um all die Schönheit dort unten zu betrachten.

Schließlich kamen sie in den warmen Ländern an. Dort schien die Sonne viel klarer und heller als hier, der Himmel war doppelt so hoch und an den Hecken und Zäunen wuchsen die köstlichsten grünen und blauen Weintrauben. In den Wäldern hingen Zitronen und Orangen an den Bäumen und es duftete nach Myrte und Krause-Minze. Auf den Straßen liefen die reizendsten Kindern großen, wunderbar bunten Schmetterlingen nach. Aber die Schwalbe flog noch weiter und es wurde immer schöner.

Unter den schönsten grünen Bäumen am blauen Meeresstrand erhob sich schließlich ein weißes Marmorschloss aus

Däumelinchen

alter Zeit. Weinranken wanden sich um drei hohe Säulen und oben waren viele Schwalbennester. In einem davon wohnte die Schwalbe, die Däumelinchen hergetragen hatte.

Die Schwalbe sagte: »Dies hier ist mein Haus. Du kannst dir nun selbst eine der schönsten Blumen, die dort unten wachsen, als Wohnung aussuchen. Ich werde dich dann hinbringen und es wird dir dort so gut gehen, wie du es dir nur wünschen kannst.«

Däumelinchen rief: »Wie schön!«, und klatschte in die Hände.

Unten lag eine weiße Marmorsäule, die umgefallen und in drei Stücke zersprungen war. Dazwischen wuchsen die hübschesten weißen Blumen. Die Schwalbe flog mit Däumelinchen zu diesen Blumen hinunter und setzte sich auf eines der breiten Blätter. Aber wie staunte Däumelinchen! In der Blume saß ein kleiner Mann, so weiß und durchsichtig wie Glas. Auf dem Kopf hatte er die zierlichste kleine Krone und an den Schultern die schönsten durchsichtigen Flügel, und er war nicht größer als Däumelinchen. Das war der Engel der Blume. In jeder Blume wohnte solch ein kleiner Mann oder eine kleine Frau, aber dieser war ihr König.

Däumelinchen flüsterte der Schwalbe zu: »Wie schön er ist!«

Der König erschrak gewaltig vor der Schwalbe, denn im Vergleich zu ihm, der so zart und klein war, erschien sie wie ein wahrer Riesenvogel. Als er aber Däumelinchen erblickte, wurde er sehr vergnügt, denn sie war das reizendste Mädchen, das er je gesehen hatte. Deshalb nahm er seine goldene Krone ab und setzte sie ihr auf, fragte sie, wie sie heiße und ob sie nicht seine Frau werden wollte, dann würde sie Köni-

233

gin über alle Blumen werden. Ja, das war ein anderer Mann als der Sohn der Kröte oder der Maulwurf in seinem schwarzen Samtrock! Däumelinchen gab dem schönen König deshalb gleich ihr Jawort und aus jeder Blume kam eine Dame oder ein Herr hervor, die so niedlich aussahen, dass es eine Freude war. Alle brachten Däumelinchen ein Geschenk, aber das Beste darunter waren die schönen Flügel einer großen weißen Fliege. Die wurden Däumelinchen an die Schultern geheftet und dann konnte auch sie von Blume zu Blume fliegen. Unter allen Blumenengeln herrschte große Freude und die Schwalbe saß oben in ihrem Nest und sang ihnen vor, so schön sie singen konnte. Tief in ihr drin aber war sie sehr traurig, denn sie hatte Däumelinchen von ganzem Herzen lieb und hätte sich am liebsten nie von ihr getrennt.

Nun sagte der Blumenengel zu ihr: »Du sollst nicht mehr Däumelinchen heißen. Das ist ein hässlicher Name und du bist so schön. Wir wollen dich Maja nennen.«

Und die Schwalbe zwitscherte: »Leb wohl, leb wohl!«, denn sie nahm wieder Abschied von den warmen Ländern und flog nach Dänemark zurück. Dort hatte sie ein Nest über dem Fenster, wo der Mann wohnt, der Märchen erzählen kann. Dem hat sie ihr »Quiwit, quiwit« vorgesungen und daher wissen wir die ganze Geschichte.

Des Kaisers neue Kleider

Vor vielen Jahren lebte einmal ein Kaiser, dem schöne neue Kleider über alles gingen. All sein Geld gab er aus, nur um auch recht schön angezogen zu sein. Seine Soldaten, seine Ausflüge in den Wald oder ins Theater zu gehen bedeuteten ihm nur deshalb etwas, weil er da die Gelegenheit hatte, seine neuen Kleider zu zeigen. Für jede Stunde des Tages hatte der Kaiser ein anderes Gewand. Und wenn man nicht wusste, wo er sich gerade befand, so sagten alle: »Er ist gewiss in der Kleiderkammer!«

In der großen Stadt, in der er lebte, ging es sehr lustig zu und alle Tage trafen viele Fremde ein. Eines Tages kamen zwei Betrüger in die Stadt, die behaupteten Weber zu sein. Sie sagten, sie verstünden es, den schönsten Stoff zu weben, den man sich nur denken kann. Nicht nur die Farben und das Muster seien ungewöhnlich schön, nein, auch die Kleider, die aus diesem Stoff genäht seien, hätten eine wunderbare Eigenschaft: Wer für sein Amt nicht taugte oder ganz besonders dumm war, konnte sie nicht sehen.

Der Kaiser dachte sich: Das wären ja herrliche Kleider! Wenn ich die anhätte, könnte ich dahinter kommen, wer in meinem Reich für sein Amt nicht taugt. Und ich könnte die Klugen von den Dummen unterscheiden. Ja, dieser Stoff muss sofort für mich gewebt werden!

Er gab den Betrügern viel Geld im Voraus, damit sie sogleich mit ihrer Arbeit begannen. Da bauten sich die beiden auf der Stelle zwei Webstühle auf und taten so, als würden sie fleißig weben. Frech verlangten sie nach der feinsten Seide und dem besten Gold. Doch all das steckten sie in die eigene Tasche. Dennoch arbeiteten sie an den leeren Webstühlen bis tief in die Nacht hinein.

Der Kaiser überlegte: Ich würde doch gern einmal wissen, wie weit sie mit ihrem Stoff sind! Ihm wurde aber etwas sonderbar ums Herz, wenn er daran dachte, dass derjenige, der für sein Amt nicht taugte oder besonders dumm war, den Stoff gar nicht sehen konnte. Zwar war der Kaiser überzeugt, dass er selbst sich deshalb keine Sorgen zu machen brauchte – aber trotzdem schickte er doch lieber erst einmal jemand anderen hin, der sehen sollte, wie die Arbeit voranging.

Alle Menschen in der Stadt wussten, welch wunderbare Eigenschaft der Stoff haben sollte, und alle waren sehr gespannt zu erfahren, wie dumm oder unbrauchbar ihr Nachbar war.

Der Kaiser beschloss: Ich will meinen alten, vorzüglichen Minister zu den Webern schicken. Er kann am besten untersuchen, wie der Stoff aussieht. Er hat viel Verstand und niemand passt besser für sein Amt als er.

Der gute alte Minister ging also in den Saal, in dem die beiden Betrüger an den leeren Webstühlen arbeiteten. Aber ach! Da musste er feststellen, dass er nicht das Mindeste sah. Er behielt aber für sich, dass er nichts sehen konnte.

Des Kaisers neue Kleider

Nachdem er eingetreten war, forderten die beiden Betrüger den alten Minister auf näher zu treten. Sie fragten ihn: »Hat der Stoff nicht ein schönes Muster und herrliche Farben?« Dabei deuteten sie auf die leere Stelle, wo der Stoff hätte liegen müssen, und der arme alte Minister riss die Augen auf und konnte dennoch nichts sehen, denn es war ja nichts da. Und er dachte sich: Lieber Gott, sollte ich etwa dumm sein? Dafür habe ich mich doch noch nie gehalten und das dürfte auch kein Mensch erfahren! Oder sollte ich am Ende für mein Amt nicht taugen? Nein, ich darf auf keinen Fall erzählen, dass ich den Stoff nicht sehe!

Der eine Weber bemerkte: »Nun, Sie sagen ja gar nichts!«

Und der alte Minister spähte durch seine Augengläser und rief: »Wie reizend, ganz allerliebst! Dieses Muster und diese Farben! Ich werde dem Kaiser berichten, dass mir der Stoff außerordentlich gut gefällt.«

»Das freut uns sehr«, erklärten die beiden Betrüger und nannten die schönen Farben mit Namen und erklärten das außergewöhnliche Muster. Der alte Minister hörte eifrig zu, damit er vor dem Kaiser alles wiederholen konnte, und das tat er dann auch.

Nachdem der alte Minister sie so sehr gelobt hatte, verlangten die beiden Betrüger noch mehr Geld, noch mehr Seide und noch mehr Gold für ihren Stoff. Sie steckten aber alles in die eigene Tasche und auf den Webstuhl kam kein Fädchen. Fleißig webten sie an dem leeren Webstuhl weiter.

Bald darauf schickte der Kaiser wieder einen tüchtigen Beamten hin, der nachsehen sollte, wie es mit dem Stoff vorwärts ging und ob er denn bald fertig sei.

237

Hans Christian Andersen

Dem Beamten erging es genauso wie dem Minister. Er riss die Augen auf, aber weil nichts anderes da war als der leere Webstuhl, konnte auch er nichts sehen.

Die beiden Betrüger fragten: »Ist das nicht ein schönes Stück Stoff?« Und sie zeigten und erklärten ihm das Muster, das gar nicht da war.

Der Mann dachte sich: Dumm bin ich nicht! Sollte ich am Ende für mein gutes Amt nicht taugen? Das wäre ja noch schöner! Aber das darf ich mir auf keinen Fall anmerken lassen!

Darum lobte er den Stoff, das schöne Muster und die prächtigen Farben, was das Zeug hielt. Anschließend berichtete er dem Kaiser: »Jawohl, das Tuch wird ganz allerliebst!« Und alle Menschen in der Stadt sprachen von nichts anderem als von dem wunderschönen Stück Stoff, das für den Kaiser gewebt wurde.

Nun hätte der Kaiser das Stück Stoff doch gerne auch einmal selbst gesehen, solange es noch auf dem Webstuhl lag. Mit einer ganzen Schar auserlesener Männer, unter denen sich auch der alte Minister und der Beamte befanden, die vorher bereits da gewesen waren, ging er zu den listigen Betrügern, die aus Leibeskräften an dem leeren Webstuhl webten.

Der alte Minister und der Beamte riefen: »Der Stoff ist großartig! Wollen Eure Majestät nur sehen, welches Muster, welche Farben!« Und damit deuteten sie auf den leeren Webstuhl, denn sie dachten, die anderen könnten den Stoff ganz bestimmt sehen.

Der Kaiser dachte: Was soll das heißen! Ich sehe gar nichts! Das ist ja schrecklich! Bin ich dumm? Oder tauge ich nicht zum Kaiser? Das wäre das Schlimmste, was mir je geschehen

Des Kaisers neue Kleider

könnte! Und laut sagte er: »Sehr hübsch! Der Stoff hat unseren allerhöchsten Beifall!« Er nickte befriedigt und betrachtete den leeren Webstuhl, denn er wollte nicht zugeben, dass er nichts sehen konnte.

Sein ganzes Gefolge riss die Augen auf, aber es nützte dem einen so wenig wie dem andern. Alle sprachen dem Kaiser nach: »Sehr hübsch!«, sagten sie, und: »Der Stoff ist großartig, herrlich, wunderbar!« Alle waren über den schönen Anblick außerordentlich erfreut. Und sie rieten dem Kaiser, bei dem feierlichen Umzug, der bald stattfinden sollte, die neuen Kleider aus dem prächtigen Stoff zum ersten Mal zu tragen. Der Kaiser aber verlieh jedem der beiden Betrüger das große Ritterkreuz und den Titel »Kaiserlicher Hofweber«.

Die ganze Nacht vor dem Vormittag, an dem der feierliche Umzug stattfinden sollte, gingen die beiden Betrüger nicht zu Bett. Zu ihrer Arbeit hatten sie sich sechzehn Lampen angezündet. Jedermann konnte sehen, wie eifrig sie damit beschäftigt waren, des Kaisers neue Kleider fertig zu stellen. Sie taten, als ob sie den Stoff vom Webstuhl schnitten, fuhren mit großen Scheren in der Luft herum und nähten mit Nähnadeln ohne Faden. Schließlich sagten sie: »So, jetzt sind die Kleider fertig.«

Der Kaiser erschien höchstpersönlich mit seinen vornehmsten Hofleuten. Da hoben die beiden Betrüger den Arm in die Höhe, als ob sie etwas hielten, und sagten: »Hier sind die Hosen! Hier ist der Rock! Und hier ist der Mantel! Die Kleider sind so leicht wie Spinnweben. Man könnte meinen, man habe gar keine Kleider an, so leicht sind sie. Aber das ist gerade das Schöne daran.«

Hans Christian Andersen

Alle Hofleute sprachen: »Jawohl!« Aber sie konnten nichts sehen, denn es war ja nichts da.

Die Betrüger fragten: »Wollen Eure kaiserliche Majestät nun allergnädigst geruhen, ihre Kleider abzulegen? Wir werden uns dann die hohe Ehre geben, Eurer kaiserlichen Majestät die neuen anzulegen und Eure Majestät vor den hohen Spiegel zu geleiten.«

Der Kaiser zog seine Kleider aus und die Betrüger taten so, als ob sie ihm ein Stück nach dem anderen von den neuen Kleidern anlegten. Sie fassten ihm um den Leib, als ob sie etwas festbänden – das sollte die Schleppe sein. Und der Kaiser wendete und drehte sich vor dem hohen Spiegel.

Alle zusammen riefen: »Wie schön die neuen Kleider sind! Wie genau sie passen! Welches Muster, welche Farben! Das ist ein herrliches Gewand!«

Da meldete der Oberzeremonienmeister schon: »Draußen stehen die Träger mit dem Thronhimmel, der über Eurer Majestät getragen werden soll!«

Nun sagte der Kaiser: »Ich bin fertig. Stehen mir die neuen Kleider nicht gut?« Dabei drehte er sich noch einmal vor dem Spiegel herum, damit es so aussah, als ob er sein Staatsgewand von allen Seiten betrachtete.

Die Kammerherren, die die Schleppe zu tragen hatten, griffen mit den Händen auf den Boden, als ob sie die Schleppe fassten, und hielten die Hände vor sich in die Luft, denn sie wollten sich um keinen Preis anmerken lassen, dass sie nichts sahen.

Und so schritt der Kaiser in dem feierlichen Umzug unter dem schönen Thronhimmel einher und alle Menschen auf

den Straßen und in den Fenstern sagten: »Wie wunderbar schön des Kaisers neue Kleider sind! Welch prachtvolle Schleppe hat er an seinem Gewand! Und wie gut das alles sitzt!« Niemand wollte sich anmerken lassen, dass er nichts sah, denn sonst hätte man ja meinen können, er tauge nicht für sein Amt oder sei ganz besonders dumm. Niemals hatte ein neues Gewand des Kaisers einen so großen Beifall gefunden.

Da rief auf einmal ein kleines Kind: »Aber er hat ja gar nichts an!«

Und der Vater des Kindes sagte: »Herr, höre die Stimme der Unschuld!« Aber einer flüsterte dem anderen zu, was das Kind gesagt hatte: »Er hat ja gar nichts an! Dort ist ein Kind, das sagt, der Kaiser habe gar nichts an!«

Und schließlich rief das ganze Volk wie aus einem Munde: »Der Kaiser hat ja gar nichts an!«

Das war dem Kaiser nun sehr peinlich, denn er meinte ja selbst, dass die Leute Recht hatten. Aber er dachte: Jetzt muss ich den Umzug durchstehen!, und warf sich nur umso stolzer in die Brust, und die Kammerherren trugen die Schleppe, die gar nicht da war.

Die Prinzessin auf der Erbse

Es war einmal ein Prinz, der eine Prinzessin heiraten wollte. Aber es sollte eine richtige Prinzessin sein und so reiste er in der ganzen Welt umher, um eine zu finden. Prinzessinnen gab es zwar genug, doch ob es auch richtige Prinzessinnen waren, dahinter konnte er nicht kommen. Immer entdeckte er irgendwas, was nicht ganz stimmte. So kam er ganz betrübt wieder nach Hause, denn er hätte so gern eine wirkliche Prinzessin gehabt.

Eines Abends tobte ein furchtbares Unwetter. Es blitzte und donnerte, der Regen prasselte hernieder – es war ganz entsetzlich. Da klopfte es ans Stadttor und der alte König ging, um zu öffnen. Es war eine Prinzessin, die draußen vor dem Tor stand. Aber, ach du liebe Zeit! Wie sah sie vom Regen und vom bösen Wetter aus! Das Wasser tropfte ihr an Haaren und Kleidern herunter und lief ihr vorne an den Schuhspitzen herein und an der Ferse hinten wieder heraus. Doch sie erklärte, dass sie eine richtige Prinzessin sei.

Die alte Königin dachte sich: Nun, das werden wir bald herausgefunden haben. Sie sagte aber nichts, sondern ging ins Schlafzimmer, nahm alle Bettstücke heraus und legte eine

Erbse ganz unten auf den Boden des Bettes. Dann stapelte sie zwanzig Matratzen darüber und türmte noch zwanzig Daunenbetten darauf. Dort sollte die Prinzessin die Nacht über schlafen.

Am nächsten Morgen fragte man sie, wie sie geschlafen habe.

Die Prinzessin antwortete: »Oh, entsetzlich schlecht! Ich habe fast die ganze Nacht kein Auge zugetan. Gott weiß, was in meinem Bett gewesen sein mag. Ich habe auf etwas Hartem gelegen, sodass ich jetzt am ganzen Körper grün und blau bin. Es ist ganz entsetzlich!«

Die Prinzessin auf der Erbse

Da konnte man nun deutlich sehen, dass sie eine wirkliche Prinzessin war, weil sie durch die zwanzig Matratzen und die zwanzig Daunenbetten hindurch die Erbse gespürt hatte. So empfindlich kann nur eine richtige Prinzessin sein.

Der Prinz nahm sie zur Frau. Denn nun wusste er sicher, dass er eine wirkliche Prinzessin gefunden hatte. Die Erbse kam ins Museum, und dort ist sie noch immer zu sehen, wenn sie in der Zwischenzeit niemand gestohlen hat.

Seht ihr, das ist eine wahre Geschichte!

Das hässliche junge Entlein

Der Sommer draußen auf dem Land war herrlich! Golden stand das Korn, der Hafer war noch grün, das Heu lag in Haufen und auf den gemähten Wiesen stolzierte der Storch mit seinen langen roten Beinen umher und klapperte ägyptisch, denn diese Sprache hatte er von seiner Mutter gelernt. Die Äcker und Wiesen waren von großen Wäldern umgeben, wo tiefe Seen lagen. Ja wirklich, es war herrlich draußen auf dem Land!

An der sonnigsten Stelle lag ein alter Herrenhof, um welchen tiefe, breite Gräben gezogen waren. Von der Mauer bis ans Wasser hinunter wuchsen riesige Klettenbänder, die so hohe Stängel hatten, dass unter den größten Blättern kleine Kinder aufrecht stehen konnten. Dieses Klettendickicht war so wild wie der dichteste Wald, und in dem Dickicht saß eine Ente auf ihrem Nest, um ihre Eier auszubrüten. Jetzt aber hatte sie ihre Arbeit beinah satt, denn es dauerte gar so lang und sie bekam selten Besuch. Die anderen Enten schwammen nämlich lieber auf den Gräben herum, statt zu ihr zu laufen, unter einem Klettenblatt zu sitzen und mit ihr zu schnattern.

Aber dann zersprang endlich eine Eierschale nach der anderen. »Piep! Piep!«, machte es. In jedem Ei wurde es lebendig und es lugte daraus ein gelbes Köpfchen hervor.

Die alte Ente sagte: »Quak, quak, regt euch!«, und sie regten sich, so viel sie konnten, und schauten sich unter den grünen Blättern nach allen Seiten um. Die Mutter ließ sie schauen, so viel sie wollten, denn Grün ist gut für die Augen.

Die Jungen sagten erstaunt: »Wie groß die Welt ist!« Denn sie hatten nun bedeutend mehr Platz als zu der Zeit, in der sie noch im Ei gelegen hatten.

Da fragte die Mutter: »Meint ihr etwa, das sei die ganze Welt? Die geht auf der anderen Seite des Gartens noch viel weiter, bis an den Pfarrhof, aber da bin ich auch noch nie gewesen. Seid ihr denn jetzt alle beieinander?« Um nachzusehen, stand sie auf. Und sie stellte fest: »Nein, es sind noch nicht alle ausgeschlüpft, das größte Ei liegt noch da. Wie lange soll das denn noch dauern? Jetzt hab ich es aber bald gründlich über!« Aber dann setzte sie sich doch wieder.

Nun kam eine alte Ente zu Besuch und fragte: »Na, wie geht's?«

Die brütende Ente erwiderte: »Mit dem einen Ei dauert es so schrecklich lang. Es hat noch nicht einmal einen Sprung! Aber sieh dir doch die anderen an. Es sind die reizendsten Entchen, die ich je gesehen habe. Alle zusammen sehen ihrem Vater unglaublich ähnlich. Ach, der Bösewicht! Er besucht mich nicht einmal!«

Da sagte die Alte: »Zeige mir das Ei, das nicht entzweigehen will! Es ist ganz gewiss ein Putenei. Mit solchen Eiern bin ich auch schon an der Nase herumgeführt worden. Und ich hatte meine liebe Not mit den Jungen, denn sie fürchten sich

Hans Christian Andersen

vor dem Wasser, das kann ich dir sagen! Ich konnte sie nicht hineinbekommen. So viel ich auch rief und quakte, es half alles nichts. Lass mich doch einmal das Ei ansehen. – Jawohl, das ist ein Putenei! Lass es am besten liegen und bring deinen anderen Kindern stattdessen das Schwimmen bei!«

Aber die Ente entgegnete: »Ich will noch ein wenig darauf sitzen bleiben. Jetzt sitze ich schon so lange da, da kommt es auf ein wenig länger auch nicht an.«

Die alte Ente sagte: »Jeder nach seinem Geschmack!«, und watschelte davon.

Endlich zersprang auch das große Ei. »Piep, piep!«, sagte das Junge und purzelte heraus. Es war sehr groß und hässlich. Die Ente betrachtete es von allen Seiten und sagte: »Das ist ja ein schrecklich großes Entlein! So sieht keines von den anderen aus. Es wird doch hoffentlich kein Puter sein? Nun, das wird sich bald herausstellen. Ins Wasser soll es, und wenn ich es selbst hineinstoßen muss!«

Am nächsten Tag war wunderschönes Wetter und die Sonne schien warm auf das Klettendickicht. Die Entenmutter kam mit allen ihren Kleinen an den Graben hinunter. Platsch!, sprang sie ins Wasser, sagte »Quak, quak!«, und ein Entlein nach dem anderen plumpste ihr nach. Das Wasser schlug ihnen über den Köpfen zusammen, aber sie kamen gleich wieder in die Höhe und konnten prächtig schwimmen. Alle plätscherten vergnügt im Wasser. Auch das hässliche graue Junge schwamm mit.

Da sagte die Entenmutter: »Nein, das ist kein Puter. Sieh mal, wie hübsch es die Beine gebraucht, wie aufrecht es sich hält! Ja, das ist mein Kind. Und eigentlich ist es doch recht

Das hässliche junge Entlein

hübsch, wenn man es genau betrachtet. Quak, quak! Kommt nur mit mir, ich werde euch in die Welt einführen und im Entenhof vorstellen. Bleibt aber immer in meiner Nähe, damit niemand auf euch tritt, und nehmt euch vor der Katze in Acht!«

Nun wurden die Jungen also in den Entenhof geführt. Dort herrschte ein entsetzlicher Lärm, denn zwei Familien stritten sich um einen Aalkopf, und darüber erwischte ihn die Katze.

Die alte Ente schleckte sich den Schnabel, denn sie hätte den Aalkopf selber gern gehabt, und sagte: »Seht, so geht es in der Welt. – Neigt den Hals vor der alten Ente dort! Sie ist die Vornehmste hier und von spanischer Abkunft. Deshalb ist sie auch so dick und trägt einen roten Lappen am Bein. Das ist die größte Auszeichnung, die eine Ente erhalten kann. Sie bedeutet nämlich, dass der Besitzer sie um keinen Preis verlieren möchte und dass sie unter allen zu erkennen sein soll. Rappelt euch! Stellt nicht die Füße einwärts! Eine gut erzogene Ente setzt die Füße weit auseinander wie Vater und Mutter. Seht, so! Beugt nun den Hals und sagt: ›Quak‹!«

Und das taten die Jungen. Aber die anderen Enten ringsumher schauten die Kleinen an und sagten ganz laut: »Sieh mal an, nun soll diese Sippschaft auch noch hier herumlaufen. Als ob wir nicht ohnehin schon genug wären! Und wie das eine Entchen aussieht! Pfui, das dulden wir hier nicht!« Und gleich flog die eine Ente hin und biss es in den Nacken.

Die Mutter rief: »Lass es in Ruhe! Es tut doch niemandem etwas!«

Doch die Ente, die es gebissen hatte, sagte: »Aber es ist so groß und sonderbar, und darum muss es gepiesackt werden.«

Da mischte sich die alte Ente mit dem Lappen am Bein ein: »Schöne Kinder haben Sie. Alle sind schön bis auf das eine. Das ist nicht so besonders ausgefallen. Wenn Sie das doch nur noch einmal umbrüten könnten!«

Die Entenmutter erwiderte: »Das ist leider nicht möglich, Euer Gnaden. Das Küken ist ja nicht besonders schön, aber es hat ein gutes Herz und schwimmt so prächtig wie nur irgendeines von den andern, ja, ich darf sagen, sogar noch besser. Ich glaube, es verwächst sich noch und wird mit der Zeit kleiner. Es lag zu lange im Ei und hat darum nicht die richtige Form bekommen.« Während sie dies sagte, fuhr sie dem hässlichen Entchen über den Nacken und zupfte überall an ihm herum.

Dann fuhr sie fort: »Außerdem ist es ein Enterich, und da kommt es nicht so sehr auf Schönheit an. Ich glaube, es wird kräftig und sich schon irgendwie durchschlagen.«

Da sagte die Alte: »Die anderen Entchen sind ja recht niedlich. Tut nur ganz so, als ob ihr zu Hause wärt, und wenn ihr einen Aalkopf findet, dann bringt ihn mir.«

Und auf die freundliche Aufforderung hin taten sie von nun an, als ob sie zu Hause wären.

Aber das arme Entlein, das als Letztes aus dem Ei gekrochen war und so hässlich aussah, wurde von den Enten und den Hühnern nur geschubst, gebissen und verspottet. Alle miteinander sagten: »Es ist viel zu groß!« Und der Truthahn, der mit Sporen auf die Welt gekommen war und sich darum einbildete, der Kaiser zu sein, blies sich auf wie ein Schiff mit vollen Segeln, ging auf das Entlein los, kollerte und bekam einen ganz roten Kopf. Das arme Entlein wusste nicht, wie es

Das hässliche junge Entlein

gehen und stehen sollte, und war betrübt, weil es so hässlich war und sich vom ganzen Entenhof verspotten lassen musste.

So verging der erste Tag und später wurde es sogar noch schlimmer. Das arme Entlein wurde von allen gehetzt und gejagt, selbst seine Geschwister betrugen sich ebenso abscheulich und sagten zu ihm: »Wenn dich nur die Katze holen würde, du Scheusal!« Und die Mutter sagte: »Wenn du nur ganz weit weg wärst!« Die Enten bissen es, die Hühner hackten nach ihm, und das Mädchen, das den Enten das Futter brachte, trat mit dem Fuß nach ihm.

Da lief und flatterte es eines Tages über den Zaun. Die Vögel in den Büschen huschten erschreckt in die Höhe. Das kleine Entlein dachte: Das tun sie, weil ich so hässlich bin! Dann schloss es die Augen und lief immer weiter. Schließlich kam es ins große Moor hinaus, wo die Wildenten wohnten. Hier lag es müde und traurig die ganze Nacht im Röhricht.

Am frühen Morgen flogen die Wildenten auf und erblickten den neuen Kameraden. Sie fragten: »Wo kommst du denn her?« Und das Entlein drehte sich nach allen Seiten und grüßte so ehrerbietig es konnte.

Die Wildenten sagten: »Du bist unglaublich hässlich, aber das kann uns ja gleich sein, solange du nicht in unsere Familie einheiraten willst.« Das arme Entlein! Es dachte nun wirklich nicht daran, sich zu verheiraten. Es war schon froh, wenn es nur ruhig im Schilf liegen und ein wenig Moorwasser trinken durfte.

So blieb es zwei Tage im Schilf liegen, dann kamen zwei männliche Wildgänseriche dorthin. Auch sie waren erst vor kurzem aus dem Ei gekrochen, und deshalb waren sie so

251

freundlich. Sie sagten: »Hör mal, Kamerad, du bist so hässlich, dass du eigentlich schon wieder schön bist. Willst du nicht mit uns kommen und Zugvogel werden? Ganz in der Nähe ist noch ein Moor. Darauf leben einige reizende Wildgänse, die ›Quak!‹ sagen können. Dort könntest du gewiss dein Glück machen, denn du bist gar so reizend hässlich!«

Da knallte es mit einem Mal »Piff, paff!«, und beide Wildgänse fielen tot ins Schilf und das Wasser färbte sich blutrot. »Piff, paff!«, knallte es noch einmal, und große Scharen von Wildgänsen flogen aus dem Schilf auf, und dann knallte es wieder. Eine große Jagd wurde abgehalten. Die Jäger lagen

Das hässliche junge Entlein

rund um das Moor, ja, einige saßen sogar auf den Ästen der Bäume, die sich weit über das Schilf neigten. Wie Wolken stieg der blaue Pulverdampf zwischen den dunklen Bäumen auf und zog sich weit übers Moor hin. Nun drangen die Jagdhunde in den Sumpf herein. Platsch, platsch!, ging es. Schilf und Röhricht neigten sich nach allen Seiten und das Entlein erschrak fürchterlich. Es drehte den Kopf, um ihn unter den Flügel zu stecken, und im selben Augenblick stand ein entsetzlich großer Hund vor ihm. Lang hing ihm die Zunge aus dem Maul und seine Augen funkelten grässlich. Fast berührte er das Entlein mit der Schnauze, er fletschte die blanken Zähne – und platsch!, ging er weiter, ohne ihm etwas zu tun.

Das Entlein seufzte: »Gott sei Dank! Ich bin so hässlich, dass mich nicht einmal der Hund beißen mag!«

Nun lag das Entlein regungslos, während die Schrotkörner ins Schilf sausten und Schuss auf Schuss fiel.

Erst spät am Nachmittag wurde es wieder still im Moor. Aber das arme Junge traute sich immer noch nicht aufzustehen. Es wartete einige Stunden, ehe es sich nur umzublicken wagte, dann eilte es fort vom Moor, so schnell es konnte. Es lief über Felder und Wiesen, und das, obwohl ein Sturm tobte, sodass es kaum vorankam.

Gegen Abend gelangte das Entlein an ein armseliges Bauernhäuschen, das so baufällig war, dass es wohl selbst nicht wusste, nach welcher Seite es umfallen sollte, und darum stehen blieb. Der Sturm brauste so heftig um das Entlein, dass es sich setzen musste, um nicht weggeweht zu werden. Und das Unwetter wurde noch schlimmer. Plötzlich bemerkte das Entlein, dass die Tür der Hütte nur noch an einer

Hans Christian Andersen

Angel hing und dass es gut durch den Spalt hineinkriechen konnte. Und deshalb tat es das auch.

Drin wohnte eine alte Frau mit ihrem Kater und ihrer Henne. Der Kater, den sie Söhnchen nannte, konnte einen Buckel machen und spinnen. Und Funken sprühen konnte er auch, aber dazu musste man ihn gegen den Strich streicheln. Die Henne hatte kleine, kurze Beinchen und wurde darum Kurzbein genannt. Sie legte gute Eier und die Alte liebte sie wie ihr eigenes Kind.

Am nächsten Morgen wurde sogleich das fremde Entlein entdeckt, und der Kater fing an zu spinnen und die Henne zu gackern.

Die Frau sagte: »Was ist los?«, und schaute sich um. Aber sie sah nicht mehr gut, und deshalb meinte sie, das Entlein sei eine fette Ente, die sich verlaufen hatte. Deshalb sagte sie: »Das ist ein netter Fang! Jetzt kann ich auch Enteneier bekommen. Wenn es nur kein Enterich ist! Wir müssen die Probe machen.«

So wurde denn das Entlein für drei Wochen zur Probe angenommen, aber es legte keine Eier. Der Kater war der Herr im Haus und die Henne die gnädige Frau, und bei ihnen hieß es immer: »Wir und die Welt!«, denn sie glaubten nämlich, dass sie die eine Hälfte der Welt seien – und zwar die bessere Hälfte. Das Entlein meinte, dass man auch anderer Ansicht sein konnte, aber das ließ sich die Henne nicht gefallen.

Sie fragte: »Kannst du Eier legen?«

»Nein«, sagte das Entlein.

»Dann halte auch den Schnabel.«

Und der Kater fragte: »Kannst du einen Buckel machen, spinnen und Funken sprühen?«

Das hässliche junge Entlein

»Nein«, sagte das Entlein

»Dann darfst du auch keine eigene Meinung haben, wenn vernünftige Leute reden.«

Und das Entlein saß verdrießlich in einer Ecke. Es dachte an die frische Luft und den hellen Sonnenschein draußen und bekam dabei eine so unwiderstehliche Lust, wieder einmal auf dem Wasser zu schwimmen, dass es schließlich nicht mehr anders konnte und mit der Henne darüber reden musste.

Die Henne aber rief: »Du bist wohl wirr im Kopf! Du hast nichts zu tun und deshalb fällt dir solcher Unsinn ein. Leg Eier oder spinne, dann gibt sich das.«

Das Entlein erwiderte: »Aber es ist so ein wunderschönes Gefühl, auf dem Wasser zu schwimmen! Es ist köstlich, sich das Wasser über dem Kopf zusammenschlagen zu lassen und auf den Grund zu tauchen!«

Spöttisch entgegnete die Henne: »Ja, das wird ein großes Vergnügen sein! Du bist wohl verrückt! Der Kater ist das klügste Tier, das ich kenne. Frag ihn doch mal, ob es ihm köstlich vorkäme, auf dem Wasser zu schwimmen oder auf den Grund zu tauchen. Von mir will ich ja gar nicht reden. Oder frag unsere Herrschaft, die alte Frau. Weiser als sie ist niemand auf der ganzen Welt. Meinst du, die hätte Lust, zu schwimmen und sich das Wasser über dem Kopf zusammenschlagen zu lassen?«

Das Entlein sagte: »Ihr versteht mich nicht.«

Da entgegnete die Henne: »Wenn wir dich nicht verstehen, wer, meinst du, soll dich denn dann verstehen? Du willst doch wohl nicht klüger sein als der Kater oder die alte Frau, von mir ganz zu schweigen? Führ dich nicht so auf, Kind, und danke deinem Schöpfer für all das Gute, das dir hier im Haus erwiesen worden ist. Bist du nicht in eine warme Stube gekommen und hast Gesellschaft gefunden, von der du nur lernen kannst? Aber du bist ein Faselhans und es ist wirklich kein Vergnügen, mit dir zu tun zu haben. Mir kannst du glauben, ich meine es gut mit dir, denn ich bin aufrichtig zu dir, auch wenn ich dir Unangenehmes zu sagen habe. Aber daran kann man seine wahren Freunde erkennen. Und jetzt sieh zu, dass du Eier legen, spinnen oder Funken sprühen lernst!«

Da meinte das Entlein: »Ich glaube, ich gehe wieder hinaus in die weite Welt.«

Und die Henne erwiderte: »Dann geh halt.«

Da ging das Entlein seines Weges. Es schwamm auf dem Wasser, es tauchte unter, aber wegen seiner Hässlichkeit wurde es von allen Tieren als gering geachtet.

Bald darauf kam der Herbst. Die Blätter im Wald wurden gelb und braun, der Wind riss sie von den Bäumen und wirbelte sie in der Luft umher. Der Himmel sah nach Kälte aus. Schwer hingen die Hagel- und Schneewolken herunter und auf dem Zaun saß der Rabe und schrie »Krah, krah« vor lauter Kälte. Man schauderte ordentlich, wenn man nur daran dachte. Dem armen Entlein ging es wirklich gar nicht gut.

Eines Abends, als die Sonne eben in einem wunderbaren Abendrot unterging, kam eine Schar schöner, großer Vögel aus dem Gebüsch hervor. Noch niemals hatte das Entlein etwas so Schönes gesehen. Ganz weiß waren die Vögel, und sie hatten lange, schmiegsame Hälse. Es waren Schwäne, die einen höchst sonderbaren Ton ausstießen, ihre prächtigen großen Flügel ausbreiteten und aus dieser kalten Gegend weg

Das hässliche junge Entlein

in wärmere Länder zogen, wo noch offene Seen zu finden waren. Sie flogen so empor, dass es dem hässlichen jungen Entlein ganz sonderbar zumute wurde. Es drehte sich wie ein Rad im Wasser und stieß einen so hohen und seltsamen Schrei aus, dass es selbst davor erschrak. Es konnte nicht anders, es musste gespannt den schönen, glücklichen Vögeln nachschauen.

Als das Entlein sie nicht mehr sehen konnte, tauchte es bis an den Grund hinunter, und als es wieder an die Oberfläche kam, war es außer sich. Es wusste weder, wie die Vögel hießen, noch, wohin sie flogen, und doch liebte es sie heißer, als es je ein Wesen geliebt hatte. Es war nicht neidisch auf ihre Schönheit. Wie hätte es ihm einfallen sollen, ihnen gleichen zu wollen! Es wäre schon froh gewesen, wenn nur die Enten es unter sich geduldet hätten. Das arme, hässliche Tier!

Nach dem Herbst kam der Winter, und es wurde entsetzlich kalt. Das Entlein musste ununterbrochen im Wasser schwimmen, damit die Oberfläche nicht vollständig zufror, aber in jeder Nacht wurde das Loch, in dem es schwamm, kleiner und kleiner. Es war eine so grimmige Kälte, dass die Eisdecke krachte. Zuletzt wurde das Entlein so müde, dass es reglos liegen blieb und so im Eis festfror.

Am folgenden Morgen in aller Frühe kam ein Bauer. Er sah das Entlein im Eis und ging zu ihm hin. Mit seinem Holzschuh schlug er das Eis in Stücke und brachte das Tierchen seiner Frau nach Hause. Dort lebte es wieder auf.

Die Kinder hätten gerne mit dem Entlein gespielt, aber es dachte, sie wollten ihm etwas tun. Deshalb flatterte es vor lauter Schreck in die Milchschüssel, dass die Milch verschüttet wurde. Die Bäuerin schrie laut auf und riss die Hände zum

Hans Christian Andersen

Himmel, da flog das Entlein ins Butterfass, von dort in die Mehltonne und dann wieder in die Höhe. Wie sah jetzt das Entlein aus! Die Frau schrie und schlug mit der Feuerzange nach ihm, und die Kinder wollten das Entlein fangen und purzelten übereinander her und lachten und schrien. Zum Glück stand die Tür auf. Das Entlein fuhr wie der Blitz hinaus und ins Gebüsch in den neu gefallenen Schnee – und dort blieb es liegen wie tot.

Aber es wäre gar zu traurig, von all dem Elend und der Not zu erzählen, die das Entlein während des harten Winters auszustehen hatte. Als die Sonne allmählich wieder warm herunterschien, lag das Entlein im Röhricht des großen Moors. Die Lerchen sangen und ein prächtiges Frühjahr war angebrochen.

Da hob das Entlein mit einem Mal seine Schwingen. Sie rauschten stärker als je zuvor und trugen es rasch voran. Ehe es sich recht besinnen konnte, befand es sich in einem großen Park, wo die Apfelbäume blühten und der Flieder duftete und seine Zweige bis in die Gräben hängen ließ, die sich durch den Park schlängelten. Und siehe, aus dem Gebüsch, gerade vor dem Entlein, kamen drei wunderschöne Schwäne hervorgeschwommen. Leicht und sicher glitten sie über das Wasser. Das Entlein erkannte die herrlichen Vögel wieder und fühlte eine merkwürdige Traurigkeit. Es dachte: Ich will zu diesen königlichen Vögeln hinschwimmen. Sie werden mich totbeißen, wenn ich, der ich so hässlich bin, es wage, ihnen nahe zu kommen. Aber das sollen sie nur. Besser von ihnen getötet werden, als mich von den Enten zwicken, von den Hühnern hacken und von dem Mädchen, das den Entenhof

Das hässliche junge Entlein

zu versorgen hat, mit Füßen treten zu lassen und im Winter Not leiden zu müssen.

Das kleine Entlein flog aufs Wasser hinaus und schwamm zu den prächtigen Schwänen, die ihm mit gesträubten Federn entgegenkamen. Das arme Tier sagte: »Tötet mich nur!«, beugte den Kopf aufs Wasser und erwartete den Todesstoß. – Aber was erblickte es in dem klaren Wasserspiegel? Es sah unter sich sein eigenes Bild, aber nicht mehr das eines plumpen, schwarzgrauen hässlichen Vogels. Nein, es war selber ein Schwan geworden.

Es schadet nichts, im Entenhof geboren zu sein, wenn man nur in einem Schwanenei gelegen hat.

Jetzt freute sich der junge Schwan geradezu über all die Not und Quälerei, die er hatte erdulden müssen, denn dadurch wusste er sein Glück und die Herrlichkeit, die ihn umgab, erst richtig zu schätzen. Und die großen Schwäne schwammen um ihn herum und streichelten ihn mit ihren Schnäbeln.

Jetzt kamen einige Kinder in den Garten, die Brot und Körner ins Wasser warfen. Das Kleinste von ihnen rief fröhlich: »Es ist ein Neuer gekommen!«, und die größeren Kinder jubelten mit: »Ja, es ist ein Neuer gekommen!« Sie klatschten vor Freude in die Hände und tanzten im Kreis herum. Dann liefen sie, um Vater und Mutter zu holen. Brot und Kuchen wurden ins Wasser geworfen und alle sagten: »Der Neue ist der Allerschönste! Seht doch, wie jung und schön er aussieht!« Und die alten Schwäne neigten sich vor ihm.

Da wurde der junge Schwan sehr verlegen und steckte den Kopf unter den Flügel. Er wusste weder aus noch ein. Er fühlte sich glücklich, doch er war alles andere als stolz auf all die Ehre, denn ein gutes Herz kennt keinen Hochmut. Er dachte daran, wie er verfolgt und verhöhnt worden war, und hörte nun jedermann sagen, dass er der schönste von all den schönen Vögeln sei, und die Fliederdolden an ihren Zweigen beugten sich zu ihm herunter und die Sonne schien so warm.

Da sträubte der Schwan seine Federn, der schlanke Hals beugte sich und aus tiefstem Herzen jubelte er: »So viel Glück hätte ich mir niemals träumen lassen, als ich noch das hässliche junge Entlein war!«

Das kleine Mädchen mit den Schwefelhölzern

Es war bitterkalt. Es wurde Abend und es wurde dunkel, und es fing zu schneien an. In der schneidenden Kälte lief ein armes kleines Mädchen barfuß durch die Straßen. Es hatte zwar Pantoffeln angehabt, als es von zu Hause weggegangen war, aber was hatte das schon helfen können? Die Pantoffeln waren viel zu groß gewesen. Die Mutter des Mädchens hatte sie getragen, so groß waren sie, und die Kleine hatte sie verloren, als sie hastig über die Straße lief, weil zwei Wagen im Galopp vorbeifuhren. Der eine Pantoffel war nicht mehr zu finden gewesen und mit dem zweiten war ein Junge davongelaufen. Er hatte gesagt, den könne er gut als Wiege gebrauchen, wenn er selbst einmal Kinder hätte.

Da lief nun das kleine Mädchen auf seinen nackten Füßen, die vor Kälte rot und blau geworden waren. In der Schürze trug es eine Menge Schwefelhölzer, ein Bündel davon in der Hand. Doch niemand hatte dem kleinen Mädchen etwas abgekauft, den ganzen Tag über nicht. Und niemand hatte ihm auch nur einen Pfennig geschenkt.

Hungernd und frierend und ganz verzagt schleppte sich die Kleine weiter. Die Schneeflocken fielen auf ihre langen, blon-

Hans Christian Andersen

den Haare, die sich so schön im Nacken kräuselten. Aber sie dachte keinen Augenblick daran, wie hübsch das aussah. Aus allen Fenstern schimmerten Lichter und es roch in den Straßen herrlich nach Gänsebraten, denn es war der letzte Abend des Jahres. Daran dachte sie.

Das kleine Mädchen setzte sich in einen Winkel zwischen zwei Häusern, von denen das eine weiter vorstand als das andere, und kroch in sich zusammen, so gut es ging. Die kalten Beine hatte es unter sich hinaufgezogen, aber es fror nur noch mehr. Heimzugehen aber wagte es nicht, denn es hatte ja keine Schwefelhölzer verkauft und nicht einen Pfennig Almosen bekommen. Der Vater hätte es doch nur geschlagen. Und kalt war es daheim auch, denn sie hatten nur das Dach über sich, und da pfiff der Wind schneidend kalt herein, obwohl die größten Ritzen und Spalten mit Lumpen zugestopft waren.

Die Hände des kleinen Mädchens waren fast völlig abgestorben vor Kälte. Ach, was würde ihm ein einziges kleines Schwefelhölzchen gut tun! Ob sie es wagen sollte, eines aus dem Bund zu ziehen, es an der Mauer anzustreichen und sich die Finger daran zu wärmen? Sie zog eines heraus – ritsch! – wie es knisterte und brannte! Es brannte mit warmer klarer Flamme wie ein kleines Licht, als sie die Hand darum hielt. Es war ein merkwürdiges Licht. Der Kleinen war, als sitze sie neben einem eisernen Ofen mit blanken Messingknöpfen und Messingtüren. Das Feuer brannte herrlich und war so schön warm. Doch was war das? Eben wollte die Kleine die Füße ausstrecken, um sie zu wärmen – da erloschen die Flammen. Der warme Ofen verschwand – und das Mädchen saß da und hielt das letzte Stückchen des abgebrannten Schwefelhölzchens in der Hand.

Ein neues wurde angestrichen. Es brannte und leuchtete, und wo sein Schein die Mauer traf, wurde sie durchsichtig wie ein Schleier. Die Kleine konnte in die Stube sehen, in der der Tisch mit einem schneeweißen Tischtuch gedeckt war, mit feinem Porzellan und einer herrlich duftenden gebratenen Gans, die mit Äpfeln gefüllt war.

Die Gans sprang von der Platte, auf der sie lag, und watschelte mit Messer und Gabel im Rücken über den Boden, gerade auf die arme, hungrige Kleine zu. Da erlosch das Schwefelhölzchen und es war nichts mehr zu sehen als eine dicke, kalte Mauer.

Die Kleine zündete ein neues Streichholz an. Da saß sie unter dem schönsten Christbaum, der noch größer und schöner geschmückt war als der, den sie an Weihnachten bei dem reichen Kaufmann durch die Glastür gesehen hatte. Tausende von Lichtern brannten an den grünen Zweigen, und bunte Bilder wie die in den Schaufenstern sahen zu ihr herab. Beide Hände streckte die Kleine nach all den Herrlichkeiten aus – da erlosch das Schwefelhölzchen. Die vielen Christbaumlichter schwebten in die Höhe, hoch und immer höher, und sie sah, dass sie zu schimmernden Sternen am Himmel geworden waren. Einer davon fiel herab und zog einen langen, feurigen Streifen am Himmel hinter sich her.

Die Kleine sagte: »Nun ist jemand gestorben.« Denn ihre alte Großmutter, die als Einzige auf der Welt gut zu ihr gewesen war, hatte gesagt: »Wenn ein Stern fällt, dann geht eine Seele zu Gott ein.«

Hans Christian Andersen

Nun strich die Kleine wieder ein Streichholz an. Es warf einen hellen Schein ringsum, und in dem hellen Schein stand die alte Großmutter klar und deutlich, und sie lächelte mild und fröhlich.

Die Kleine rief: »Großmutter! Oh, nimm mich mit zu dir! Ich weiß, du bist verschwunden, wenn das Streichholz erlischt, verschwunden wie der warme Ofen, der gute Gänsebraten und der große herrliche Weihnachtsbaum!«

Hastig strich sie alle noch übrigen Schwefelhölzer des Bundes an, denn sie wollte die Großmutter um jeden Preis festhalten. Und die Schwefelhölzer leuchteten heller als der klare Tag. Niemals war die Großmutter so schön und so groß gewesen. Sie hob das kleine Mädchen auf ihre Arme und sie flogen zusammen hoch, hoch empor. Da gab es keine Kälte, keinen Hunger und keine Furcht mehr, denn sie waren bei Gott.

Aber in der Ecke zwischen den beiden Häusern saß in der kalten Morgenstunde das kleine Mädchen mit den roten Wangen und einem seligen Lächeln auf den Lippen – tot, erfroren am letzten Abend des alten Jahres. Die Sonne des Neujahrsmorgens ging auf über dem kleinen Mädchen, das da saß mit Schwefelhölzern in der Schürze, von denen fast ein ganzer Bund verbrannt war. Die Leute sagten: »Sie hat sich wärmen wollen.« Aber niemand wusste, was sie Schönes gesehen hatte und in welch hellem Glanz sie und die alte Großmutter zur Neujahrsfreude bei Gott eingegangen waren.

Die Schneekönigin - Ein Märchen in sieben Geschichten

Erste Geschichte
Von dem in Stücke gesprungenen Spiegel

Passt auf, jetzt fängt die Geschichte an, und wenn sie zu Ende erzählt ist, wissen wir mehr als jetzt.

Es war einmal ein böser Hexenmeister. Er war der böseste von allen, ja er war der Teufel in leibhaftiger Person. Eines Tages war er in strahlend guter Laune, denn er hatte einen Spiegel gemacht, der die Eigenschaft hatte, dass alles Gute und Schöne, das sich darin spiegelte, fast zu nichts zerrann. Was aber nichts taugte oder hässlich war, trat deutlich hervor und zeigte sich noch schlimmer und abscheulicher. Die schönsten Landschaften sahen darin wie gekochter Spinat aus und die besten Menschen widerlich, oder ihr Spiegelbild stand auf dem Kopf und hatte keinen Leib.

Die Gesichter wurden in dem Spiegel so verzerrt, dass sie nicht wiederzuerkennen waren. Und wer auch nur eine einzige Sommersprosse hatte, konnte überzeugt sein, dass sie sich ihm über Mund und Nase ausbreitete. Der Teufel fand das ungeheuer komisch. Hatte der Mensch, der sich spiegelte, einen guten, frommen Gedanken, dann erschien im Spiegel auf seinem Gesicht ein abscheuliches Grinsen und der Teufel musste über seine kunstreiche Erfindung laut auflachen.

Alle, die in die Zauberschule gingen – der Teufel führte nämlich eine Zauberschule –, erzählten weit umher, es sei ein Wunder geschehen. Jetzt könne man erst sehen, wie die Welt und die Menschen wirklich aussähen. Die Schüler des Teufels liefen überall mit dem Spiegel umher und zuletzt gab es kein Land und keinen Menschen mehr, der nicht einmal darin verzerrt worden wäre. Jetzt wollten sie sogar noch zum Himmel hinauffliegen und die Engel und den lieben Gott zu Narren machen!

Je höher die Teufelschüler mit dem Spiegel flogen, desto stärker grinste er, bis sie ihn kaum mehr festhalten konnten. Höher und höher flogen sie und kamen Gott und den Engeln immer näher. Da erzitterte der Spiegel so fürchterlich in seinem heftigen Grinsen, dass er ihnen aus den Händen fiel und auf die Erde stürzte, wo er in hundert Millionen, Billionen und noch mehr Stücke zerschellte.

Nun aber richtete der Spiegel noch größeres Unheil an als vorher. Einige seiner Stücke waren kaum so groß wie ein Sandkorn, und diese flogen in die weite Welt hinaus. Und wo sie einem Menschen in die Augen kamen, blieben sie darin sitzen. Dann sah dieser Mensch alles verkehrt oder hatte nur Augen für das Schlechte an den Dingen. Denn jeder kleinste Splitter des Spiegels hatte dieselben Eigenschaften erhalten, die der ganze Spiegel gehabt hatte. Einigen Menschen drang auch solch ein kleiner Splitter ins Herz, und das war ganz grauslich, denn ihr Herz wurde zu einem Eisklumpen.

Andere Splitter des Spiegels waren so groß, dass sie als Fensterscheiben benutzt wurden. Aber durch diese Scheiben hindurch hätte man seine Freunde lieber nicht ansehen sollen. Wieder andere Stücke wurden in Brillen gefasst, und dann ging es schlimm zu, wenn jemand eine solche Brille aufsetzte, um richtig sehen und gerecht handeln zu können. Der Teufel hielt sich den Bauch vor Lachen, denn das kitzelte ihn so herrlich. Und draußen flogen noch immer Splitter des Spiegels in der Luft umher!

So, jetzt werden wir hören!

Zweite Geschichte
Ein kleiner Junge und ein kleines Mädchen

In einer großen Stadt, in der es so viele Häuser und Menschen gab, dass nicht jeder einen Garten haben konnte und sich die meisten mit Blumen in Töpfen begnügen mussten, lebten zwei arme Kinder. Die beiden hatten einen Garten, aber einen, der kaum größer war als ein Blumentopf. Sie waren keine Geschwister, aber sie liebten einander so, als ob sie welche wären. Ihre Eltern wohnten in zwei Dachwohnungen nebeneinander. Da, wo die beiden Dächer zusammenstießen und die Dachrinnen verliefen, hatten beide Häuser ein Fenster. Man musste nur über die Dachrinnen steigen, dann konnte man von einem Fenster ins andere kommen.

Vor den Fenstern hatten die Eltern der beiden Kinder eine große Kiste stehen, in der Küchenkräuter wuchsen. In jeder Kiste war auch ein Rosenbäumchen, das prächtig gedieh. Nun kamen die Eltern auf den Gedanken, die beiden Kisten quer über die Dachrinnen zu stellen, sodass sie beinahe von einem Fenster zum anderen reichten und wie zwei Blumenwälle aussahen. Die Erbsenzweige hingen über die Kisten herunter und die Rosen schossen lange Triebe, die sich um die Fenster rankten und ineinander schlangen. Das sah beinahe aus wie eine Ehrenpforte aus Blumen und grünen Blättern. Die Kisten waren sehr hoch und die Kinder wussten, dass sie nicht hinaufklettern durften. Aber sie durften zueinander aufs Dach hinaussteigen und auf ihren Schemelchen unter den Rosenbäumen sitzen. Und dort spielten sie wunderschön miteinander.

Im Winter aber war es aus und vorbei mit diesem Vergnügen. Die Fenster waren zugefroren, aber die Kinder machten Kupferpfennige am Ofen heiß und drückten sie an die Fensterscheibe. Dann gab es prächtige kreisrunde Gucklöcher, und aus jedem schaute ein liebes, freundliches Auge. Die gehörten dem kleinen Jungen und dem kleinen Mädchen. Er hieß Kay und sie hieß Gerda. Im Sommer konnten sie mit einem Sprung zueinander gelangen, aber im Winter mussten sie erst die vielen Treppen hinunter und im anderen Haus wieder hinaufsteigen, während auf der Straße der Schnee wirbelte.

Dann sagte die Großmutter immer: »Das sind die weißen Bienen, die schwärmen.«

Und der kleine Junge fragte: »Haben sie auch eine Bienenkönigin?« Denn er wusste, dass die richtigen Bienen eine Königin haben.

Die Großmutter entgegnete: »Jawohl. Sie fliegt dort, wo ihre Bienen am dichtesten schwärmen. Sie ist die größte von allen und bleibt niemals still auf der Erde liegen, sondern fliegt wieder hinauf zu den dunklen Wolken. In mancher Winternacht fliegt sie durch die Straßen und Gassen der Stadt und sieht durch die Fenster. Dann frieren sie wunderbar zu, sodass es aussieht wie lauter Blumen.«

Die beiden Kinder riefen: »Das habe ich auch schon gesehen!« Und nun wussten sie sicher, dass die Geschichte wahr war.

Und das kleine Mädchen fragte: »Kann die Schneekönigin auch in die Stube hereinkommen?«

Da rief der Junge: »Soll sie nur kommen! Dann setze ich sie auf den Ofen, dass sie schmilzt.«

Aber die Großmutter strich ihm über die Haare und erzählte andere Geschichten.

Am Abend darauf, als der kleine Kay zu Hause und schon halb ausgekleidet war, kletterte er noch einmal auf einen Stuhl am Fenster und schaute durch das Guckloch. Draußen fielen Schneeflocken und eine davon, die allergrößte, blieb auf dem Rand der einen Blumenkiste liegen. Die Schneeflocke wurde größer und immer größer und zuletzt zu einer Frau, gekleidet in den feinsten zarten weißen Stoff, der aus Millionen sternförmiger Schneeflocken zusammengesetzt zu sein schien. Die Frau war wunderschön und zart, aber ganz aus Eis, aus blendendem, schimmerndem Eis – und trotzdem war sie lebendig. Ihre Augen strahlten wie zwei helle Sterne, aber es war weder Ruhe noch Rast darin. Sie nickte zu dem Fenster hin und winkte.

Der kleine Junge erschrak und sprang vom Stuhl. Da war es, als fliege draußen ein großer Vogel vorbei.

Die Schneekönigin

Am nächsten Tag war klarer Frost, dann kam Tauwetter – und dann das Frühjahr. Die Sonne schien wieder warm, grüne Spitzen drangen aus der Erde hervor, die Schwalben bauten ihre Nester, die Fenster wurden geöffnet und die Kinder saßen wieder in ihrem Gärtchen in der Dachrinne hoch über allen Stockwerken des Hauses.

Es war ein unvergleichlich schöner Sommer. Das kleine Mädchen hatte ein Lied aus dem Gesangbuch gelernt, in dem etwas von Rosen vorkam, und dabei dachte es an seine eigenen Rosen. Und die Kleinen hielten einander an der Hand, schauten in den hellen Sonnenschein und plauderten miteinander.

Was waren das für schöne Sommertage und wie schön war es, unter den frischen Rosenbäumchen zu sitzen, die gar nicht aufhören wollten zu blühen!

Als Kay und Gerda eines Tages zusammen die Tiere und Vögel im Bilderbuch betrachteten, geschah es – gerade als es auf dem großen Kirchturm fünf Uhr schlug –, dass Kay plötzlich rief: »Au, es hat mich etwas ins Herz gestochen! – Und jetzt ist mir etwas ins Auge geflogen!«

Das kleine Mädchen fasste ihn um den Hals und er blinzelte mit den Augen, aber es war nichts zu sehen.

Er sagte zwar: »Ich glaube, es ist wieder fort!«, aber es war noch da. Einer von den Glassplittern des Spiegels, des Zauberspiegels, ihr wisst schon, war ihm ins Auge gekommen – ein Splitter von dem abscheulichen Glas, das alles Große und Gute, das sich darin spiegelte, klein und hässlich machte und das Schlechte erst recht hervortreten ließ und jeden Fehler an jedem Ding gleich bemerkbar machte. Der arme Kay! Ein sol-

Hans Christian Andersen

cher Splitter war ihm auch ins Herz gedrungen, das nun zu einem Eisklumpen werden musste.

Er fragte die kleine Gerda: »Warum weinst du? So siehst du hässlich aus. Es fehlt mir doch nichts!« Und gleich darauf rief er: »Pfui, diese Rose hat ja ein Wurm zernagt! Und schau nur, die da ist ganz schief! Das sind eigentlich hässliche Rosen, so hässlich wie die Kisten, in denen sie wachsen.« Und er stieß mit dem Fuß gegen die Kisten und riss die beiden Rosen ab.

Die kleine Gerda rief: »Was tust du denn, Kay!« Und als er ihren Schrecken sah, riss er gleich noch eine Rose ab, stieg zu seinem Fenster hinein und ließ das liebe Mädchen draußen allein.

Dann, als Gerda später mit dem Bilderbuch kam, sagte er, das sei nur etwas für Wickelkinder. Und wenn die Großmutter Geschichten erzählte, hatte er immer ein »Aber« parat. Wenn er die Brille der Großmutter zu fassen bekam, setzte er sie sich auf die Nase und machte die Großmutter nach. Er sprach genau wie sie und die Leute mussten lachen. Bald konnte er alle Menschen in der Straße täuschend echt nachmachen. Kay kannte alle ihre unschönen Eigentümlichkeiten und wusste sie wiederzugeben. Da sagten die Leute: »Der Junge hat wirklich einen klugen Kopf!« Aber es war der Glassplitter, der ihm ins Auge gekommen war, der Splitter, der ihm im Herz steckte. Kay ärgerte und quälte sogar die kleine Gerda, die ihn doch von ganzem Herzen lieb hatte.

Die Spiele, die er spielte, waren nun ganz andere als vorher, sie waren sehr verständig. An einem Wintertag bei Schneegestöber kam er mit einem großen Brennglas daher, hielt einen Zipfel seiner Jacke hin und ließ die Schneeflocken darauf fal-

len. Zu Gerda sagte er: »Schau einmal durch das Glas!« Und jede Schneeflocke sah viel größer aus und wie eine Blume oder ein zehneckiger Stern. Es war reizend anzusehen. »Siehst du, wie kunstvoll!«, sagte er. »Das ist viel interessanter als die wirklichen Blumen. Und es ist nicht der mindeste Fehler an ihnen, sie sind ganz richtig. Wenn sie doch nur nicht schmelzen würden!«

Gleich darauf kam Kay mit großen Fausthandschuhen und seinem Schlitten auf dem Rücken und schrie Gerda ins Ohr: »Ich darf auf den großen Platz, wo alle andern Jungen spielen!« Und weg war er.

Dort auf dem Platz banden die frechsten Jungen öfters ihre Schlitten an einem der vorbeifahrenden Bauernwagen fest und ließen sich so ein Stück weit ziehen. Das war lustig! Als sie gerade beim schönsten Spielen waren, kam ein großer Schlitten daher, der ganz weiß war. Darin saß jemand in einem dicken weißen Pelz, mit einer dicken weißen Pelzmütze auf dem Kopf. Der Schlitten fuhr zweimal um den Platz herum, und Kay band schnell seinen kleinen Schlitten daran fest und fuhr mit. Die Fahrt ging schneller und immer schneller und rasch in die nächste Straße hinein. Die Person, die den Schlitten kutschierte, drehte den Kopf und nickte Kay freundlich zu, als ob sie gute Bekannte wären. Sooft Kay seinen Schlitten losbinden wollte, nickte die Person ihm wieder zu und Kay blieb sitzen. So fuhren sie schließlich zum Stadttor hinaus.

Nun fing der Schnee an, so dicht zu fallen, dass der kleine Junge während des Fahrens die Hand vor Augen nicht mehr sehen konnte. Da machte er schnell die Schnur los, um von

Hans Christian Andersen

dem großen Schlitten freizukommen. Aber das half nichts, sein kleiner Schlitten hing an dem großen und es ging mit Windeseile weiter. Kay schrie laut um Hilfe, aber niemand hörte ihn. Der Schnee wirbelte um ihn und der Schlitten flog davon. Zuweilen machte er einen Sprung, als ob es über Hecken und Gräben ging. Kay war sehr erschrocken. Er wollte ein Vaterunser beten, aber er konnte sich nur noch an das große Einmaleins erinnern.

Die Schneeflocken wurden immer größer und sahen schließlich wie große weiße Hühner aus. Mit einem Mal sprangen sie zur Seite und der große Schlitten stand still. Die Person, die darin gefahren war, richtete sich auf und siehe da, ihr Pelz und ihre Mütze waren aus Schnee gemacht! Es war eine große Dame, die über und über weiß schimmerte: Es war die Schneekönigin.

Und sie sagte zu Kay: »Wir sind rasch von der Stelle gekommen. Aber es friert dich wohl? Krieche unter meinen Bärenpelz!« Sie nahm ihn zu sich in den Schlitten und schlug den Pelz um ihn, und es war ihm, als ob er in einer Schneewehe versänke.

Sie fragte ihn: »Frierst du immer noch?« Dann küsste sie ihn auf die Stirn. Huh, das war kälter als Eis, das ging ihm bis ins Herz hinein, das ja schon halb und halb ein Eisklumpen war. Er meinte, er müsse sterben – aber nur für einen Augenblick, dann war es ihm sehr wohlig und er spürte die Kälte nicht mehr.

Das Erste, was ihm einfiel, war: »Mein Schlitten, mein Schlitten!«

Der Schlitten wurde auf eines der weißen Hühner gebun-

Die Schneekönigin

den, und das flog mit dem kleinen Schlitten auf dem Rücken hinter dem großen Schlitten her. Die Schneekönigin küsste Kay noch einmal – da hatte er die kleine Gerda und die Großmutter und alle daheim vergessen.

Sie sagte: »Jetzt bekommst du keinen Kuss mehr, sonst küsse ich dich tot.«

Kay schaute sie an und sie war sehr schön. Ein klügeres und schöneres Gesicht konnte er sich gar nicht vorstellen. Jetzt kam sie ihm nicht mehr vor, als ob sie aus Eis wäre wie damals, wo sie ihm vor dem Fenster zugewinkt hatte. In seinen Augen war sie vollkommen, und er fühlte sich gar nicht schüchtern in ihrer Gegenwart, sondern erzählte ihr stolz, dass er Kopfrechnen könne, sogar mit Brüchen, und er teilte ihr mit, wie viele Quadratmeilen das Land groß sei und wie viele Einwohner es habe, und sie lächelte ihn immerfort an. Da kam es ihm vor, als ob er noch lange nicht genug wisse, und er blickte empor in den großen hohen Luftraum über sich, und sie flog mit ihm hinauf, höher und immer höher den dunklen Wolken entgegen.

Der Sturm sauste und brauste. Sie flogen über Wälder und Seen, über Länder und Meere hinweg. Unter ihnen brauste der kalte Wind, heulten die Wölfe, knisterte der Schnee und krächzten die schwarzen Raben. Aber über ihnen schien der Mond hell und klar, und bei seinem Schein blickte Kay in die lange, lange Winternacht hinaus. Am Tag aber schlief er zu Füßen der Schneekönigin.

Hans Christian Andersen

Dritte Geschichte
Der Blumengarten der Frau, die zaubern konnte

Aber wie ging es der kleinen Gerda, als Kay nicht mehr zurückkehrte? Wo mochte er sein? Niemand wusste es, niemand konnte Auskunft geben. Die anderen Jungen erzählten nur, sie hätten gesehen, wie er seinen Schlitten an einen prächtigen größeren gebunden hatte, der durch die Straßen und zum Stadttor hinausgefahren sei. Niemand wusste, wo Kay hingekommen war. Viele Tränen wurden um ihn vergossen und die kleine Gerda weinte noch lang. Dann wurde behauptet, Kay sei tot, er sei in den Fluss gefallen, der an der Stadt vorbeifloss. Ach, was waren das lange, trübe Wintertage!

Aber dann kam der Frühling und mit ihm warmer Sonnenschein. Die kleine Gerda sagte: »Kay ist tot und gestorben.«

Der Sonnenschein erwiderte: »Das glaube ich nicht.«

Sie sagte zu den Schwalben: »Er ist tot und gestorben.«

Und auch die Schwalben erwiderten: »Das glauben wir nicht.« Und schließlich glaubte es Gerda auch nicht mehr.

Eines Morgens sagte sie: »Ich will meine roten Schuhe anziehen, die Kay noch nie gesehen hat, und den Fluss fragen.«

Es war ganz früh am Morgen. Gerda küsste die alte Großmutter, die noch fest schlief, zog die roten Schuhe an und ging mutterseelenallein zum Tor hinaus an den Fluss. Den fragte sie: »Ist es wahr, dass du mir meinen kleinen Spielkameraden genommen hast? Ich will dir meine roten Schuhe schenken, wenn du ihn mir wiedergibst.«

Und es kam Gerda so vor, als nickten ihr die Wellen wundersam zu. Da zog sie ihre roten Schuhe aus, das Liebste, was

Die Schneekönigin

sie hatte, und warf alle beide hinaus in den Fluss. Aber sie fielen nahe am Ufer nieder und die Wellen trugen sie gleich wieder ans Land zu ihr zurück. Es war, als ob der Fluss das Liebste, was sie jetzt noch besaß, nicht nehmen wollte, weil sie doch den kleinen Kay nicht mehr hatte. Gerda aber dachte, sie hätte die Schuhe nicht weit genug hinausgeworfen. Deshalb kletterte sie in das Boot, das im Schilf lag, ging bis ans äußerste Ende des Kahns und warf die Schuhe weit ins Wasser hinaus. Aber das Boot war nicht festgebunden, und durch die Bewegung, die Gerda gemacht hatte, kam es vom Land ab. Gerda merkte das und beeilte sich, aus dem Boot wieder herauszukommen. Aber ehe sie das andere Ende erreicht hatte, war es schon ein Stück weit draußen und trieb nun rasch den Fluss hinunter.

Da erschrak die kleine Gerda sehr und fing zu weinen an, aber niemand hörte sie außer den Sperlingen, und die konnten sie nicht ans Land tragen. Sie flogen aber neben ihr her und zwitscherten: »Hier sind wir! Hier sind wir!«, um sie zu trösten.

Das Boot trieb mit der Strömung weiter und die kleine Gerda in Strümpfen und ohne Schuhe saß darin und rührte sich nicht. Ihre roten Schuhe trieben hinter ihr her, aber sie holten das Boot nicht ein, denn das hatte stärkere Fahrt. An beiden Ufern war es sehr schön. Dort wuchsen hübsche Blumen und prächtige alte Bäume, und es weideten Schafe und Kühe, aber nirgends war ein Mensch zu sehen.

Gerda dachte: Vielleicht trägt mich der Fluss ja zum kleinen Kay! Da wurde sie wieder fröhlicher, setzte sich auf und betrachtete stundenlang die schönen grünen Ufer. Schließ-

Hans Christian Andersen

lich zeigte sich ein großer Kirschgarten, in dem ein kleines Häuschen mit einem Strohdach und sonderbaren roten und blauen Fenstern stand. Vor dem Haus waren zwei hölzerne Soldaten und präsentierten das Gewehr vor allen, die vorüberfuhren.

Gerda rief den Soldaten etwas zu, denn sie meinte, sie seien lebendig, aber sie gaben ihr keine Antwort. Sie kam ihnen ganz nah, denn die Strömung trieb das Boot ans Land. Jetzt rief Gerda noch lauter und da kam eine uralte Frau aus dem Haus, die sich auf einen Krückstock stützte. Sie hatte einen großen Strohhut auf, der mit den schönsten Blumen bemalt war.

Die alte Frau sagte: »Du armes kleines Mädchen! Wie bist du nur auf den großen, breiten Strom gekommen, von dem du in die weite Welt hinausgetrieben wirst?« Dann ging sie dicht ans Wasser, hakte ihren Krückstock in das Boot ein, zog es an Land und hob die kleine Gerda heraus.

Gerda freute sich, wieder an Land zu kommen, aber sie fürchtete sich doch ein bisschen vor der fremden alten Frau. Die sagte: »Komm her und erzähle mir, wer du bist und wo du herkommst!«

Und Gerda erzählte ihr alles und die Alte schüttelte den Kopf und sagte: »Hm, hm!« Und als Gerda ihr alles erzählt hatte und sie fragte, ob sie den kleinen Kay nicht gesehen hätte, sagte die Frau, bis jetzt sei er noch nicht vorbeigekommen, aber sicher werde er noch kommen. Gerda solle nur inzwischen ihre Kirschen versuchen und ihre Blumen ansehen, die seien eine schönere Unterhaltung als jedes Bilderbuch, denn jede Blume könne eine Geschichte erzählen. Dann nahm

Die Schneekönigin

sie Gerda an der Hand, ging mit ihr in das Häuschen hinein und verschloss die Tür.

Drinnen saßen die Fenster hoch oben in den Wänden und die Fensterscheiben waren rot und blau und gelb. Ganz sonderbar in allen Farben schien das Tageslicht herein. Auf dem Tisch standen die köstlichsten Kirschen und Gerda aß, so viele sie wollte, denn das durfte sie auch. Und während sie aß, kämmte ihr die alte Frau mit einem goldenen Kamm die Haare und die Haare kräuselten sich und schimmerten golden um Gerdas liebes rundes Gesichtchen.

Die Alte sagte: »Nach solch einem lieben Mädchen habe ich mich schon lange gesehnt. Nun sollst du sehen, wie gut wir zwei miteinander auskommen werden.« Und während sie der kleinen Gerda die Haare kämmte, vergaß sie Kay immer mehr, denn die alte Frau konnte zaubern. Eine böse Hexe war sie aber nicht. Sie zauberte nur ein wenig zu ihrem Vergnügen und hätte die kleine Gerda so gern bei sich behalten. Darum ging sie in den Garten hinaus und streckte ihren Krückstock über alle Rosenbäume aus. Und so prächtig sie auch blühten, sie sanken alle in die schwarze Erde hinunter, sodass man nicht mehr sehen konnte, wo sie gestanden hatten. Die Alte fürchtete, Gerda könnte an ihre eigenen Rosen erinnert werden, wenn sie welche sah, und es könnte ihr dabei der kleine Kay einfallen und sie würde dann wieder ihres Weges gehen.

Nun führte sie Gerda in den Blumengarten hinaus. Nein, was war darin für ein Duft und eine Herrlichkeit! Alle nur denkbaren Blumen, wie sie alle Jahreszeiten bieten, standen hier zusammen in schönster Blüte. Kein Bilderbuch hätte hübscher und bunter sein können. Gerda hüpfte vor Freude und spielte, bis die Sonne hinter den hohen Kirschbäumen unterging. Dann bekam sie ein schönes Bettchen mit roten und seidenen Kissen, die mit blauen Veilchen gefüllt waren, und sie schlief und träumte so wunderschön, wie nur eine Königin an ihrem Hochzeitstag träumen kann.

Am nächsten Tag durfte Gerda wieder im warmen Sonnenschein mit den schönen Blumen spielen, und so vergingen viele Tage. Sie kannte jede einzelne Blume, aber wie viele auch da waren, so meinte sie doch immer, dass eine fehlte. Aber welche, das wusste sie nicht. Da betrachtete sie eines Tages den Hut der alten Frau mit den gemalten Blumen, und gerade die schönste darauf war eine Rose. Die Alte hatte vergessen, sie von ihrem Hut zu entfernen, als sie die anderen Rosen in die Erde sinken ließ. Aber so geht es, wenn man seine Gedanken nicht beieinander hat!

Die kleine Gerda rief: »Was? Sind denn hier gar keine Rosen?« Und sie lief zwischen den Beeten herum, suchte und suchte, aber es waren keine zu finden. Da setzte sie sich hin und weinte, und ihre Tränen fielen gerade da auf die Erde, wo ein Rosenbäumchen hinuntergesunken war. Und als die warmen Tränen die Erde benetzten, schoss das Bäumchen mit einem Mal wieder empor und blühte, wie es geblüht hatte, ehe es in die Erde gesunken war. Und Gerda umarmte es und küsste die Rosen. Sie dachte an die schönen Rosen daheim und damit fiel ihr auch der kleine Kay wieder ein.

Sie sagte: »Ach, wie lange bin ich aufgehalten worden! Ich wollte doch Kay suchen!« Und sie fragte die Rosen: »Wisst ihr nicht, wo er ist? Glaubt ihr, dass er tot ist?«

Da sagten die Rosen: »Tot ist er nicht. Wir sind ja in der

Die Schneekönigin

Erde gewesen, wo alle Toten ruhen, aber Kay war nicht darunter.«

Die kleine Gerda rief: »Ich danke euch!« Dann ging sie zu den anderen Blumen, schaute in ihre Kelche hinein und fragte: »Wisst ihr, wo der kleine Kay ist?«

Aber jede der Blumen duftete nur im warmen Sonnenschein und träumte ihr eigenes Märchen oder ihre Geschichte, und die erzählten sie Gerda alle – aber von dem kleinen Kay wussten sie nichts. Und deshalb lief sie weiter an den Gartenzaun.

Die Tür war verschlossen, aber Gerda rüttelte an den verrosteten Angeln, da wurden sie locker, die Tür sprang auf und das kleine Mädchen lief barfuß in die weite Welt hinaus. Dreimal sah sie zurück, aber niemand kam ihr nach. Schließlich konnte sie nicht mehr weiterlaufen und setzte sich auf einen großen Stein. Und als sie sich umsah, da war der Sommer vorbei und es war Spätherbst. Das hatte man in dem schönen Garten nicht merken können, in dem die Sonne immer warm herunterschien und die Blumen aller Jahreszeiten blühten. Gerda rief: »Ach, was habe ich mich verspätet! Es ist ja schon Herbst geworden! Da darf ich nicht ausruhen!« Und sie stand auf und lief weiter.

Was waren ihre kleinen Füße wund und müde und wie kalt und rau war es ringsumher! Die langen schmalen Weidenblätter waren ganz gelb geworden und der Nebel rann in großen Tropfen daran herunter. Ein Blatt nach dem anderen fiel von den Bäumen und der Schlehdorn trug noch Früchte. Die waren aber herb und zogen Gerda den Mund zusammen. Ach, wie grau und düster war die ganze Welt!

Vierte Geschichte
Prinz und Prinzessin

Gerda musste sich noch einmal ausruhen. Da hüpfte plötzlich drüben auf dem Schnee nicht weit von ihr entfernt ein großer Rabe auf. Er hatte lange dort gesessen, Gerda angeschaut und mit dem Kopf gewackelt. Jetzt sagte er: »Rab, rab! Gu' Tag, gu' Tag!« Besser konnte er nicht sprechen, aber er meinte es von Herzen gut mit dem kleinen Mädchen und fragte, wohin es so allein in der weiten Welt gehen wolle. Das Wort »allein« verstand Gerda sehr wohl und fühlte, wie viel Bedeutung darin lag, und sie erzählte dem Raben ihre ganze Lebensgeschichte. Am Ende fragte sie ihn auch, ob er nicht den kleinen Kay gesehen hatte.

Der Rabe nickte nachdenklich mit dem Kopf und sagte: »Kann sein, kann sein!«

Das kleine Mädchen rief: »Was? Meinst du wirklich?« Und sie hätte den Raben beinahe erstickt, so heftig umarmte und küsste sie ihn.

Der Rabe sprach: »Nur immer vernünftig! Ich glaube, es ist der kleine Kay, nur hat er dich sicherlich längst über die Prinzessin vergessen.«

Gerda fragte: »Wohnt er bei einer Prinzessin?«

»Ja, höre«, sagte der Rabe. »Aber es fällt mir so schwer, deine Sprache zu sprechen. Wenn du nur die Rabensprache verstündest, dann könnte ich dir viel besser erzählen.«

Gerda sagte: »Nein, die habe ich nicht gelernt. Meine Großmutter verstand sie und sie konnte sie auch sprechen. Wenn ich sie nur gelernt hätte!«

Die Schneekönigin

»Macht auch nichts«, sagte der Rabe. »Dann werde ich eben erzählen, so gut ich kann. Aber schwer wird es gehen.« Und dann erzählte er, was er wusste:

»In dem Königreich, in dem wir uns hier befinden, wohnt eine Prinzessin, die ist ungeheuer klug, aber sie hat auch alle Zeitungen, die es in der Welt gibt, gelesen und dann wieder vergessen, was darin stand. So klug ist sie. Nun saß sie einmal auf ihrem Thron und fing an, irgendein Lied vor sich hin zu summen. Es war das Lied: ›Warum sollt ich denn nicht heiraten?‹. Und da dachte sie: Das wäre ja wirklich nicht ohne!, und beschloss, sich zu verheiraten. Aber sie wollte einen Mann haben, der auch zu antworten verstand, wenn man mit ihm sprach, einen, der nicht nur dastand und vornehm aussah, denn das fand sie langweilig. Nun ließ sie alle ihre Hofdamen zusammentrommeln, und als diese gehört hatten, was sie vorhatte, wurden sie ganz vergnügt und fröhlich. Jede sagte: ›Das ist recht! Das habe ich selbst vor noch nicht allzu langer Zeit selber gedacht!‹ – Du kannst mir glauben, dass jedes Wort, das ich spreche, wahr ist«, sagte der Rabe. »Ich habe eine Liebste, die frei im Schloss umhergehen darf, und die hat mir das alles erzählt. –

Nun wurden Flugblätter mit dem von Herzen umrahmten Namenszug der Prinzessin herausgegeben. Darauf stand zu lesen, dass jeder hübsche junge Mann die Erlaubnis hätte, aufs Schloss zu kommen und mit der Prinzessin zu reden. Den, der am besten und ohne Verlegenheit, als ob er dort zu Hause wäre, zu sprechen verstehe, wolle die Prinzessin zum Mann nehmen. – Ja, ja«, sagte der Rabe, »so wahr ich hier sitze, die Leute strömten nur so herbei und es war ein Laufen und Drän-

Hans Christian Andersen

gen, aber es kam nichts dabei heraus, weder am ersten noch am zweiten Tag. Alle verstanden draußen auf der Straße sehr gut zu sprechen. Sobald sie aber durchs Schlossportal kamen und die Wächter in ihren silbernen Rüstungen sahen und die Lakaien in ihren goldbestickten Livreen und die großen, hell erleuchteten Säle, wurden sie verlegen. Und wenn sie dann vor dem Thron standen, auf dem die Prinzessin saß, wussten sie nichts zu sagen und wiederholten nur immer das letzte Wort, das die Prinzessin gesprochen hatte. Und das mochte sie nicht immer wieder hören. Es war ganz so, als ob die Leute nicht recht bei Sinnen wären, bis sie wieder auf der Straße standen, dann aber, ja dann konnten sie wieder sprechen.

Es stand eine ganze Reihe von Anwärtern vom Stadttor bis ans Schloss. Ich bin selbst in der Stadt gewesen, um mir die Sache anzusehen«, sagte der Rabe. »Sie bekamen Hunger und Durst, aber vom Schloss wurde ihnen nicht einmal ein abgestandener Schluck Wasser angeboten. Die Klügsten hatten sich ein Butterbrot mitgenommen, aber es fiel ihnen nicht ein, es mit ihrem Nebenmann zu teilen, denn sie dachten: Er soll nur recht verhungert aussehen, dann nimmt ihn die Prinzessin nicht.«

Gerda rief: »Aber Kay, der kleine Kay! Wann kommt er? War er auch dabei?«

Der Rabe sagte: »Nur Geduld, nur Geduld, jetzt sind wir gleich bei ihm. – Am dritten Tag kam ein kleiner Junge zu Fuß daher, ohne Pferd und ohne Wagen. Ganz frech und unbekümmert marschierte er ins Schloss hinein. Seine Augen leuchteten wie die deinen, er hatte schöne, lange Haare, aber ärmliche Kleider an.«

Die Schneekönigin

Gerda jubelte: »Das war Kay! Ich habe ihn gefunden, ich habe ihn gefunden!« Und sie klatschte fröhlich in die Hände.

Der Rabe sagte: »Er hatte einen kleinen Ranzen auf dem Rücken.«

Und Gerda rief: »Das war gewiss sein Schlitten! Er ist mit seinem Schlitten fortgegangen.«

»Das kann schon sein«, sagte der Rabe, »ich habe nicht so genau hingesehen. Aber das weiß ich von meiner zahmen Liebsten, dass er nicht im Mindesten verlegen wurde, als er zum Schlossportal hereinkam und die Leibwache in den silbernen Harnischen und die Lakaien in den goldbestickten Livreen erblickte. Er nickte ihnen zu und sagte: ›Das muss langweilig sein, auf der Treppe zu stehen. Ich gehe lieber hinein.‹ Die Säle waren hell erleuchtet; Geheimräte und Exzellenzen gingen auf bloßen Füßen und trugen goldene Gefäße in den Händen, da konnte es einem schon etwas feierlich zumute werden. Seine Stiefel knarrten entsetzlich, aber dennoch wurde er nicht verlegen.«

Gerda sagte: »Das war ganz sicher Kay. Ich weiß, er hatte neue Stiefel an. Ich habe sie in der Stube der Großmutter knarren hören.«

»Ja, sie knarrten gehörig«, sagte der Rabe. »Und ganz keck trat er einfach vor die Prinzessin hin, die auf einer Perle saß, so groß wie ein Spinnrad. Und alle Hofdamen mit ihren Zofen und den Zofen ihrer Zofen und alle Kammerherrn mit ihren Dienern und den Dienern ihrer Diener, die sich wieder einen Burschen hielten, standen ringsumher an den Wänden. Je näher sie an der Tür standen, desto stolzer sahen sie drein. Den Burschen von des Dieners Diener, der immer in Pantof-

Hans Christian Andersen

feln geht, kann man kaum wagen anzusehen, so stolz steht er in der Tür.«

Die kleine Gerda rief: »Das muss ja grässlich sein! Aber Kay hat dennoch die Prinzessin bekommen?«

Der Rabe sagte: »Wenn ich nicht ein Rabe wäre, hätte ich sie genommen, obwohl ich verlobt bin. Er soll ebenso gut gesprochen haben wie ich spreche, wenn ich in Rabensprache rede, das habe ich von meiner zahmen Liebsten gehört. Er war heiter und ausnehmend reizend. Er wollte eigentlich gar nicht um die Hand der Prinzessin anhalten, sondern war nur hergekommen, um zu sehen, ob die Prinzessin wirklich so klug war. Und ihre Klugheit gefiel ihm und er gefiel auch der Prinzessin.«

»Ja, ganz sicher war das Kay! Er ist sehr gescheit. Er kann Kopfrechnen, sogar mit Brüchen. Ach, kannst du mich nicht ins Schloss bringen?«

Der Rabe erwiderte: »Tja, das ist leicht gesagt. Aber wie sollten wir das machen? Ich werde mit meiner zahmen Liebsten reden, vielleicht kann sie uns einen guten Rat geben. Denn das sage ich dir gleich: Ein Mädchen wie du darf da nicht ohne Weiteres hinein.«

Gerda aber sagte: »Oh doch! Wenn Kay hört, dass ich da bin, kommt er sofort heraus und holt mich!«

Der Rabe wackelte mit dem Kopf und sagte: »Warte hier am Zaun auf mich!« Dann flog er davon.

Erst als es schon ganz dunkel geworden war, kam der Rabe wieder zurück. »Rab, rab!«, sagte er. »Ich soll dich vielmals von ihr grüßen und hier ist ein Stück Brot für dich, das sie aus der Küche geholt hat. Dort gibt es Brot genug und du bist ge-

Die Schneekönigin

wiss hungrig. – Es ist ganz unmöglich, dass du ins Schloss kommst, du gehst ja barfuß. Die Leibwache in den silbernen Harnischen und die Lakaien in den goldbestickten Livreen würden es nicht gestatten. Aber weine nur nicht, du sollst dennoch hineinkommen. Meine Liebste kennt eine kleine Hintertreppe, die ins Schlafgemach führt, und sie weiß auch, wo sie den Schlüssel dazu herbekommt.«

Die beiden gingen zusammen in den Schlossgarten und die große Allee entlang, in der ein Blatt nach dem anderen zur Erde fiel. Und nachdem alle Lichter im Schloss eines nach dem anderen erloschen waren, führte der Rabe die kleine Gerda an eine Hintertür, die nur angelehnt war.

Ach, wie klopfte Gerda das Herz vor Angst und Sehnsucht! Es war, als ob sie etwas Böses täte, und sie wollte doch nur wissen, ob der kleine Kay da war. Ja, er musste es sein. Sie erinnerte sich so genau an seine klugen Augen, seine langen Haare. Sie konnte deutlich vor sich sehen, wie er lächelte, wenn er daheim unter den Rosen saß. Er würde sich gewiss freuen sie zu sehen und zu hören, welchen weiten Weg sie seinetwegen gemacht hatte und wie betrübt alle zu Hause gewesen waren, als er nicht wiederkam. Ach, das war eine Furcht und eine Freude!

Jetzt kamen sie an eine Treppe. Da brannte ein Lämpchen auf einem Schrank. Auf dem Boden saß die zahme Liebste, drehte den Kopf nach allen Seiten und betrachtete Gerda, die sich verneigte, wie ihre Großmutter es ihr beigebracht hatte.

Die zahme Rabin sagte: »Mein Bräutigam hat mir viel Gutes von Ihnen erzählt, mein liebes Fräulein. Ihre Lebensgeschichte ist auch sehr rührend. Wenn Sie bitte die Lampe neh-

Hans Christian Andersen

men wollen, dann werde ich vorangehen. Wir gehen über die kleine Hintertreppe, da begegnet uns niemand.«

Gerda sagte: »Ich glaube, es kommt jemand hinter uns her!«, da sauste etwas an ihr vorbei. Wie Schatten flog es über die Wände hin, Pferde mit flatternden Mähnen und dünnen Beinen, Jägerknechte und Herren und Damen zu Pferd.

Die zahme Rabin erklärte: »Das sind nur die Träume. Die kommen und holen die Gedanken der hohen Herrschaften zur Jagd ab, und das ist gut, dann können Sie sie ruhiger in ihren Betten betrachten.«

Nun betraten sie den ersten Saal. Rosenroter Stoff, der kunstvoll mit Blumen bestickt war, bedeckte die Wände. Die Träume kamen schon wieder zurück und sausten an ihnen vorbei, aber so hurtig, dass Gerda die höchsten Herrschaften nicht zu sehen bekam. Ein Saal war jedes Mal schöner als der andere, sodass man wirklich wirr im Kopf werden konnte. Schließlich aber standen sie im Schlafgemach. Die Decke darin sah aus wie eine große Palme mit Blättern aus kostbarem Glas und mitten im Zimmer hingen an einem dicken goldenen Stängel zwei Betten, die wie Lilien aussahen. Die eine war weiß – in der lag die Prinzessin –, die andere war rot. In dieser sollte Gerda den kleinen Kay suchen. Sie schob eines der roten Blätter zur Seite und erblickte einen braunen Nacken. – Ja, das war Kay!

Laut rief sie seinen Namen und hielt die Lampe über ihn – die Träume sausten zu Pferd wieder ins Zimmer herein, er erwachte, drehte den Kopf – und es war doch nicht der kleine Kay.

Der Prinz sah Kay nur im Nacken ähnlich, aber jung und

Die Schneekönigin

hübsch war auch er. Und aus dem weißen Lilienbett schaute die Prinzessin hervor und fragte, was es gebe. Da weinte die kleine Gerda und erzählte ihre Geschichte und alles, was der Rabe und seine zahme Liebste ihr Gutes getan hatten.

Der Prinz und die Prinzessin sagten: »Ach, du Ärmste!« Und sie lobten die Raben und sagten, dass sie ihnen wirklich nicht böse wären – aber dennoch sollten sie so etwas lieber nicht mehr wieder tun. Diesmal jedoch sollten sie eine Belohnung erhalten.

Der Prinz fragte: »Möchtet ihr frei fliegen oder wäre euch eine feste Anstellung als Hofraben mit allen Küchenabfällen lieber?«

Die Raben verneigten sich und baten um eine feste Anstellung, denn sie dachten an ihre Zukunft.

Der Prinz erhob sich aus seinem Bett und ließ die kleine Gerda darin schlafen. Mehr konnte er ja nicht tun. Sie faltete ihre Hände und dachte: Wie gut doch Menschen und Tiere sind! Dann schloss sie die Augen und schlief tief und fest. Wieder kamen die Träume hereingeflogen, und jetzt sahen sie aus wie Engel, die einen kleinen Schlitten zogen. Auf dem saß Kay und nickte Gerda zu. Aber es war nur ein Traum, und deshalb war alles verschwunden, als sie erwachte.

Am nächsten Morgen wurde Gerda von Kopf bis Fuß in Samt und Seide gekleidet. Sie wurde eingeladen, im Schloss zu bleiben und sich's wohl sein zu lassen. Aber sie bat nur um einen kleinen Wagen mit einem Pferd davor und um ein Paar Stiefelchen. Dann wollte sie wieder in die weite Welt hinaus, um Kay zu suchen.

Als sie gehen wollte, hielt vor der Tür ein neuer Wagen aus

Hans Christian Andersen

purem Gold. Das Wappen des Prinzen und der Prinzessin strahlte daran wie ein heller Stern. Der Kutscher, die Diener und die Vorreiter trugen goldene Kronen. Der Prinz und die Prinzessin selbst waren Gerda beim Einsteigen behilflich und wünschten ihr Glück. Der Rabe, der jetzt verheiratet war, begleitete sie die ersten drei Meilen. Er saß neben Gerda, denn er konnte nicht vertragen, rückwärts zu fahren.

Der Prinz und die Prinzessin riefen: »Leb wohl, leb wohl!«, und die kleine Gerda weinte und ebenso der Rabe. So ging es die ersten Meilen. Dann sagte auch der Rabe Lebewohl, und das war der schwerste Abschied. Er flog einen Baum hinauf und schlug mit den schwarzen Flügeln, solange er den goldenen Wagen noch sehen konnte, der wie der helle Sonnenschein glänzte.

Fünfte Geschichte
Das kleine Räubermädchen

Sie fuhren durch den finsteren Wald und der goldene Wagen leuchtete wie Feuer. Das stach den Räubern in die Augen. Sie riefen: »Das ist Gold! Das ist Gold!« Sie stürzten hervor, ergriffen die Zügel der Pferde, erschlugen die Vorreiter, den Kutscher und die Diener, dann zerrten sie die kleine Gerda aus dem Wagen heraus.

Die alte Räubermutter, die einen langen, struppigen Bart hatte und Augenbrauen, die ihr bis über die Augen herunterhingen, sagte: »Sie ist fett und reizend. Sie ist wie mit Nusskernen gefüttert. Das ist so gut wie ein gemästetes Lämmchen.

Die Schneekönigin

Die soll uns schmecken!« Und damit zog sie ihr blankes Messer hervor, das ganz grauenhaft blitzte und funkelte.

Im selben Augenblick rief sie: »Au!« Sie war von ihrer eigenen kleinen Tochter ins Ohr gebissen worden, die ihr auf dem Rücken hing und wild und ungebärdig war.

Das kleine Räubermädchen rief: »Sie soll mit mir spielen! Sie soll mir ihren Muff geben und ihr schönes Kleid, und sie soll bei mir in meinem Bett schlafen!« Und dann biss sie die Mutter wieder, dass die in die Höhe sprang und sich um sich selber drehte. Und alle Räuber lachten.

Jetzt rief das kleine Räubermädchen: »Ich will in dem Wagen sitzen!« Und es musste durchaus seinen Willen haben, denn es war sehr verzogen und eigensinnig.

So saßen das Räubermädchen und Gerda im Wagen und fuhren über Stock und Stein immer tiefer in den Wald. Das kleine Räubermädchen war ebenso groß wie Gerda, aber es war kräftiger und hatte breitere Schultern und eine braune Haut. Seine Augen waren schwarz und blickten beinahe traurig. Es umarmte die kleine Gerda und sagte: »Solange du mich nicht böse auf dich machst, wirst du nicht geschlachtet werden. Du bist wohl eine Prinzessin?«

»Nein«, sagte Gerda und erzählte dem Räubermädchen alles, was sie erlebt hatte und wie lieb ihr der kleine Kay war.

Das Räubermädchen schaute sie ganz ernst an, nickte leicht mit dem Kopf und sagte: »Sie dürfen dich auch nicht schlachten, wenn ich böse auf dich werde. Denn dann tue ich es selbst!« Und sie trocknete Gerda die Augen und steckte ihre Hände in den schönen Muff, der so weich und warm war.

Nun hielt der Wagen, denn sie waren auf dem Hof des Räu-

Hans Christian Andersen

berschlosses angelangt. Die Mauern waren von oben bis unten geborsten. Raben und Krähen flogen aus den Mauerlöchern, und die großen Bullenbeißer, die alle aussahen, als ob sie leicht einen Menschen verschlingen könnten, sprangen hoch, aber sie bellten nicht, denn das war ihnen verboten.

In dem großen, alten, verräucherten Saal brannte auf dem Steinboden ein großes Feuer. Der Rauch zog unter der Decke hin und musste sich selbst einen Ausweg suchen. Ein großer Kessel voll Suppe hing über dem Feuer und Hasen und Kaninchen wurden am Spieß gedreht.

Das Räubermädchen sagte: »Du sollst heute Nacht bei mir und allen meinen lieben Tieren schlafen.«

Erst bekamen sie zu essen und zu trinken. Dann gingen sie in eine Ecke, wo aus Stroh und Teppichen ein Lager bereitet war. Darüber saßen auf Latten und Stangen an die hundert Tauben, die alle zu schlafen schienen, sich aber doch ein wenig regten, als die kleinen Mädchen kamen.

Das kleine Räubermädchen sagte: »Die gehören alle mir!« Dann packte sie die nächste Taube an den Beinen und schüttelte sie, dass sie heftig flatterte. »Küsse sie!«, rief sie und warf die Taube Gerda ins Gesicht. Dann sagte sie: »Und hier steht mein altes, allerliebstes Bäh!« Dabei zerrte sie ein Rentier am Geweih hervor, das einen glänzenden kupfernen Ring um den Hals trug, an dem es angebunden war. »An jedem Abend kitzle ich es mit meinem scharfen Messer am Hals. Davor fürchtet es sich entsetzlich.« Und das kleine Mädchen zog ein langes Messer hervor und ließ es über den Hals des Rentieres gleiten. Das arme Tier schlug mit den Beinen aus, das Räubermädchen lachte und zog Gerda mit sich ins Bett.

Die Schneekönigin

Ängstlich fragte Gerda: »Nimmst du das Messer mit, wenn du dich schlafen legst?«

Das kleine Räubermädchen antwortete: »Ich schlafe immer mit dem Messer. Man kann nie wissen, was geschieht.« Dann schlang es den einen Arm um Gerdas Hals, hielt das Messer in der anderen Hand und schlief, dass man es hören konnte.

Aber Gerda machte kein Auge zu, denn sie wusste nicht, ob sie getötet werden würde. Die Räuber saßen ums Feuer, sangen und tranken, und die Räubermutter schlug Purzelbäume. Ach, was war das grauslich anzusehen!

Doch plötzlich sagten die Waldtauben: »Kurre, kurre! Wir haben den kleinen Kay gesehen. Ein weißes Huhn trug seinen Schlitten auf dem Rücken. Er saß im Wagen der Schneekönigin, die über den Wald hinwegfuhr, als wir im Nest lagen. Sie blies uns Junge an, da starben alle außer uns beiden.

Gerda rief: »Was sagt ihr dort oben? Wohin ist die Schneekönigin gefahren? Wisst ihr das?«

»Wahrscheinlich ist sie nach Lappland gefahren, denn da gibt es immer Eis und Schnee. Frage nur das Rentiers dort drüben.«

Das Rentier sagte: »In Lappland gibt es Eis und Schnee, dort ist es schön und herrlich. Man läuft da frei umher in den großen, weiß schimmernden Tälern. Dort hat die Schneekönigin ihr Sommerzelt. Aber ihr festes Zelt steht oben am Nordpol, auf der Insel, die Spitzbergen genannt wird.«

Gerda seufzte: »Ach Kay, lieber Kay!«

Doch da sagte das Räubermädchen: »Jetzt musst du still liegen, sonst stoße ich dir das Messer in den Leib!«

Am nächsten Morgen erzählte Gerda dem Räubermädchen

Hans Christian Andersen

alles, was die Waldtauben gesagt hatten. Es blickte sehr ernst, nickte mit dem Kopf und sagte: »Das ist einerlei.« Dann fragte es das Rentier: »Weißt du, wo Lappland liegt?«

Es antwortete: »Wer könnte das besser wissen als ich!«, und spitzte die Ohren. »Dort bin ich geboren und aufgewachsen, dort bin ich über die weißen Schneefelder gesprungen.«

Da sagte das Räubermädchen zu Gerda: »Hör einmal! Du siehst, alle unsere Männer sind fort, nur meine Mutter ist da. Aber am Vormittag trinkt sie aus der großen Flasche und macht dann ein Schläfchen – dann will ich etwas für dich tun.« Nun sprang sie aus dem Bett, legte den Arm um den Hals ihrer Mutter, zog sie am Bart und sagte: »Du mein lieber alter Ziegenbock, guten Morgen!« Und die Mutter gab ihr einen Nasenstüber, dass die Nase rot und blau wurde, aber das war alles lauter Zärtlichkeit.

Als dann die Mutter aus ihrer Flasche getrunken hatte und ihr Schläfchen machte, ging das Räubermädchen zu dem Rentier und sagte: »Es würde mir zwar viel Spaß machen, dich noch oft mit dem scharfen Messer zu kitzeln, aber das ist einerlei. Ich will deinen Strick losmachen und dir hinaushelfen, damit du nach Lappland laufen kannst. Aber du musst laufen, was du kannst, und dieses kleine Mädchen bis ans Schloss der Schneekönigin bringen, in dem ihr kleiner Kay ist.«

Das Rentier machte große Sprünge vor Vergnügen. Das Räubermädchen hob Gerda auf das Tier hinauf, band sie gut fest und gab ihr sogar ein kleines Kissen mit, auf dem sie sitzen konnte. Dann gab sie ihr noch die Pelzhandschuhe ihrer Mutter. Gerda weinte vor Freude, doch da sagte das Räubermädchen: »Ich kann es nicht leiden, wenn du flennst. Gerade

Die Schneekönigin

jetzt solltest du fröhlich aussehen. Hier hast du zwei Brote und einen Schinken, damit du nicht hungern musst.«

Die Brote und der Schinken wurden hinten auf das Rentier gebunden, das kleine Räubermädchen machte das Tor auf und lockte all die großen Hunde herein. Dann schnitt es den Strick mit dem Messer durch und sagte zu dem Rentier: »Nun lauf! Aber pass mir gut auf das kleine Mädchen auf!«

Gerda streckte dem Räubermädchen die Hände mit den großen Fausthandschuhen hin und sagte Lebewohl. Dann flog das Rentier davon, über Stock und Stein, durch weite Wälder, über Moore und Steppen, so schnell es konnte. Die Wölfe heulten und die Raben krächzten. Es zischte »Tsss – tsss«, als ob jemand nieste, dann färbte sich der Himmel rot.

Das Rentier sagte: »Das sind meine lieben alten Nordlichter! Sieh nur, wie sie leuchten!« Und es lief noch schneller als vorher, Tag und Nacht. Die Brote waren aufgegessen, der Schinken auch – und dann waren sie in Lappland.

Sechste Geschichte
Die Lappin und die Finnin

Vor einer kleinen, elenden Hütte blieb das Rentier stehen. Das Dach der Hütte reichte bis auf den Erdboden herab und die Haustür war so niedrig, dass die Bewohner auf dem Bauch kriechen mussten, wenn sie hinein- oder hinauswollten. Es war niemand zu Hause bis auf eine alte Lappin, die Fisch briet.

Das Rentier erzählte ihr Gerdas Geschichte, zuerst aber

Hans Christian Andersen

seine eigene, denn die hielt es für bedeutend wichtiger. Gerda war halb tot vor Kälte und konnte nicht sprechen.

Die Lappin sagte: »Ach, ihr Armen! Da habt ihr noch weit zu laufen. Ihr müsst noch über hundert Meilen weiter nach Finnmarken. Dort hat die Schneekönigin ihren Sommerpalast und jeden Abend ist bengalische Beleuchtung. Ich will euch ein paar Worte auf einen getrockneten Klippfisch schreiben. Papier habe ich nicht. Den gebe ich euch für die Finnin dort oben mit, die kann euch bessere Auskunft geben als ich.«

Und nachdem Gerda sich aufgewärmt und zu essen und zu trinken bekommen hatte, gab ihr die Lappin den Fisch. Sie sagte, sie solle gut darauf Acht geben und band das Mädchen dann wieder auf dem Rentier fest, das sofort weiterlief. »Tsss, tsss!«, machte es oben in der Luft, und die ganze Nacht hindurch brannten die herrlichsten blauen Nordlichter.

So kamen sie endlich nach Finnmarken und klopften an den Schornstein der Finnin, denn sie hatte nicht einmal eine Tür. Drinnen war eine Hitze, dass die Finnin selbst beinahe ganz nackt war. Sie war klein und über und über mit Schmutz bedeckt.

Schnell machte sie der kleinen Gerda die Kleider auf und zog ihr die Fausthandschuhe und die Pelzstiefel aus, denn sonst wäre es ihr zu heiß geworden. Dann legte sie dem Rentier ein Stück Eis auf den Kopf und las, was auf dem Klippfisch geschrieben stand.

Nun erzählte das Rentier zuerst seine eigene Geschichte und dann die der kleinen Gerda, und die Finnin blinzelte mit den Augen, sagte aber kein Wort.

Das Rentier sagte: »Du bist sehr weise. Ich weiß, du kannst

Die Schneekönigin

alle Winde der Welt in einen Zwirnfaden knoten. Löst der Schiffer den einen Knoten, dann bekommt er guten Wind, löst er den zweiten, dann weht eine steife Brise, und löst er den dritten und vierten, dann stürmt es, dass die Wälder über den Haufen geblasen werden. Willst du nicht dem kleinen Mädchen einen Trank geben, dass es so stark wie zwölf Männer wird und die Schneekönigin überwinden kann?«

Die Finnin fragte: »Stark wie zwölf Männer? Was sollte das nützen?« Dann ging sie an ein Wandbrett, holte ein großes, zusammengerolltes Fell herunter und rollte es auf. Sonderbare Buchstaben waren darauf geschrieben und die Finnin las, dass ihr vor Anstrengung der Schweiß von der Stirn tropfte.

Aber das Rentier bat noch einmal herzlich für die kleine Gerda und Gerda selbst sah sie mit Augen voller Tränen so flehend an, dass die Finnin wieder zu blinzeln anfing. Sie zog das Rentier in eine Ecke, legte ihm ein neues Stück Eis auf den Kopf und flüsterte ihm ins Ohr: »Der kleine Kay ist wirklich und wahrhaftig bei der Schneekönigin und es gefällt ihm dort ausgezeichnet. Er meint, nirgends auf der Welt könnte es schöner sein. Aber das kommt daher, dass ihm ein Glassplitter ins Herz und ein Glaskörnchen ins Auge gedrungen ist. Die müssen zuerst heraus, sonst wird er nie wieder ein richtiger Mensch und die Schneekönigin behält Macht über ihn.«

Das Rentier fragte: »Aber kannst du denn der kleinen Gerda nicht etwas geben, damit sie Macht über alles gewinnt?«

Die Finnin antwortete: »Ich kann ihr keine größere Macht verleihen als die, die sie jetzt schon hat. Siehst du denn nicht, wie groß diese Macht ist? Siehst du denn nicht, wie Menschen

Hans Christian Andersen

und Tiere ihr dienen müssen, wie sie auf eigenen Füßen so gut in der Welt weitergekommen ist? Wir dürfen ihr nichts von ihrer Macht sagen, denn sie liegt in ihrem Herzen. Sie liegt darin, dass sie ein so gutes, unschuldiges Kind ist. Wenn sie nicht selbst ins Schloss der Schneekönigin gelangen und den kleinen Kay von den Glassplittern befreien kann, dann können wir ihr nicht helfen. Zwei Meilen von hier beginnt der Garten der Schneekönigin, bis dorthin kannst du das kleine Mädchen tragen. Setze es bei dem großen Busch mit den roten Beeren ab, der im Schnee steht, halte dich nicht mit langen Reden auf, sondern sieh zu, dass du zurückkommst.« Damit hob die Finnin die kleine Gerda auf das Rentier, das davoneilte, so schnell es laufen konnte.

Die kleine Gerda rief: »Ich habe meine Stiefelchen nicht! Und ich habe meine Handschuhe nicht!« Die schneidende Kälte tat ihr sehr weh.

Aber das Rentier wagte nicht stehen zu bleiben. Es lief weiter, bis es an den großen Busch mit den roten Beeren kam. Dort setzte es Gerda ab und küsste sie auf den Mund, und dabei rannen dem Tier dicke Tränen über die Wangen. Dann lief es zurück, so schnell es konnte. Da stand die kleine Gerda, ohne Stiefel, ohne Handschuhe, allein im eisig kalten Finnmarken.

Gerda eilte weiter, so rasch sie laufen konnte. Da kam ihr ein ganzes Regiment Schneeflocken entgegen. Sie fielen aber nicht vom Himmel herunter, denn der war ganz wolkenlos und die schönsten Nordlichter flammten darin auf. Die Schneeflocken kamen über die Erde gelaufen und je näher sie kamen, desto größer wurden sie. Gerda erinnerte sich, wie

Die Schneekönigin

groß die Schneeflocken unter dem Brennglas ausgesehen hatten. Aber diese waren noch vielmal größer und ganz fürchterlich. Sie waren lebendig und die Vorposten der Königin. Sie hatten die sonderbarsten Formen. Einige sahen aus wie hässliche große Igel, andere wie große Knäuel von Schlangen, die die Köpfe hervorstreckten, wieder andere wie kleine, dicke, zottige Bären. Alle schimmerten schneeweiß, denn sie waren lebendige Schneeflocken.

Da betete die kleine Gerda ein Vaterunser. Die Kälte war so groß, dass sie ihren eigenen Atem sehen konnte. Wie Rauch kam er aus ihrem Mund. Dichter und dichter wurde ihr Atem, und er wurde zu kleinen Engeln, die größer und größer wurden, sobald sie die Erde berührten. Alle hatten einen Helm auf dem Kopf und Speer und Schild in der Hand. Sie wurden mehr und immer mehr. Und als Gerda ihr Vaterunser gebetet hatte, war eine ganze Legion von Engeln um sie versammelt. Die stachen mit ihren Speeren auf die abscheulichen Schneeflocken ein, dass sie in hundert Stücke zersprangen, und die kleine Gerda ging sicher und unverzagt weiter. Die Engel streichelten ihre Füße und Hände, da fühlte sie nicht mehr so stark, wie bitterkalt es war, und schritt rasch weiter auf das Schloss der Schneekönigin zu.

Aber jetzt müssen wir zuerst hören, wie es Kay derweil ergangen ist. Er dachte nicht mehr an die kleine Gerda, und am allerwenigsten dachte er daran, dass sie draußen vor dem Schloss stehen könnte.

Hans Christian Andersen

Siebte Geschichte
Was im Schloss der Königin und was nachher geschah

Die Mauern des Schlosses waren gewaltige Schneewehen, und durch Fenster und Türen fegten schneidende Winde. Drinnen gab es über hundert Säle, wie sie vom Schneetreiben zusammengeweht worden waren. Der größte erstreckte sich viele Meilen weit. Alle waren leer und weit und glitzerten im Glanz der starken Nordlichter, von denen sie erleuchtet waren. Niemals wurde hier ein Fest gefeiert, niemals gab es eine Kaffeegesellschaft. Leer, weit und eisig kalt war es in den Sälen der Schneekönigin. Mitten in dem unendlich großen, leeren Schneesaal war ein zugefrorener See. Das Eis war in viele tausend Stücke gesprungen und jedes einzelne Stück war so genau den anderen gleich, dass es wie ein wahres Kunstwerk aussah. Wenn die Schneekönigin zu Hause war, saß sie mitten auf diesem See auf ihrem Thron. Und dann sagte sie immer, sie sitze inmitten des Verstandesspiegels, und das sei der beste in dieser Welt.

Der kleine Kay war vor Kälte ganz blau gefroren, ja beinahe schwarz, aber er merkte nichts davon, denn die Schneekönigin hatte ihm ja das Kältegefühl weggeküsst und sein Herz war beinahe nur noch ein Eisklumpen. Er schleppte scharf geschnittene Eisstücke zusammen und legte sie auf alle möglichen Arten aneinander. Er wollte eine bestimmte Figur legen, so wie bei einem chinesischen Spiel kleine Holzstückchen zu einer bestimmten Figur aneinander gelegt werden. Kay schuf die kunstvollsten Figuren, es war das Eisspiel des Verstandes, das er spielte. In seinen Augen waren die Figuren vollkommen

Die Schneekönigin

und von der allerhöchsten Wichtigkeit. Das machte das Glaskörnchen, das ihm im Auge saß. Die Figuren, die er legte, waren Worte. Aber niemals gelang es ihm, das eine Wort zu finden, das er legen wollte, nämlich das Wort »Ewigkeit«. Die Schneekönigin hatte zu ihm gesagt: »Wenn du dieses Wort finden kannst, dann bist du dein eigener Herr und ich schenke dir die ganze Welt und noch ein Paar neue Schlittschuhe dazu.« Aber er konnte es nicht finden.

Die Schneekönigin sagte: »Jetzt fahre ich davon in die warmen Länder. Ich möchte einmal wieder in die schwarzen Töpfe schauen.« Damit meinte sie die Feuer speienden Berge, den Ätna und den Vesuv. »Ich will sie ein wenig weiß anstreichen«, fuhr sie fort. »Das gehört dazu und tut dabei noch den Zitronenbäumen und den Weidenstöcken gut.«

Dann flog die Schneekönigin davon und Kay blieb mutterseelenallein in dem viele Meilen großen, leeren Saal zurück und betrachtete die Eisstücke und überlegte und dachte, dass ihm fast der Kopf zersprang. Stocksteif saß er da, dass man meinen konnte, er sei erfroren.

In diesem Augenblick trat die kleine Gerda durch das große Portal, wo ein schneidender Wind herrschte, ins Schloss ein. Aber sie betete dabei ihr Abendgebet und da legte sich der Wind, als ob er schlafen wollte. Sie trat in den großen, leeren, eisigen Saal. – Bald erblickte sie Kay. Sie erkannte ihn sofort, flog ihm an den Hals, klammerte sich an ihn und rief: »Kay, lieber, lieber Kay! Habe ich dich endlich gefunden!«

Kay aber bleib steif sitzen und rührte sich nicht. Da weinte die kleine Gerda heiße Tränen. Sie fielen ihm auf die Brust und drangen in sein Herz, tauten den Eisklumpen auf und

Hans Christian Andersen

verzehrten den Glassplitter, der ihm im Herzen saß. Kay schaute Gerda an und sie sang ein Lied, das sie früher immer in dem kleinen Garten gesungen hatte.

Da brach auch Kay in Tränen aus und weinte so bitterlich, dass ihm seine Tränen das Glaskörnchen aus dem Auge schwemmten. Nun erkannte er sie und jubelte: »Liebe, liebe Gerda! Wo bist du denn so lange gewesen?« Dann sah er sich um. »Was ist es hier kalt und leer und weit«, sagte er und klammerte sich fest an Gerda. Sie lachte und weinte vor Freude. Es war so schön, dass sie Kay gefunden hatte. Sogar die Eisstücke tanzten vor Freude um die beiden herum, und als sie sich müde getanzt hatten, legten sie sich zu dem Wort zusammen, von dem die Schneekönigin gesagt hatte, dass Kay es finden müsse, um sein eigener Herr zu sein.

Und Gerda küsste seine Wangen, da wurden sie wieder blühend rot. Sie küsste seine Augen, da leuchteten sie wie ihre eigenen; sie küsste seine Hände und Füße, da wurden sie wieder frisch und gesund. Sollte die Schneekönigin nur nach Hause kommen, denn da stand Kays Freibrief mit schimmernden Eisstücken geschrieben.

Die Kinder nahmen einander an den Händen und wanderten zum Schloss hinaus. Sie sprachen von der alten Großmutter und von den Rosen auf dem Dach, und wo sie gingen, da legten sich die Winde und die Sonne brach hervor. Und als sie an den Busch mit den roten Beeren kamen, stand da das Rentier und wartete. Es hatte ein junges Rentier mitgebracht, dessen Euter voll war. Es gab den Kindern seine warme Milch und küsste sie auf den Mund. Dann trugen die beiden Rentiere Kay und Gerda zuerst zu der Finnin, wo sie sich in der

Die Schneekönigin

heißen Stube wärmten und Auskunft über ihre Heimreise erhielten, und darauf weiter zu der Lappin, die ihnen neue Kleider genäht und ihren eigenen Schlitten für sie instand gesetzt hatte.

Die beiden Rentiere sprangen bis an die Grenze des Landes neben dem Schlitten her. Da, wo das erste Grün durch den Schnee sah, nahmen die Kinder Abschied von den Rentieren und von der Lappin. Nun hörten sie wieder die ersten Vögel zwitschern, der Wald hatte grüne Knospen und aus ihm heraus kam ein prächtiges Pferd, das Gerda gut kannte – es war nämlich vor den goldenen Wagen gespannt gewesen! Auf ihm ritt ein junges Mädchen, das hatte eine feuerrote Mütze auf dem Kopf und Pistolen im Halfter. Es war das kleine Räubermädchen, dem es zu Hause langweilig geworden war und das nun erst einmal nach Norden und dann in irgendeine andere Himmelsrichtung reiten wollte, gerade wie es ihm einfiel. Es erkannte Gerda sofort und Gerda erkannte es auch, und beide freuten sich sehr.

Das Räubermädchen sagte zu Kay: »Du bist ein rechter Vagabund! Wenn ich nur wüsste, ob du es wert bist, dass dir die kleine Gerda bis ans Ende der Welt nachgelaufen ist!«

Aber Gerda streichelte dem Mädchen die Wangen und erkundigte sich nach dem Prinzen und der Prinzessin.

Das Räubermädchen gab Auskunft: »Die sind in ferne Länder gereist.«

»Und der Rabe?«, fragte Gerda.

»Der Rabe ist tot«, antwortete es. »Seine zahme Liebste ist Witwe geworden und trägt einen schwarzen Wollfaden am Bein. Sie jammert erbärmlich, aber es ist nichts als Getue. –

Doch jetzt musst du mir erzählen, wie es dir geht und wie du ihn zu fassen gekriegt hast.«

Gerda und Kay erzählten beide ihre Geschichte. Dann versprach das Räubermädchen, sie zu besuchen, wenn sie einmal in die Stadt kommen sollte, und ritt in die weite Welt hinaus.

Aber Kay und Gerda gingen Hand in Hand weiter, und wo sie gingen, sprossen Gras und Blumen hervor und der Frühling hielt seinen Einzug. Die Kirchenglocken läuteten und sie erkannten ihre Heimat, die hohen Kirchtürme und die große Stadt, in der sie zu Hause waren. Sie gingen in die Stadt hinein und vor das Haus, wo die Großmutter wohnte, stiegen die Treppe hinauf und traten in die Stube. Alles sah genauso aus wie früher. Doch während sie zur Tür hereintraten, merkten sie, dass sie erwachsene Menschen geworden waren. Die Rosen in der Dachrinne streckten ihre blühenden Zweige durchs Fenster herein. Gerda und Kay setzten sich auf ihre beiden Kinderschemelchen und nahmen einander an den Händen. Sie hatten die kalte, leere Herrlichkeit bei der Schneekönigin vergessen. Die Großmutter saß im Sonnenschein und las laut aus der Bibel vor: »Wenn ihr nicht werdet wie die Kindlein, werdet ihr nicht in das Reich Gottes kommen.«

Da saßen sie beide, erwachsen und doch Kinder, Kinder im Herzen, und draußen war Sommer, warmer, wunderbarer Sommer!

Die kleine Meernixe

Weit draußen im Meer ist das Wasser so blau wie die schönste Kornblume und so durchsichtig wie das reinste Glas. Aber es ist dort sehr tief, tiefer als das längste Tau an einem Anker. Viele Kirchtürme müsste man aufeinander stellen, wenn sie vom Meeresgrund bis an die Oberfläche des Wassers reichen sollten. An der tiefsten Stelle am Meeresgrund liegt das Schloss des Meereskönigs. Die Mauern des Schlosses sind aus Korallen, und die hohen, spitzbogigen Fenster aus Bernstein. Das Dach besteht aus Muscheln, die sich im Spiel des Wassers öffnen und schließen. Das sieht wunderschön aus, denn in jeder Muschel liegt eine glänzende Perle, von denen jede Einzelne der kostbarste Schmuck in der Krone einer Königin wäre.

Schon vor vielen Jahren war die Frau des Meerkönigs gestorben, und seine alte Mutter versorgte nun das Haus. Sie war sehr klug, aber ebenso stolz auf ihren hohen Stand. Darum trug sie stets zwölf Austern auf ihrem Schwanz – die anderen Vornehmen durften nur sechs Austern tragen. Sonst aber verdiente die Mutter des Königs jedes Lob, besonders dafür, dass sie die kleinen Meerprinzesschen, ihre Enkelinnen, von Herzen lieb hatte.

Hans Christian Andersen

Die Prinzessinnen waren sechs reizende Kinder, doch die Jüngste war die Schönste. Ihre Haut war so fein und zart wie ein Rosenblatt und ihre Augen leuchteten so blau wie der tiefste See. Aber sie hatte keine Beine: Ihr Körper endete wie bei den anderen Meernixen in einem Fischschwanz.

Den ganzen Tag über durften die Prinzessinnen im großen Saal des Schlosses spielen, wo lebendige Blumen aus den Wänden wuchsen. Die hohen Bernsteinfenster wurden geöffnet, sodass die Fische hereinschwimmen konnten, wie bei uns manchmal die Schwalben hereinfliegen, wenn ein Fenster offen steht. Die kleinen Fische aber schwammen zu den Prinzessinnen hin, fraßen ihnen aus der Hand und ließen sich streicheln.

Um das Schloss herum lag ein großer Garten, in dem feuerrote und dunkelblaue Bäume wuchsen. Ihre Früchte glänzten wie Gold, und die Blumen, die fortwährend Stängel und Blätter bewegten, flackerten wie Feuerflammen. Die Erde war der feinste Sand, aber so blau wie Schwefelflammen. Alles hier unten war in ein wunderbares bläuliches Licht getaucht. Man hätte eher meinen können, man stünde hoch oben in der Luft und hätte nur Himmel über und unter sich, als dass man sich auf dem Meeresgrund befände. Bei Windstille konnte man auch die Sonne sehen. Sie sah aus wie eine große, purpurrote Blüte, aus deren Kelch alles Licht strömte.

Jede der kleinen Prinzessinnen hatte ihr Fleckchen im Garten, wo sie nach Herzenslust graben und pflanzen durfte. Die eine von ihnen gab ihrem Blumengärtchen die Form eines Walfischs. Eine andere meinte, die Gestalt einer Meernixe sei doch schöner. Die Jüngste aber machte ihr Gärtchen so rund

Die kleine Meernixe

wie die Sonne und pflanzte nur Blumen hinein, die ebenso rot leuchteten wie sie.

Die jüngste Meernixe nämlich war ein eigentümliches Kind. Sie war still und versonnen. Während die anderen Schwestern sich mit den sonderbaren Dingen schmückten, die sie in den gestrandeten Schiffen gefunden hatten, wollte die Jüngste, außer den roten Blumen, die wie die Sonne oben leuchteten, nichts anderes als ein Marmorbildnis für sich. Einen schönen Jüngling stellte es dar und war aus schimmerndem weißen Stein gehauen. Beim Kentern eines Schiffes war dieses Bildnis auf den Meeresgrund hinabgesunken. Über die Bildsäule wuchs eine rosenrote, prächtige Trauerweide. Ihre frischen Zweige ließ sie über das marmorne Standbild bis auf den blauen Sandboden herunterhängen, wo alle Schatten violett erschienen und sich wie die Zweige immer leicht bewegten. Das sah aus, als ob die Zweige und die Wurzeln miteinander spielten und sich küssten.

Die jüngste Prinzessin kannte keine größere Freude, als von der Menschenwelt dort oben erzählen zu hören. Ihre alte Großmutter musste ihr alles berichten, was sie von Schiffen und Städten, Menschen und Tieren wusste. Besonders wunderbar und herrlich erschien es der Kleinen, dass oben auf der Erde die Blumen dufteten – denn die Blüten unten auf dem Meeresgrund dufteten nicht – und dass die Wälder grün waren und die Fische in den Zweigen singen konnten, dass es eine Lust war. Die kleinen Vögel wurden nämlich von der Großmutter Fische genannt, denn sonst hätten ihre Enkelinnen, die noch nie einen Vogel gesehen hatten, sie nicht verstehen können.

307

Hans Christian Andersen

Die Großmutter versprach: »Sobald ihr fünfzehn Jahre alt seid, dürft ihr an die Oberfläche des Meeres hinaufsteigen. Dann könnt ihr im Mondschein auf den Klippen sitzen und die großen Schiffe vorbeisegeln sehen. Und ihr bekommt auch Wälder und Städte zu Gesicht.«

Im nächsten Jahr wurde die älteste Schwester fünfzehn Jahre alt. Aber von den anderen war immer eine ein Jahr jünger, und die Jüngste musste noch ganze sechs Jahre warten, bis sie vom Meeresgrund emporsteigen und schauen durfte, wie es bei den Menschen aussieht. Aber die Schwestern versprachen einander, alles genau zu berichten, was jede beim ersten Aufsteigen gesehen hatte, und was ihr am besten gefiel. Die Großmutter nämlich erzählte ihnen nie genug und es gab noch so vieles, worüber sie gerne Bescheid gewusst hätten.

Keine der Schwestern sehnte sich so sehr danach, von den Menschen zu hören, wie die Jüngste, die gerade am längsten warten musste und die so still und versonnen war. So manche Nacht stand sie am Fenster und sah voller Sehnsucht durch das dunkelblaue Wasser hinauf, in dem die Fische mit den Flossen und Schwänzen schlugen. Den Mond und die Sterne konnte sie dann sehen. Sie schimmerten zwar nur ganz blass herunter, aber durchs Wasser hindurch sahen sie viel größer aus, als sie unseren Augen erscheinen. Wenn dann etwas wie eine schwarze Wolke unter ihnen vorbeiglitt, dann wusste die kleine Prinzessin, dass es entweder ein Walfisch war, der über ihr schwamm, oder aber ein Schiff mit vielen Menschen darauf. Und diese Menschen dachten bestimmt nicht daran, dass sich eine reizende kleine Meernixe unter ihnen befand und ihre weißen Händchen dem Schiff entgegenstreckte.

Die kleine Meernixe

Endlich war die älteste Prinzessin fünfzehn Jahre alt und durfte an die Meeresoberfläche hinauf.

Als sie wieder zurückkehrte, hatte sie hunderterlei Dinge zu berichten. Sie sagte, dass es das Schönste wäre, im Mondschein bei stiller, ruhiger See auf einer Sandbank zu liegen und die große Stadt an der Küste zu betrachten. Denn ihre Lichter glitzerten wie hunderte von Sternen. Man konnte der Musik, dem Lärm und dem Wagengerassel der Menschen zuhören und die vielen Kirchtürme und kleinen Turmspitzen betrachten und die Glocken läuten hören.

O wie gespannt hörte die jüngste Schwester dieser Erzählung zu! Und als sie dann abends wieder am offenen Fenster stand und durch das dunkelblaue Wasser emporschaute, da dachte sie an die große Stadt mit all ihrem Lärm und Treiben, und sie meinte die Kirchenglocken bis zu sich hinunter läuten zu hören.

Im nächsten Jahr durfte die zweite Schwester hinauf, und schwimmen, wohin sie wollte. Sie tauchte aus dem Wasser auf, als die Sonne gerade unterging. Und dieser Anblick, fand sie, war am allerschönsten. Nachher erzählte sie ihren Schwestern, der ganze Himmel habe wie Gold geglänzt, und die Wolken … ja, deren Pracht und Herrlichkeit lasse sich gar nicht beschreiben! Rot und violett leuchtend wären sie über den Himmel gesegelt. Aber viel schneller noch als die Wolken sei ein Zug wilder Schwäne wie ein langer weißer Schleier vor der sinkenden Sonne über das Wasser hinweggeflogen. »Ich habe der Sonne entgegenschwimmen wollen«, sagte sie, »aber da ist sie ins Meer getaucht und der Rosenschimmer auf den Wolken und auf der Meeresfläche erlosch.«

309

Hans Christian Andersen

Im Jahr darauf stieg die dritte Schwester empor. Sie war die Verwegenste von allen und schwamm sogar einen breiten Fluss hinauf, der ins Meer mündete. Herrliche grüne Hügel, mit Weinreben bepflanzt, erblickte sie da. Schlösser und Bauernhöfe lugten aus den Wäldern hervor. Sie hörte, wie die Vögel sangen, und die Sonne schien so heiß, dass sie untertauchen musste, um ihr brennendes Gesicht zu kühlen. In einer Bucht traf sie auf kleine Menschenkinder, die völlig nackt im Wasser plantschten. Sie wollte mit ihnen spielen, aber sie erschraken und liefen davon. Und dann kam ein kleines schwarzes Tier gelaufen. Das war ein Hund, aber sie hatte ja noch nie einen gesehen. Das Tier bellte sie so wütend an, dass ihr angst und bange wurde und sie erschreckt ins offene Meer zurückschwamm. »Aber«, sagte sie, »niemals kann ich die herrlichen Wälder, die grünen Hügel und die niedlichen Kinder vergessen, die im Wasser schwimmen konnten, obwohl sie keinen Fischschwanz hatten.«

Die vierte Schwester war nicht so mutig. Sie blieb draußen im wilden Meer und behauptete, das sei das Allerschönste. Rundherum könne man meilenweit sehen und über einem stehe der Himmel wie eine Glasglocke. Schiffe hatte sie auch erblickt, aber nur in weiter Ferne. Sie hatten ausgesehen wie weiße Möwen. Die lustigen Delfine hatten Purzelbäume geschlagen, und die großen Walfische hatten Wasser aus ihren Nasenlöchern geblasen, dass es ausgesehen hatte wie hunderte von Springbrunnen.

Nun kam die fünfte Schwester an die Reihe. Ihr Geburtstag fiel in den Winter, und so bekam sie Dinge zu sehen, die keine ihrer Schwestern erblickt hatte. Sie erzählte, das Meer sei ganz

Die kleine Meernixe

grün gewesen und rundherum seien große Eisberge geschwommen, die über und über geschimmert hätten wie Perlen. Und diese Eisberge seien noch höher gewesen als die Kirchtürme, die die Menschen bauen. Sie erzählte: »In den wunderbarsten Formen sind sie dahergekommen und sie funkelten wie Diamanten. Ich habe mich auf den größten Eisberg gesetzt und alle Segelschiffe sind entsetzt vor mir ausgewichen, als ich meine langen Haare im Wind flattern ließ. Am Abend dann«, so erzählte sie weiter, »bedeckte sich der Himmel mit Wolken und es blitzte und donnerte. Die schwarze See hob die Eisberge in die Höhe und im Schein der Blitze leuchteten sie hell auf. Auf allen Schiffen wurden die Segel eingezogen, überall herrschten Furcht und Entsetzen. Ich aber saß ruhig auf meinem schimmernden Eisberg und sah zu, wie die blauen Blitze im Zickzack in die schäumende See niederfuhren.«

Jede der Schwestern, die zum ersten Mal über das Wasser heraufkam, war hingerissen von all dem Neuen und Schönen, das sie zu sehen bekam. Aber da sie jetzt als erwachsene Mädchen so oft hinaufdurften, wie sie wollten, wurde es ihnen bald langweilig. Sie bekamen immer sofort wieder Heimweh, und nach einem Monat behaupteten alle, daheim sei es doch am schönsten.

An manchen Abenden umfassten die Schwestern einander mit den Armen und tauchten in einer Reihe über die Wasseroberfläche hinauf. Sie alle hatten wunderschöne Stimmen, schöner als jedes Menschenkind. Und wenn ein Gewitter heraufzog und ein Sturm daherbrauste, sodass sie denken konnten, dass gewiss ein Schiff kentern würde, schwammen sie vor den Schiffen her und sangen verlockende Lieder davon, wie schön es auf dem Meeresgrund war, und dass die Schiffsleute sich nicht fürchten sollten, hinabzusteigen. Die Schiffer aber konnten ihre Worte nicht verstehen. Sie meinten, was sie hörten, sei das Brausen des Sturms. Und von all der Schönheit dort unten hätten sie ja doch nie etwas zu sehen bekommen, denn wenn ein Schiff unterging, mussten die Menschen ertrinken.

Wenn die Schwestern so am Abend Arm in Arm emportauchten, musste die Jüngste noch immer allein zurückbleiben. Voller Sehnsucht sah sie ihnen nach, und am liebsten hätte sie bittere Tränen geweint. Aber die Meernixen haben keine Tränen und tragen darum noch schwerer an ihrem Kummer.

Die jüngste Prinzessin seufzte: »Ach, wenn ich doch schon fünfzehn Jahre alt wäre! Ich weiß genau, ich werde jene Welt dort oben und die Menschen, die darin wohnen, von ganzem Herzen lieb haben.«

Doch endlich kam der Tag, an dem sie fünfzehn wurde.

Ihre Großmutter, die alte Königin-Witwe, sagte: »Sieh, nun bist auch du kein Kind mehr. Komm her, ich will dich schmücken, wie ich deine Schwestern geschmückt habe.« Und sie setzte ihrer Enkelin einen Kranz aus weißen Lilien aufs Haar und jedes Blumenblatt war eine halbe Perle. Dann ließ die Alte noch acht große Austern sich auf dem Schwanz der Prinzessin festklemmen, um ihre hohe Herkunft anzudeuten.

Da klagte die kleine Meernixe: »Das tut so weh!«

Aber die Alte sprach: »Schönheit muss leiden!«

Die kleine Meernixe

Ach, wie gern hätte die kleine Prinzessin diese Schönheit abgerissen und auch den schweren Kranz abgelegt! Die roten Blumen in ihrem Garten standen ihr viel besser, aber sie musste dies nun ertragen. Sie sagte: »Leb wohl!«, und stieg so leicht wie ein Luftbläschen im Wasser auf.

Als ihr Kopf über den Wasserspiegel tauchte, war die Sonne gerade untergegangen. Die Wolken schimmerten rosenrot und golden und am blassrosa Himmel strahlte der Abendstern klar und hell. Die Luft war rein und mild und das Meer spiegelglatt. Ein großer Dreimaster schaukelte auf dem Wasser, er hatte nur ein einziges Segel gesetzt, denn kein Lüftchen regte sich. Im Tauwerk und auf den Rahen saßen überall Matrosen, man hörte Musik und Gesang, und als es dunkler und dunkler wurde, zündete man hunderte von farbigen Lampen an.

Die kleine Meernixe schwamm bis ans Kajütenfenster heran, und sooft eine Welle sie in die Höhe hob, konnte sie durch die hellen Scheiben hineinsehen. In der Kajüte befanden sich viele schön herausgeputzte Menschen, aber der Schönste unter ihnen war der junge Prinz mit den großen schwarzen Augen. Er konnte kaum älter als sechzehn sein. Heute war sein Geburtstag, und darum wurde dieses Fest gefeiert. Die Matrosen tanzten auf Deck, und als der junge Prinz aus der Kajüte trat, stiegen hundert Raketen in die Luft. Sie leuchteten hell wie der Tag, sodass die kleine Meernixe erschrak und rasch untertauchte. Als sie aber gleich darauf den Kopf wieder aus dem Wasser streckte, da war es, als ob alle Sterne des Himmels auf sie herabregneten. Noch nie hatte sie solche Feuerkünste gesehen. Große Sonnen drehten sich im

313

Hans Christian Andersen

Kreis, prächtige Feuerfische schwangen sich durch die blaue Luft und auf der glatten Meeresoberfläche spiegelte sich alles wider. Auf dem Schiff war es so hell, dass man nicht nur die Menschen, sondern sogar jedes einzelne Tau deutlich unterscheiden konnte. Oh, wie schön war der junge Prinz, der fröhlich lachend allen Menschen die Hand drückte, während die Musik in die herrliche Nacht hinausklang.

Es wurde spät, aber die kleine Meernixe konnte ihre Augen nicht von dem Schiff und dem schönen Prinzen lassen. Die bunten Lichter erloschen, keine Raketen stiegen mehr auf. Aber tief unten im Wasser fing es an zu summen und zu brummen. Die kleine Meernixe ließ sich von den Wellen schaukeln und immer wieder zum Kajütenfenster emporheben. Das Schiff begann schneller zu fahren, immer mehr Segel wurden gehisst und blähten sich im Wind. Die Wellen schlugen stärker ans Schiff, schwere Wolken zogen am Himmel auf und in der Ferne sah man ein Wetterleuchten. Ein schreckliches Unwetter war im Anzug und die Matrosen holten die Segel wieder ein, denn nun wurde das Schiff auf den Wellen hin- und hergeworfen. Sie türmten sich wie hohe schwarze Berge auf und drohten über die Masten hereinzustürzen. Doch wie ein Schwan tauchte das Schiff zwischen die wilden Wogen hinab und wurde gleich wieder heraufgehoben.

Der kleinen Meernixe erschien das alles sehr lustig. Die Seeleute jedoch dachten anders. Das Schiff knarrte und krachte. Die dicken Planken bogen sich von den starken Stößen, die Wellen schlugen über das Schiff, der Hauptmast splitterte mitten durch wie ein dünnes Rohr. Nun legte sich das Schiff auf die Seite, denn Wasser drang in den Schiffskörper ein. Jetzt

Die kleine Meernixe

erkannte auch die kleine Meernixe die Gefahr, in der die Menschen schwebten. Auch sie selbst musste sich vor den Balken und Planken, die auf dem Wasser schwammen, in Acht nehmen. Zuweilen herrschte so rabenschwarze Nacht, dass sie nicht mehr das Mindeste sehen konnte. Aber wenn es blitzte, wurde es so hell, dass sie all die Menschen deutlich erkannte, die bestürzt an Deck durcheinander liefen. Besonders sah sie sich nach dem jungen Prinzen um, und als das Schiff auseinander brach, sah sie ihn im tiefen Meer versinken. Da war sie unendlich glücklich, denn nun kam er ja hinunter zu ihr! Aber dann plötzlich erinnerte sie sich, dass Menschen im Wasser nicht leben können und dass der junge Prinz darum nur als Toter zum Schloss ihres Vaters hinunterkommen konnte.

Nein, sterben sollte er nicht!

Deshalb schwamm sie zwischen die Schiffstrümmer, die auf dem Wasser trieben, und verschwendete keinen Gedanken daran, dass sie davon zerquetscht werden konnte. So kam sie schließlich zu dem jungen Prinzen hin, der sich in der stürmischen See kaum mehr über Wasser halten konnte. Die Kraft in seinen Armen und Beinen war erschöpft, die schönen Augen waren geschlossen. Er hätte sterben müssen, wenn die kleine Meernixe ihm nicht zu Hilfe gekommen wäre. Sie hielt seinen Kopf über Wasser und ließ sich mit ihm von den Wellen treiben.

Gegen Morgen war das Unwetter vorüber, aber von dem Schiff war kein Splitter mehr zu sehen. In roter Glut stieg die Sonne aus dem Meer, und da war es, als ob sich auf den Wangen des Prinzen wieder Lebensfarbe zeigte. Aber seine Augen blieben geschlossen. Die kleine Meernixe küsste seine schöne hohe Stirn und strich ihm die nassen Haare aus dem Gesicht. Es kam ihr vor, als würde er dem Marmorbildnis gleichen, das sie in ihrem Garten hatte. Sie küsste ihn noch einmal und wünschte sehnlich, dass er nicht sterbe.

Jetzt sah sie endlich festes Land vor sich, hohe blaue Berge, auf deren Gipfel der weiße Schnee glänzte, als ob sich eine Schar Schwäne dort niedergelassen hätte. An der Küste zogen sich herrliche grüne Wälder hin, und genau vor ihr am Ufer lag eine Kirche oder ein Kloster. Was es war, konnte sie nicht unterscheiden, aber ein Gebäude war es jedenfalls. Zitronen- und Orangenbäume wuchsen im Garten und vor dem Eingang standen hohe Palmen. Das Meer bildete hier eine kleine Bucht, die vom Wind geschützt war, und das tiefe Wasser rollte bis an das felsige Ufer, auf dem weißer Sand lag. Dorthin schwamm die kleine Nixe mit ihrem schönen Prinzen. Sie bettete ihn in den weichen Sand und sorgte dafür, dass sein Kopf hoch und im warmen Sonnenschein lag.

Nun erklangen in dem großen weißen Gebäude die Glocken und viele junge Mädchen traten heraus und spielten im Garten. Da schwamm die kleine Meernixe weiter ins Meer hinaus und verbarg sich hinter einigen Felsen, die dort aus dem Wasser ragten. Sie legte sich Wellenschaum auf Brust und Haare, sodass man ihr Gesicht nicht sehen konnte, und gab Acht, wer wohl den armen Prinzen finden würde.

Es dauerte nicht lang, da kam eines der jungen Mädchen an die Stelle, wo der Prinz lag. Erst schien sie sehr erschrocken zu sein, aber das dauerte nur einen Moment, dann holte sie Menschen herbei. Die kleine Meernixe konnte sehen, dass der Prinz wieder zum Leben erweckt wurde. Alle, die ihn umga-

Die kleine Meernixe

ben, lächelte er freundlich an, aber zu ihr herüber lächelte er nicht. Denn er wusste ja nicht, dass sie es war, die ihn gerettet hatte. Da wurde sie sehr traurig, und als nun der Prinz in das große Gebäude geführt wurde, tauchte sie mit dem Herzen voll Kummer unter Wasser und schwamm schnell zum Schloss ihres Vaters zurück.

Schon immer war die jüngste Prinzessin still und nachdenklich gewesen, aber von jenem Ereignis an wurde sie es noch viel mehr. Die Schwestern fragten sie, was sie denn beim ersten Mal dort oben gesehen hätte, aber sie erzählte ihnen nichts.

An so manchem Abend und manchem Morgen tauchte sie nun aus dem Wasser auf, an jener Stelle, wo sie den Prinzen am Ufer zurückgelassen hatte. Sie sah, wie die Früchte im Garten reiften und abgepflückt wurden, sie sah, wie der Schnee auf den hohen Bergen schmolz – aber den Prinzen sah sie nie. Darum kehrte sie jedes Mal nur noch trauriger nach Hause zurück. Ihr einziger Trost war, in ihrem Gärtchen zu sitzen und ihre Arme um das schöne Marmorbild zu schlingen, das dem Prinzen ähnlich sah. Aber ihre Blumen pflegte sie nicht mehr. Die wuchsen nun wild, überwucherten alle Wege und flochten ihre Stängel und Zweige in die Trauerweide hinein, sodass es darunter ganz finster wurde.

Schließlich aber hielt es die kleine Prinzessin nicht mehr aus und sie erzählte einer ihrer Schwestern, was sie erlebt hatte. Durch diese erfuhren es auch die anderen Schwestern, aber außer ihnen wirklich niemand bis auf einige Meernixen, die die Geschichte auch nur einigen ihrer besten Freundinnen weitererzählten. Eine von denen hatte ebenfalls das Fest auf dem Schiff gesehen. Sie wusste, wer der Prinz war und wo sein Königreich lag.

Die anderen Prinzessinnen sagten: »Komm, liebe Schwester!«, und in einer langen Reihe tauchten sie aus dem Meer auf, dort, wo das Schloss des Prinzen lag.

Das Schloss war aus einem lichtgelb schimmernden Stein erbaut und hatte breite Marmortreppen, von denen eine bis hinunter ans Meer führte. Prächtige vergoldete Kuppeln wölbten sich über dem Dach. In den Säulenhallen, die das ganze Gebäude umgaben, standen weiße Marmorbilder, die aussahen wie lebend. Durch das helle Glas der Fenster sah man in prächtige Säle, in denen kostbare seidene Vorhänge aufgehängt waren und schöne Teppiche den Fußboden bedeckten. Alle Wände waren mit herrlichen Bildern bemalt, die anzusehen große Freude bereitete. Mitten im größten Saal plätscherte ein Springbrunnen; hoch stiegen die Wasserstrahlen empor bis in die Glaskuppel der Decke, durch die die Sonne ins Wasser und auf die schönen Pflanzen herunterschien, die in der großen Brunnenschale wuchsen.

Nun wusste die kleine Meernixe, wo der Prinz wohnte, und an manchen Abenden und Nächten schwamm sie hierher. Sie schwamm viel näher ans Land, als es irgendeine ihrer Schwestern je gewagt hatte, ja, sie schwamm sogar den schmalen Kanal hinauf bis unter den prächtigen Marmorbalkon, der einen langen Schatten aufs Wasser warf. Hier blieb sie ganz still und betrachtete den jungen Prinzen, der sich im hellen Mondschein alleine glaubte.

An manchem schönen Abend konnte sie ihn in seinem

Die kleine Meernixe

prächtigen Boot, auf dem die Fahnen flatterten, mit Musikbegleitung auf dem Wasser treiben sehen. Sie schaute dann verstohlen zwischen den grünen Schilfstängeln hervor. Und wenn jemand sah, wie der Wind ihren langen, silberweißen Schleier fasste und ihn wehen ließ, dann dachte er nur, es sei ein Schwan, der seine Flügel ausbreitete. In mancher Nacht, wenn die Fischer bei Fackelschein fischten, hörte die kleine Meernixe, wie sie Gutes über den Prinzen sagten, und dann freute sie sich, dass sie ihm das Leben gerettet hatte. Und sie dachte daran, wie fest sein Kopf auf ihrer Brust geruht und wie zärtlich sie ihn geküsst hatte. Er selbst wusste nichts davon, nicht einmal träumen konnte er von ihr.

Mehr und immer mehr liebte sie die Menschen, mehr und mehr sehnte sie sich danach, zu ihnen emporzusteigen und unter ihnen zu leben. Die Menschenwelt erschien ihr viel größer und weiter als ihre Welt im Wasser. Die Menschen konnten ja mit einem Schiff ebenfalls über das Meer fahren, und sie konnten auf die hohen Berge bis weit über die Wolken hinaufsteigen. Und die Länder, die ihnen gehörten, erstreckten sich mit ihren Wäldern und Fluren viel weiter, als ihre Augen reichten. Es gab da so vieles, was sie gerne gewusst hätte, aber die Schwestern konnten ihr nicht auf alle Fragen Antwort geben. Darum wandte sie sich an die alte Großmutter, denn diese kannte die »höhere Welt«, wie sie die Länder über dem Meer nannte, ganz genau.

Die kleine Meernixe fragte: »Wenn die Menschen nicht ertrinken, leben sie dann ewig? Müssen sie nicht sterben wie wir hier unten?«

Die Alte antwortete: »Doch, und ihr Leben ist viel kürzer als unseres. Wir leben dreihundert Jahre lang, und wenn wir dann aufhören zu sein, zerfließen wir zu Schaum auf dem Meer und haben nicht einmal ein Grab bei unseren Lieben. Wir haben keine unsterbliche Seele und kein ewiges Leben: Wir sind das Schilf, das nicht mehr grün wird, wenn es einmal abgeschnitten ist. Die Menschen dagegen haben eine unsterbliche Seele, die weiterlebt, wenn der Leib zu Staub zerfallen ist. Diese Seele steigt durch die klare Luft zu den Sternen empor. Wie wir aus dem Meer auftauchen, so tauchen die Menschenseelen zum Himmel auf und kommen an unbekannte selige Orte, die wir niemals sehen werden.«

Die kleine Meernixe fragte traurig: »Warum haben nicht auch wir eine unsterbliche Seele? Ich würde gerne die Jahrhunderte, die ich zu leben habe, geben, um nur einen einzigen Tag ein Mensch zu sein und Anteil an der himmlischen Welt zu gewinnen.«

Die Alte sagte: »Solche Gedanken sollst du nicht denken. Wir sind viel glücklicher und haben es weit besser als die Menschen dort oben.«

»Ich muss also sterben und als Schaum auf dem Wasser treiben, werde nicht mehr die Musik auf den Wellen hören und nicht mehr die schönen Blumen und die rote Sonne sehen! Kann ich denn gar nichts tun, um eine unsterbliche Seele zu erhalten?«

Entschieden erwiderte die Alte: »Nein! Nur wenn ein Mensch dich so lieb hätte, dass du ihm teurer wärst als Vater und Mutter, wenn er mit all seinen Gedanken und all seiner Liebe nur an dir hinge und dir treu bliebe bis in alle Ewigkeit, dann würde seine Seele in deinen Körper überfließen

Die kleine Meernixe

und du bekämst deinen Anteil am Menschenglück. Er gäbe dir eine Seele und behielte doch die seine. Aber das kann niemals geschehen. Was hier im Wasser besonders schön ist, nämlich dein Fischschwanz, das finden die Menschen auf der Erde sehr hässlich. Um in ihren Augen schön zu sein, muss man zwei plumpe Stützen haben, die sie ›Beine‹ nennen.«

Da seufzte die kleine Meernixe tief und betrachtete traurig ihren Fischschwanz.

Die Alte sagte: »Wir wollen vergnügt sein! Wir wollen hüpfen und springen, die dreihundert Jahre lang, die wir zu leben haben. Es ist wahrhaftig eine schöne, lange Zeit. Und nachher kann man umso fröhlicher zur Ruhe gehen. Heute Abend ist Hofball!«

Und das war am Abend eine Pracht, wie man sie auf Erden niemals zu sehen bekommt! Wände und die Decke im großen Tanzsaal bestanden aus dickem, aber ganz durchsichtigem Glas. Viele hundert Riesenmuscheln, rosenrote und grasgrüne, standen an den Wänden gereiht und in ihnen brannten blaue Flammen, die den ganzen Saal erhellten und auch noch durch die Glaswände hindurch ihren Schein warfen, sodass das Meer weit hinaus erleuchtet war. Mitten durch den Saal floss ein breiter Strom, auf dem die Meermänner mit den Meerfrauen tanzten, zu deren eigenem wunderbaren Gesang. Eine so schöne Stimme wie die Meernixen hat kein Mensch auf der Erde. Die jüngste Prinzessin jedoch sang am schönsten. Alle klatschten ihr Beifall und einen Augenblick war sie sehr stolz.

Aber bald musste die keine Meernixe doch wieder an die Welt dort oben denken. Sie konnte den schönen Prinzen und

Hans Christian Andersen

ihren Kummer, keine unsterbliche Seele zu haben wie er, nicht vergessen. Darum schlich sie sich heimlich aus dem Schloss ihres Vaters, und während dort alle lustig und fröhlich waren, saß sie traurig in ihrem Gärtchen.

Da drang der Klang eines Waldhorns zu ihr durchs Wasser herunter und sie dachte: Jetzt segelt er sicher oben vorbei, er, den ich mehr liebe als Vater und Mutter, er, an den ich immer denken muss und in dessen Hand ich so gerne mein Lebensglück legen möchte. Alles würde ich wagen, um ihn zu gewinnen und durch ihn eine unsterbliche Seele. Ich will zur Meerhexe gehen, vor der ich mich sonst immer gefürchtet habe. Vielleicht kann sie mir helfen.

Sogleich verließ die kleine Meernixe ihren Garten und eilte auf den brausenden Strudel zu, hinter dem die Meerhexe wohnte. Nie zuvor hatte sie diesen Weg betreten. Hier wuchsen keine Blumen, kein Seegras, nichts war zu sehen als der nackte graue Sandboden, der sich bis zu dem Strudel erstreckte. Und dort brauste das Wasser, drehte sich wie lauter Mühlräder im Kreis und riss alles, was es fassen konnte, mit sich in die Tiefe.

Die kleine Meernixe musste mitten durch diesen Strudel schwimmen, um in das Gebiet der Hexe zu gelangen. Und eine weite Strecke gab es keinen anderen Weg als über heißen, brodelnden Schlamm, den die Hexe ihr Torfmoor nannte. Dahinter, in einem seltsamen Wald, lag das Haus der Hexe. Alle Büsche und Bäume des Waldes waren Polypen, Wesen, halb Tier, halb Pflanze, die aussahen wie hundertköpfige, aus der Erde wachsende Schlangen. Alles, was die Polypen zu

Die kleine Meernixe

fassen bekamen, umschnürten sie mit ihren Fangarmen und ließen es nie wieder los.

Entsetzt blieb die kleine Meernixe vor diesem Wald stehen. Ihr Herz klopfte vor Angst. Und fast schon wäre sie umgekehrt, aber da dachte sie an den Prinzen und an ihre Sehnsucht nach einer unsterblichen Seele, und sie fasste neuen Mut. Ihre langen, flatternden Haare wickelte sie sich fest um den Kopf, damit die Polypen sie daran nicht packen konnten. Dann legte sie beide Hände über der Brust zusammen und schoss so schnell, wie die Fische durchs Wasser schießen können, zwischen den Polypen hindurch.

Nun kam sie an einen großen, ganz mit Schleim überzogenen Platz im Wald, auf dem sich überall große, dicke Wasserschlangen ringelten und ihre weißlich gelben Bäuche zeigten. Auf diesem Platz stand ein Haus, das ganz aus den gebleichten Gerippen ertrunkener Menschen errichtet war. Vor dem Haus saß die Meerhexe und fütterte eine Kröte mit ihrem Mund, wie die Menschen zuweilen kleine Kanarienvögel Zucker von ihren Lippen picken lassen. Die abscheulichen dicken Wasserschlangen nannte die Hexe ihre Küken und sie durften ungehindert über ihren großen, schwammigen Busen kriechen.

Die Hexe sagte zur kleinen Meernixe: »Ich weiß schon, was du willst. Das ist sehr dumm von dir. Aber du sollst dennoch deinen Willen haben, denn es stürzt dich doch nur ins Unglück, meine wunderschöne Prinzessin. Du möchtest gern deinen Fischschwanz los sein und dafür wie die Menschen zwei Stützen zum Gehen haben, damit sich der junge Prinz in dich verlieben kann und du ihn selbst und noch eine unsterb-

Hans Christian Andersen

liche Seele dazu erhältst.« Die Hexe lachte so laut und schrill, dass die Kröte und die Schlangen vor Schreck auf den Boden fielen und sich dort in einem Knäuel wälzten.

Dann sprach die Hexe weiter: »Du kommst gerade noch rechtzeitig. Morgen, wenn die Sonne aufgegangen ist, hätte ich dir nicht mehr helfen können, bevor nicht ein ganzes Jahr vergangen ist. Ich werde dir einen Trank bereiten. Mit dem musst du vor Sonnenaufgang an Land schwimmen, dich ans Ufer setzen und ihn austrinken. Dann teilt sich dein Schwanz und schrumpft ein zu dem, was die Menschen ›niedliche Beine‹ nennen. Aber das tut weh, das sage ich dir! Es wird sich anfühlen, als ob du mit einem scharfen Schwert mitten entzweigeschnitten würdest! Aber alle, die dich sehen, werden dich zum schönsten Menschenkind erklären. Du behältst deine anmutige Art, dich zu bewegen. Keine Tänzerin wird so leicht über den Boden hinschweben wie du. Aber bei jedem Schritt, den du machst, wird es dir sein, als ob du auf lauter scharf geschliffene Messer trätest, sodass du meinst, es müsse dein Blut fließen. Wenn du all das ertragen willst, dann kann ich dir helfen.«

Mit bebender Stimme sagte die kleine Meernixe: »Ja!« Und sie dachte an den Prinzen und ihre Hoffnung auf eine unsterbliche Seele.

Die Hexe mahnte sie: »Aber mache dir klar: Wenn du einmal menschliche Gestalt hast, kannst du nie mehr eine Meerfrau werden! Nie mehr kannst du durchs Wasser zu deinen Schwestern und zum Schloss deines Vaters hinabsteigen. Wenn du die Liebe des Prinzen nicht gewinnst, sodass er um deinetwillen Vater und Mutter vergisst, mit all seinen Gedan-

Die kleine Meernixe

ken nur an dir hängt und vom Priester eure Hände ineinander legen lässt, dass ihr Mann und Frau seid, dann erhältst du keine unsterbliche Seele. Am ersten Morgen, nachdem er eine andere geheiratet hat, bricht dir das Herz und du musst zu Schaum auf dem Meer zerfließen.«

Die kleine Meernixe sagte: »Ich will!«, und sie war dabei blass wie der Tod.

Die Hexe erklärte: »Aber mich musst du erst bezahlen, und es ist nicht wenig, was ich verlange: Du hast die schönste Stimme von allen hier auf dem Meeresgrund und mit ihr glaubst du wohl, den Prinzen betören zu können. Aber diese Stimme musst du mir geben! Das beste, was du hast, verlange ich für meinen kostbaren Trank. Ich muss mein eigenes Blut hineinmischen, damit der Trank scharf wird wie ein zweischneidiges Schwert.«

Die Meernixe fragte: »Aber wenn du mir meine Stimme nimmst, was bleibt mir dann noch übrig?«

Die Hexe erwiderte: »Deine Schönheit. Dein schwebender Gang, deine sprechenden Augen – damit kannst du noch lange ein Menschenherz bezaubern. Na, sinkt dir der Mut? Strecke nur dein Zünglein her, damit ich es mir zur Bezahlung abschneide, dann sollst du das kräftige Tränkchen bekommen.«

Die kleine Meernixe sagte: »Es sei!«, und die Hexe hängte sofort ihren Kessel übers Feuer, um den Zaubertrank zu brauen, nachdem sie den Kessel mit einem Bündel Wasserschlangen ausgescheuert hatte. Dann ritzte sie sich selbst die Brust und ließ ihr schwarzes Blut hineinträufeln. Der Dampf, der aus dem Kessel aufstieg, bildete die seltsamsten Gestal-

Hans Christian Andersen

ten, dass einem angst und bange davon werden konnte. Jeden Augenblick warf die Hexe wieder etwas anderes in den Kessel, und als alles richtig brodelte und kochte, klang es, als weinten Krokodile. Schließlich war der Trank fertig und sah aus wie kristallhelles Wasser.

Die Hexe sagte: »Da hast du ihn«, und schnitt der Prinzessin die Zunge ab. Nun war die kleine Meernixe stumm und konnte weder singen noch sprechen.

Und die Hexe sprach: »Wenn die Polypen nach dir greifen, während du durch meinen Wald zurückgehst, brauchst du nur einen einzigen Tropfen dieses Trankes auf sie zu träufeln. Davon zerspringen ihre Arme und Finger in tausend Stücke.«

Das war aber nicht einmal nötig. Erschreckt wichen die Polypen vor ihr zurück, sobald sie den schimmernden Trank erblickten, der wie ein heller Stern in der Hand der kleinen Meernixe leuchtete. So kam sie rasch durch den Wald, über das brodelnde Moor und durch den brausenden Strudel hindurch.

Nun sah sie das Schloss ihres Vaters vor sich liegen. Die Lichter im großen Tanzsaal waren erloschen. Gewiss schliefen alle schon längst. Die kleine Prinzessin wagte aber nicht mehr hineinzugehen, weil sie stumm war und ihre Lieben für immer verlassen wollte. Es war ihr, als ob ihr Herz vor Leid und Kummer brechen müsse. Leise schlich sie sich in den Garten, pflückte von jedem Blumenbeet ihrer Schwestern eine Blume ab, warf tausend Kusshände zum Schloss und tauchte dann durch das dunkelblaue Wasser empor.

Die Sonne war noch nicht aufgegangen, als sie das Schloss

Die kleine Meernixe

des Prinzen vor sich sah und sich auf die prächtige Marmortreppe setzte. Der Mond schien wunderbar klar und hell. Die
kleine Meernixe trank den brennend scharfen Trank und es
war, als würde ihr Körper mit einem zweischneidigen Schwert
mitten durchgeschnitten werden. Sie wurde ohnmächtig vor
Schmerz und lag da wie tot. Als die Sonne aufging und ihre
Strahlen übers Meer warf, erwachte die kleine Meernixe wieder und fühlte einen brennenden Schmerz. Aber siehe da, vor
ihr stand der schöne junge Prinz. Er sah sie mit seinen kohl-
schwarzen Augen so eindringlich an, dass sie ihre Augen nie-
derschlug. Und da sah sie, dass ihr Fischschwanz verschwunden war und sie dafür die niedlichsten weißen Beine hatte,
die ein Mädchen nur haben kann. Aber sie war vollkommen
nackt. Darum hüllte sie sich in ihre langen, dicken Haare ein.

Der Prinz fragte: »Wer bist du? Und woher kommst du?«

Und sie schaute ihn mit ihren dunkelblauen Augen sanft
und, ach, so traurig an, denn sprechen konnte sie ja nicht.

Da nahm der Prinz sie an der Hand und führte sie ins
Schloss. Bei jedem Schritt, den sie machte, war ihr, wie die
Hexe vorausgesagt hatte, als ob sie auf spitze Stacheln und ge-
schliffene Messer trete, aber sie ertrug die Schmerzen gern.
Leicht wie ein Schaumbläschen schritt sie an der Hand des
Prinzen dahin, und alle, die sie sahen, staunten über ihren an-
mutigen, schwebenden Gang.

Kostbare Kleider aus Seide wurden ihr nun angezogen. Sie
war die Schönste im ganzen Schloss, aber sie war und blieb
stumm. Sie konnte weder singen noch sprechen. Schöne Sklavinnen in goldgestickten, seidenen Gewändern traten herein
und sangen vor dem Prinzen und seinen Eltern. Eine sang

schöner als alle anderen, und der Prinz lächelte ihr zu und klatschte ihr Beifall. Da wurde die kleine Meernixe sehr traurig, denn sie wusste, dass sie selbst eine sehr viel schönere Stimme gehabt hatte. Sie dachte: Oh, wenn er wüsste, dass ich meine Stimme für alle Ewigkeit hingegeben habe, um bei ihm zu sein!

Nun tanzten die Sklavinnen anmutige, schwebende Tänze zu der herrlichsten Musik. Da erhob auch die kleine Meernixe ihre schönen weißen Arme, hob sich auf die Zehenspitzen und schwebte dahin, tanzte, wie vor ihr noch keine getanzt hatte. Mit jeder Bewegung trat ihre Schönheit noch mehr hervor, und was ihre Augen sprachen, ging tiefer zu Herzen als der Gesang der Sklavinnen.

Alle waren hingerissen und am meisten der Prinz, der sie sein liebes kleines Findelkind nannte. Und sie tanzte immer weiter, obgleich sie jedes Mal, wenn ihr Fuß den Boden berührte, meinte auf scharfe Messer zu treten. Der Prinz erklärte, sie müsse stets in seiner Nähe sein und durfte vor seiner Tür auf einem weichen Samtkissen schlafen.

Der Prinz ließ Jungenkleider für sie machen, damit sie ihn auch dann begleiten konnte, wenn er ausritt. Zusammen ritten sie durch die duftenden Wälder, wo die kleinen Vögel sangen und die grünen Zweige ihre Schultern streiften. Sie stieg mit dem Prinzen auf die hohen Berge, und obwohl ihre zarten Füße schmerzten, lachte sie nur darüber und folgte ihm bis dahin, wo sie die Wolken unter sich ziehen sahen wie Zugvögel, die in ferne Länder fliegen.

Nachts, daheim im Schloss des Prinzen, wenn alles schlief, trat die kleine Meernixe hinaus auf die breite Marmortreppe

Die kleine Meernixe

und kühlte ihre brennenden Füße im frischen Meerwasser. Und dabei dachte sie an ihre Schwestern, den Vater und ihre alte Großmutter unten in der Tiefe.

Eines Abends kamen ihre Schwestern Arm in Arm an die Oberfläche heraufgeschwommen und sangen kummervolle Lieder. Die kleine Meernixe winkte ihnen zu. Sie erkannten ihre Schwester und erzählten ihr, wie traurig sie alle ihretwegen seien. Von da an besuchten sie sie jede Nacht. Und einmal erblickte sie auch weit draußen im Meer die alte Großmutter, die seit vielen Jahren nicht mehr an der Meeresoberfläche gewesen war, und den Meerkönig mit seiner Krone auf dem Kopf. Beide streckten sehnsüchtig die Arme nach ihr aus, wagten sich aber nicht so nah ans Land wie die Schwestern.

Tag für Tag gewann der Prinz die kleine Meernixe lieber. Er hatte sie so lieb, wie man ein gutes, schönes Kind nur lieb haben kann, aber sie zu seiner Königin zu machen, das fiel ihm nicht im Traum ein. Aber seine Frau musste sie doch werden, sonst bekam sie keine unsterbliche Seele, sondern musste an seinem Hochzeitsmorgen zu Schaum auf dem Meer zerfließen.

Ihre Augen schienen zu fragen: »Liebst du mich denn nicht am allermeisten?«, wenn der Prinz sie in die Arme schloss und auf die schöne Stirn küsste.

Da sagte der Prinz: »Ja, du bist mir die Liebste. Du hast das beste Herz von allen, du bist mir am meisten ergeben, und du siehst einem Mädchen ähnlich, das ich einmal gesehen habe und das ich sicher nie mehr in meinem Leben wiederfinden werde. Ich war auf einem Schiff, das im Sturm gekentert ist.

329

Hans Christian Andersen

Die Wellen trugen mich an Land, in die Nähe eines heiligen Tempels, in dem viele junge Mädchen Tempeldienst taten. Die Jüngste von ihnen fand mich am Ufer und rettete mir das Leben. Ich habe sie nur zweimal gesehen und sie wäre die Einzige auf der Welt, die ich lieben könnte. Aber du siehst ihr ähnlich, beinah verdrängt dein Anblick ihr Bild aus meinem Herzen. Sie gehört dem heiligen Tempel an, und darum hat mir mein guter Stern dich gesandt. Niemals werde ich mich von dir trennen.«

Die kleine Meernixe dachte: Ach, er weiß es nicht, dass ich es war, die ihm das Leben gerettet hat. Ich habe ihn übers Wasser bis zu dem Wald getragen, in dem jener Tempel steht. Ich war hinter dem Wellenschaum verborgen und wartete, ob keine Menschen kämen. Ich habe gesehen, wie das schöne Mädchen kam, das ihm teurer ist als ich.

Die kleine Meernixe seufzte tief und schmerzlich, denn weinen konnte sie ja nicht. Und sie dachte: Das Mädchen gehört dem heiligen Tempel an, so hat er gesagt. Nie mehr wird sie in der Welt leben und sie werden nie mehr zusammentreffen. Ich dagegen bin bei ihm, ich sehe ihn jeden Tag. Ich will ihn pflegen, ihn lieben, ihm mein ganzes Leben weihen.

Nun aber erzählte man sich, dass der Prinz heiraten sollte. Die schöne Tochter des Nachbarkönigs sollte seine Frau werden, darum werde das prächtige Schiff ausgerüstet. Er trete die Reise an, um das Nachbarkönigreich kennen zu lernen, – aber eigentlich sei es die Königstochter, die er kennen lernen solle, und ein großes Gefolge werde ihn begleiten.

Die kleine Meernixe aber schüttelte über all das den Kopf und lachte. Sie kannte die Gedanken des Prinzen besser als

Die kleine Meernixe

irgendjemand sonst. Zu ihr hatte er gesagt: »Ich muss reisen. Ich muss mir die schöne Prinzessin ansehen, meine Eltern verlangen es. Aber mich zwingen, sie als Braut heimzuführen, wollen sie nicht. Ich kann sie niemals lieben. Sie sieht nicht dem schönen Mädchen in dem Tempel ähnlich, dem du gleichst. Wenn ich wirklich einmal eine Braut nehmen muss, dann nehme ich lieber dich, mein stummes Findelkind mit den sprechenden Augen!« Und er hatte ihren roten Mund geküsst, hatte mit ihren langen Haaren gespielt und seinen Kopf an ihr Herz gelehnt, sodass sie von Menschenglück und einer unsterblichen Seele zu träumen begann.

Als sie zusammen auf dem prächtigen Schiff standen, das ihn ins Reich des Nachbarkönigs bringen sollte, fragte er sie: »Du fürchtest dich doch nicht vor dem Meer, mein stummes Kind?« Und er erzählte ihr vom Sturm und der Windstille, von den seltsamen Fischen in der Tiefe und von dem, was Taucher dort unten gesehen hatten. Und sie lächelte über seine Erzählung, denn sie wusste ja viel besser Bescheid über den Meeresgrund.

In der mondhellen Nacht, in der jedermann schlief, bis auf den Steuermann am Ruder, saß die kleine Meernixe auf der Reling und starrte in das klare, durchsichtige Wasser. Da meinte sie das Schloss ihres Vaters zu erkennen. Auf der höchsten Zinne stand ihre alte Großmutter und starrte durch die reißenden Meeresströme zum Kiel des Schiffes empor. Nun tauchten ihre Schwestern aus dem Wasser auf, schauten sie, ach, so traurig an und rangen ihre weißen Hände. Die kleine Meernixe winkte ihnen zu, lächelte und wollte ihnen zeigen, dass es ihr gut gehe und dass sie glücklich sei, aber da

Hans Christian Andersen

lief der Schiffsjunge an ihr vorbei. Die Schwestern tauchten unter, sodass er meinte, es sei nur Wellenschaum gewesen, was er gesehen habe.

Am nächsten Morgen lief das Schiff im Hafen der prächtigen Hauptstadt des Nachbarkönigs ein. Alle Kirchenglocken läuteten, von den Türmen wurden Posaunen geblasen und mit wehenden Fahnen und blitzenden Bajonetten waren die Soldaten aufmarschiert. Jeden Tag wurde ein neues Fest gefeiert. Bälle und Gesellschaften wechselten einander ab, aber die Prinzessin war nicht da. Sie wurde weit weg in dem heiligen Tempel erzogen, hieß es, und dort in allen königlichen Tugenden unterrichtet. Schließlich aber traf sie ein. Die kleine Meernixe brannte vor Neugier, die Prinzessin zu sehen, und sie musste sich eingestehen, noch nie ein schöneres Mädchen erblickt zu haben. Die Haut der Prinzessin war fein und zart, und unter den langen Wimpern lächelten zwei tiefblaue, treue Augen hervor.

Außer sich vor Freude rief der Prinz: »Du bist es! Du, die mich gerettet hat, als ich wie tot am Ufer lag!« Voller Freude drückte er seine errötende Braut ans Herz. Und zu der kleinen Meernixe sagte er: »Ich bin glücklich! Das Beste, das, was ich niemals zu hoffen wagte, ist mir geschehen. Und du wirst dich mit mir an meinem Glück freuen, denn du liebst mich mehr als jemand sonst.« Die kleine Meernixe küsste ihm die Hand und fühlte ihr Herz brechen. Sein Hochzeitsmorgen würde ihr ja den Tod bringen und sie zu Schaum auf dem Meer verwandeln.

Alle Kirchenglocken wurden geläutet und die Herolde rit-

Die kleine Meernixe

ten durch die Straßen, um die Verlobung zu verkünden. Braut und Bräutigam reichten einander die Hand, und der Bischof gab ihnen seinen Segen. Die kleine Meernixe stand in goldgestickter Seide dabei und trug der Braut die Schleppe; aber ihre Ohren hörten nichts von der feierlichen Musik und ihre Augen sahen nichts von der heiligen Handlung. Sie dachte nur an die nächste Nacht, die Nacht ihres Todes, und an alles, was sie auf Erden verloren hatte.

Noch am selben Abend begaben sich Braut und Bräutigam an Bord des Schiffes. Kanonenschüsse dröhnten, Fahnen flatterten und auf dem Schiff war aus Gold und Purpur ein königliches Zelt errichtet und die kostbarsten weichen Polster lagen darin. Hier sollte das Brautpaar schlafen in der stillen, kühlen Nacht.

Die Segel blähten sich im Wind und das Schiff glitt leicht über das spiegelglatte Meer. Als es dunkelte, wurden bunte Lampen angezündet und die Seeleute tanzten auf Deck. Die kleine Meernixe musste an das erste Mal denken, als sie aus der Tiefe aufgestiegen war und dieselbe Pracht und Fröhlichkeit erblickt hatte. Und sie stürzte sich hinein in den Wirbel des Tanzes, schwebte dahin wie eine Schwalbe in der Luft und alle klatschten ihr Beifall. So wunderbar hatte sie noch nie getanzt. Es schnitt ihr zwar wie mit scharfen Messern in die zarten Füße, aber sie spürte nichts davon. Was ihr das Herz zerschnitt, tat noch viel ärger weh. Sie wusste, es war der letzte Abend, an dem sie ihn sah, für den sie ihre Lieben und ihre Heimat verlassen, ihre wunderbare Stimme hingegeben und täglich unendliche Qualen erduldet hatte, ohne dass er das Geringste davon ahnte.

Hans Christian Andersen

Fröhlichkeit und Freude auf dem Schiff dauerten bis weit nach Mitternacht, und die kleine Meernixe lachte und tanzte mit den Todesgedanken im Herzen. Der Prinz küsste seine schöne Braut, sie spielte mit seinen schwarzen Haaren, dann traten sie Arm in Arm in das prächtige Zelt und legten sich zur Ruhe.

Bald wurde es nun still und ruhig auf dem Schiff. Nur der Steuermann stand an seinem Ruder. Die kleine Meernixe legte ihre weißen Arme auf die Reling und schaute nach Osten, dem Morgenrot entgegen. Der erste Sonnenstrahl, das wusste sie, würde ihr den Tod bringen. Da sah sie ihre Schwestern aus dem Meer auftauchen; sie sahen ebenso bleich aus wie sie selbst. Ihre schönen langen Haare flatterten nicht mehr im Wind: Sie waren abgeschnitten.

Sie sagten: »Wir haben der Hexe unsere Haare gegeben, damit sie Hilfe schaffe und du diese Nacht nicht sterben musst. Sie hat uns ein Messer gegeben – hier ist es. Siehst du, wie scharf es ist? Bevor die Sonne aufgeht, musst du es dem Prinzen ins Herz stoßen. Und wenn dann sein warmes Blut über deine Beine fließt, wachsen sie wieder zu einem Fischschwanz zusammen. Dann bist du wieder eine Meerfrau, kannst zu uns ins Wasser hinuntertauchen und deine dreihundert Jahre leben, ehe du zu totem, salzigem Wellenschaum zerfließen wirst. Beeile dich! Bevor die Sonne aufgeht, muss entweder er sterben oder du! Unsere alte Großmutter ist so bekümmert um dich, dass ihr vor Schmerz die weißen Haare ausgefallen sind. Beeile dich! In wenigen Minuten geht die Sonne auf!« Und sie stießen einen seltsamen tiefen Seufzer aus und versanken in den Wellen.

Die kleine Meernixe

Die kleine Meernixe zog den purpurnen Vorhang vom Eingang des Zeltes zurück und erblickte die schöne Braut, die mit ihrem Kopf an der Brust des Prinzen ruhte. Sie beugte sich nieder, küsste den Prinzen auf die Stirn, sah nach dem Himmel, wo das Morgenrot immer heller leuchtete, betrachtete das scharfe Messer, sah dann wieder auf den Prinzen, der im Schlaf den Namen seiner Braut rief. Das scharfe Messer zitterte in der Hand der kleinen Meernixe – aber da schleuderte sie es plötzlich weit in die Wellen hinaus, die rot aufleuchteten, wo es hinfiel. Noch einmal schaute sie sich mit halb gebrochenem Blick nach dem Prinzen um, dann stürzte sie sich vom Schiff hinab. Und sie fühlte, wie ihr Körper langsam in Schaum zerfloss.

Nun stieg die Sonne aus dem Meer. Ihre Strahlen fielen mild und warm auf den todeskalten Wellenschaum, und da fühlte die kleine Meernixe nichts mehr vom Tod. Sie sah die helle Sonne aufgehen und sah, dass über ihr in der Luft hunderte von durchsichtigen Wesen schwebten. Durch diese Wesen hindurch konnte sie die weißen Segel des Schiffes und die rosa Wölkchen erblicken. Die Stimmen dieser Wesen waren Musik, wie kein menschliches Ohr sie vernehmen konnte, wie auch kein Menschenauge diese Wesen sehen konnte. Ohne Flügel schwebten sie nur durch ihre eigene Leichtigkeit in der Luft. Und die kleine Meernixe bemerkte, dass auch sie solch eine leichte Gestalt bekam, die sich mehr und mehr aus dem Wellenschaum löste.

Sie fragte: »Zu wem komme ich?«, und ihre Stimme klang wie die der zarten Wesen so geistig, dass keine irdische Musik sie wiedergeben könnte.

Die anderen antworteten: »Zu den Töchtern der Luft! Die Meerfrauen haben keine unsterbliche Seele und können nie eine bekommen, wenn sie nicht die Liebe eines Menschen gewinnen. Von einer fremden Macht hängt ihr ewiges Leben ab. Wir Töchter der Luft haben auch keine unsterbliche Seele, aber wir können uns selbst durch gute Taten eine erwerben. Wir fliegen in die warmen Länder, wo die heiße Pestluft die Menschen tötet, und wehen ihnen Kühlung zu. Wir tragen die Düfte der Blumen durch die Luft und bringen Erfrischung und Gesundheit. Wenn wir dreihundert Jahre lang so viel Gutes getan haben, wie uns nur möglich ist, erhalten wir eine unsterbliche Seele und mit ihr die ewige Seligkeit. Du arme kleine Meerfrau hast von ganzem Herzen nach demselben Gut gestrebt wie wir. Du hast gelitten und geduldet und dich dadurch in die Welt der Luftgeister erhoben. Jetzt kannst du dir selbst in den dreihundert Jahren eine unsterbliche Seele erwerben.«

Die kleine Meernixe streckte ihre durchsichtigen Arme der Sonne entgegen, und zum ersten Mal fühlte sie Tränen in ihren Augen. Auf dem Schiff herrschte wieder Leben und Bewegung. Sie sah den Prinzen, der mit seiner schönen Braut eifrig nach ihr suchte. Voller Wehmut starrten sie beide in den Wellenschaum, als ob sie wüssten, dass sie sich in die Wogen gestürzt hatte. Unsichtbar küsste die kleine Meernixe die Stirn der Braut und lächelte dem Prinzen zu. Dann stieg sie mit den anderen Kindern der Luft auf ein rosarotes Wölkchen, das eben dahergezogen kam.

WILHELM
HAUFF

Die Geschichte
vom kleinen Muck

In Nicea, meiner Vaterstadt, wohnte ein Mann, den man den kleinen Muck nannte. Obwohl ich damals noch sehr jung war, kann ich mich gut an ihn erinnern, besonders, weil ich seinetwegen von meinem Vater einmal eine ordentliche Tracht Prügel hatte einstecken müssen.

Der kleine Muck war damals schon ein alter Mann gewesen und sah sehr sonderbar aus. Er war nur knapp über einen Meter groß, aber auf dem kleinen, zierlichen Körper saß ein riesiger Kopf, viel größer und dicker als die Köpfe anderer Leute.

Er wohnte ganz allein in einem großen Haus, das er nur alle vier Wochen einmal verließ. Das Einzige, woran man in der Zwischenzeit erkennen konnte, dass er noch am Leben war, war ein mächtiger Qualm, der jeden Tag zur Mittagsstunde aus seinem Kamin aufstieg, wenn er sein Mittagsmahl kochte. Und des Öfteren sah man ihn abends auf seinem Dach auf und ab gehen, wobei man von der Straße aus den Eindruck hatte, nur sein Kopf allein laufe auf dem Haus umher.

Meine Freunde und ich waren böse Jungen, die nur zu gern die tollsten Streiche ausheckten und sich über andere lustig

Wilhelm Hauff

machten. Daher war es für uns jedes Mal ein Festtag, wenn der kleine Muck ausging. Wir trafen uns vor seinem Haus und warteten, bis er herauskam.

Wenn dann die Tür aufging, erschien als Erstes ein riesiger Turban, der auf dem kaum weniger großen Kopf thronte. Dem folgte der winzige Körper in einem viel zu weiten, zerschlissenen Mantel, viel zu weiten Hosen und einem viel zu breiten Gürtel, an dem ein langer Dolch hing – so lang, dass man nicht wusste, ob der kleine Muck an dem Dolch oder der Dolch an dem kleinen Muck hing.

Wenn er so heraustrat, ließen wir ein Freudengeheul ertönen, warfen unsere Mützen in die Luft und tanzten wie irr um ihn herum. Der kleine Muck aber grüßte uns mit einem ernsthaften Kopfnicken und ging langsam und bedächtig die Straße hinunter. Dabei schlurfte er mit den Füßen, denn er hatte viel zu große, seltsame Pantoffeln an, wie wir sie anderswo noch nie gesehen hatten. Wir johlten und schrien ihm hinterher: »Kleiner Muck, kleiner Muck«, und manchmal sangen wir auch ein Spottlied, das wir ihm zu Ehren gedichtet hatten:

> *»Kleiner Muck, kleiner Muck,*
> *dreh dich einmal um und guck!*
> *Wohnst in einem großen Haus,*
> *gehst nur all' vier Wochen aus,*
> *bist ein braver, kleiner Zwerg,*
> *hast ein Köpflein wie ein Berg.*
> *Dreh dich einmal um und guck,*
> *lauf und fang uns, kleiner Muck!«*

Die Geschichte vom kleinen Muck

So hatten wir ihn oft verspottet und uns über ihn lustig gemacht, und zu meiner Schande muss ich gestehen, dass ich es dabei meist am ärgsten trieb. Oft zog ich an seinem alten Mantel oder seinen schlabbrigen Hosen und einmal trat ich ihm von hinten so auf die riesigen Pantoffeln, dass er stolperte und hinfiel. Das sah zu komisch aus, aber das Lachen verging mir schnell, als ich kurz darauf den kleinen Muck auf das Haus meines Vaters zugehen sah. Er trat ein und blieb für einige Zeit darin.

Ich versteckte mich, aber so, dass ich die Haustür im Blick behielt. Auf diese Weise konnte ich wenig später mitverfolgen, wie mein Vater dem kleinen Muck ehrerbietig die Tür aufhielt und sich mit einer tiefen Verbeugung von ihm verabschiedete.

Mir war gar nicht wohl in meiner Haut und ich blieb noch lange in meinem Versteck, bis mich der Hunger doch nach Hause trieb. Denn den fürchtete ich noch mehr als eine Tracht Prügel. Schuldbewusst und mit gesenktem Kopf trat ich vor meinen Vater.

»Du hast, wie ich höre, Unsinn mit dem guten Muck getrieben?«, sprach er in ernstem Ton. »Ich will dir seine Geschichte erzählen, dann wirst du ihn sicher nicht wieder verspotten. Vorher und nachher aber sollst du deine verdiente Strafe bekommen.«

Er nahm sein langes Pfeifenrohr, schraubte das Bernsteinmundstück ab und versetzte mir die übliche Tracht Prügel.

Als er fertig war, befahl er mir gut zuzuhören und erzählte mir die Geschichte dieses seltsamen Mannes.

Wilhelm Hauff

»Der Vater des kleinen Muck, der eigentlich Mukrah hieß, war
ein angesehener, aber armer Mann hier in Nicea gewesen. Er
lebte fast so zurückgezogen wie jetzt sein Sohn. Diesen
mochte er nicht leiden, weil er sich für dessen Zwergenge-
stalt schämte. Deshalb ließ er ihn niemals aus dem Haus und
der Junge wuchs auf, ohne jemals andere Menschen zu tref-
fen oder die Welt kennen zu lernen. Noch mit sechzehn Jahren verhielt er sich daher wie ein kleines Kind und sein Vater
tadelte ihn oft, dass er als junger Mann immer noch so dumm
und lebensunfähig sei.

Eines Tages aber stürzte der Alte und verletzte sich so
schwer, dass er bald darauf starb und den kleinen Muck arm
und unwissend zurückließ.

Auch die Verwandten, denen der Vater noch viel Geld
schuldete, hatten kein Mitleid mit ihm, sondern warfen ihn
aus dem Haus und rieten ihm in die Welt hinauszugehen und
sein Glück zu versuchen.

Der kleine Muck antwortete, er sei schon reisefertig, bat
aber noch um den Anzug seines Vaters. Der wurde ihm bewil-
ligt. Sein Vater war ein großer, starker Mann gewesen und
seine Kleider waren dem kleinen Muck viel zu groß. Aber er
nahm einfach eine Schere, schnitt ab, was zu lang war, und
zog die Sachen an. Dass ihm die Kleider immer noch viel zu
weit waren, störte ihn nicht weiter. So kam der kleine Muck
zu dem sonderbaren Aufzug, wie er ihn bis heute trägt: dem
großen Turban, dem breiten Gürtel, den weiten Hosen, dem
blauen Mäntelchen. Dann steckte er sich noch den langen
Dolch seines Vaters in den Gürtel, nahm einen Stock und
wanderte zum Stadttor hinaus.

Die Geschichte vom kleinen Muck

Fröhlich marschierte er den ganzen Tag voran, denn er war ja ausgezogen, sein Glück zu versuchen. Sah er eine Glasscherbe auf dem Boden im Sonnenschein glänzen, steckte er sie ein, in dem Glauben, dass sie sich in den schönsten Diamanten verwandeln werde; sah er in der Ferne die Kuppel einer Moschee wie Feuer aufleuchten, sah er einen See wie einen Spiegel blinken, so eilte er voll Freude darauf zu, denn er glaubte in einem Zauberland angekommen zu sein.

Aber alle diese Trugbilder verschwanden, sobald er ihnen zu nahe kam, und viel zu bald erinnerten ihn seine Müdigkeit und sein vor Hunger knurrender Magen daran, dass er sich immer noch in der nur allzu wirklichen Welt befand.

So wanderte er zwei Tage dahin. Seine Nahrung war das, was er am Wegesrand finden konnte, und der harte Waldboden war sein Nachtlager. Sein Mut sank und er begann daran zu zweifeln, ob er sein Glück je finden würde.

Am Morgen des dritten Tages erblickte er von einer Anhöhe aus eine große Stadt. Bunte Fahnen wehten auf den Dächern und schienen ihn zu sich herzuwinken.

Überrascht blieb er stehen und blickte hinab. ›Ja, dort wird der kleine Muck sein Glück finden‹, sagte er zu sich selbst und machte trotz seiner Müdigkeit einen kleinen Luftsprung. ›Dort oder nirgends.‹

Er sammelte seine letzten Kräfte und schritt auf die Stadt zu. Aber obwohl sie ganz nah schien, konnte er sie doch erst gegen Mittag erreichen, denn er war schon so erschöpft, dass er sich immer wieder in den Schatten einer Palme setzen musste, um auszuruhen.

343

Wilhelm Hauff

Endlich war er am Tor der Stadt angelangt. Er rückte sein Mäntelchen zurecht, band den Turban noch einmal neu, zog den Gürtel noch weiter auseinander und steckte den langen Dolch schiefer. Dann wischte er den Staub von den Schuhen, nahm seinen Wanderstab und ging mutig durch das Tor in die Stadt hinein.

Er wanderte durch viele Straßen, aber nirgends öffnete sich eine Tür, nirgends rief man, wie er es sich vorgestellt hatte: ›Kleiner Muck, komm herein, iss und trink und ruhe deine Füße aus.‹

Erst nach langer Zeit, als er gerade wieder sehnsüchtig an einem schönen Haus hinaufblickte, öffnete sich ein Fenster, eine alte Frau schaute heraus und rief mit singender Stimme:

> *›Herbei, herbei,*
> *gekocht ist der Brei,*
> *den Tisch ließ ich decken,*
> *drum lasst es euch schmecken.*
> *Ihr Nachbarn herbei,*
> *gekocht ist der Brei.‹*

Und der kleine Muck sah, wie sich die Tür öffnete und viele Hunde und Katzen in das Haus hineinliefen.

Er überlegte einen Augenblick, ob er der Einladung folgen sollte, fasste sich aber dann ein Herz und ging ebenfalls hinein. Vor sich sah er ein paar junge Kätzchen und beschloss ihnen zu folgen, da sie sicherlich ebenfalls auf dem Weg in die Küche waren.

Als Muck die Treppe hinaufgestiegen war, begegnete er der

Die Geschichte vom kleinen Muck

alten Frau, die zum Fenster hinausgeschaut hatte. Sie sah ihn mürrisch an und fragte, was er hier wolle.

›Du hast ja jedermann zu deinem Brei eingeladen‹, antwortete der kleine Muck, ›und weil ich so hungrig bin, bin ich auch gekommen.‹

Die Alte lachte laut auf und sprach: ›Woher kommst du denn, du sonderbarer Geselle? Die ganze Stadt weiß, dass ich für niemand anderen koche als für meine Katzen. Und hin und wieder lade ich ihnen Gesellschaft aus der Nachbarschaft ein, wie du siehst.‹

Der kleine Muck erzählte ihr, wie es ihm seit dem Tod des Vaters ergangen war, und bat sie, ihn heute mit ihren Katzen speisen zu lassen. Die Frau, der die treuherzige Geschichte des Kleinen gefiel, erlaubte ihm ihr Gast zu sein und gab ihm reichlich zu essen und zu trinken.

Als er satt und wieder ein bisschen bei Kräften war, betrachtete ihn die Frau lange und sagte dann: ›Bleib bei mir, kleiner Muck, und sei mir im Haus behilflich. Die Arbeit wird nicht hart sein und du sollst es gut bei mir haben.‹

Dem kleinen Muck hatte der Katzenbrei gut geschmeckt und so willigte er ein. Seine Aufgabe war leicht, aber sonderbar. Frau Ahavzi, so hieß die alte Frau, hatte vier Katzen und zwei Kater. Diesen musste der kleine Muck jeden Morgen das Fell kämmen und sie mit kostbaren Salben einreiben; wenn die Frau ausging, musste er auf die Katzen Acht geben, wenn sie aßen, musste er ihnen die Schüsseln hinstellen und nachts musste er sie auf seidene Polster legen und mit samtenen Tüchern zudecken. Außerdem waren noch einige Hunde im Haus, die er versorgen sollte, doch wurden um sie lange nicht

345

Wilhelm Hauff

so viele Umstände gemacht wie um die Katzen, die Frau Ahavzi wie ihre eigenen Kinder behandelte.

So führte der kleine Muck wieder ein ebenso einsames Leben wie im Hause seines Vaters, da er außer der Frau den ganzen Tag nur Katzen und Hunden begegnete.

Eine Zeit lang ging es dem kleinen Muck ganz gut. Er hatte immer zu essen, brauchte nur wenig zu arbeiten und die Frau schien recht zufrieden mit ihm zu sein.

Aber nach und nach wurden die Katzen aufmüpfig: Wenn die alte Frau ausgegangen war, sprangen sie wie besessen in den Zimmern umher, brachten alles durcheinander und zerbrachen manches schöne Geschirr, das ihnen im Weg stand. Hörten sie aber die Frau die Treppe hochkommen, verzogen sie sich schnell auf ihre Polster und sahen ihr so unschuldig entgegen, als wenn nichts geschehen wäre. Wenn Frau Ahavzi dann das Durcheinander in ihren Zimmern bemerkte, geriet sie in Zorn und schob alles auf den kleinen Muck.

Er konnte seine Unschuld beteuern, so viel er wollte, sie glaubte ihren Katzen, die sich in ihrer Gegenwart verhielten, als könnten sie keiner Fliege etwas zu Leide tun.

Der kleine Muck war sehr traurig, dass er also auch hier sein Glück nicht gefunden hatte, und so fasste er den Entschluss, das Haus der Frau Ahavzi wieder zu verlassen.

Da er aber auf seiner ersten Reise erfahren hatte, wie schlecht es sich ohne Geld lebt, beschloss er, sich den Lohn, der ihm immer wieder versprochen, aber nie gegeben worden war, auf irgendeine Weise selbst zu verschaffen.

In dem Haus der Frau Ahavzi gab es eine Kammer, die er

noch nie betreten hatte. Aber er hatte die Alte oft darin rumoren hören und hätte zu gern gewusst, was sie dort versteckt hielt.

Als er nun an sein Reisegeld dachte, fiel ihm ein, dass die Frau dort möglicherweise ihre Schätze aufbewahrte. Aber die Tür war fest verschlossen und er kam nicht in die Kammer hinein.

Eines Morgens, als die Frau Ahavzi ausgegangen war, zog ihn einer der Hunde, der von der Alten immer sehr stiefmütterlich behandelt worden war, am Hosenbein und gab ihm zu verstehen, dass er ihm folgen solle. Der kleine Muck hatte dem Hund immer wieder kleine Leckereien zukommen lassen und sich so dessen Zuneigung erworben.

Er ging dem Tier nach, das ihn in das Schlafzimmer der Frau Ahavzi führte, vor eine niedrige Tür, die der kleine Muck nie zuvor bemerkt hatte. Die Tür stand halb offen. Der Hund lief hinein und der kleine Muck folgte ihm. Freudig überrascht stellte er fest, dass er sich in der geheimnisvollen Kammer befand. Er sah sich gründlich um, konnte aber kein Geld entdecken. Es gab nur einen Haufen alter Kleider und seltsam geformtes Geschirr. Eines der Gefäße zog seine besondere Aufmerksamkeit auf sich. Es war aus Kristall und mit wunderschönen Mustern verziert. Der kleine Muck hob es hoch und besah es von allen Seiten. Er hatte aber nicht bemerkt, dass das Gefäß einen Deckel hatte, der nur lose darauf gesetzt war. Er fiel zu Boden und zersprang in tausend Stücke.

Wie erstarrt stand der kleine Muck vor den Scherben. Jetzt war sein Schicksal entschieden, jetzt musste er fliehen, sonst würde die Alte ihn totschlagen. Er beschloss, sofort aufzubrechen, sah sich aber noch einmal um, ob er nicht irgendetwas aus der Kammer für die Reise gebrauchen könnte.

Da fielen ihm ein Paar riesengroße Pantoffeln ins Auge. Sie waren zwar nicht mehr schön, aber mit seinen eigenen würde er nicht mehr weit kommen. Auch gefiel ihm die Größe der Schuhe, denn mit denen an den Füßen hoffte er, dass jeder sogleich merken würde, dass er den Kinderschuhen inzwischen entwachsen war. Begeistert zog er sie an. Dann nahm er noch einen Spazierstock mit geschnitztem Löwenkopf und verließ die Kammer.

In seinem Zimmer zog er sein Mäntelchen an, band sich den Turban um den Kopf, steckte den Dolch an den Gürtel und lief, so schnell ihn seine Füße trugen, zum Haus und zur Stadt hinaus.

Aus Angst vor der Alten lief und lief der kleine Muck, bis er völlig erschöpft war. So schnell war er in seinem Leben noch nicht gerannt und es schien ihm, als könne er gar nicht wieder aufhören zu laufen, als würde ihn eine unsichtbare Kraft vorwärts treiben.

Schließlich war er sicher, dass es mit den Pantoffeln seine eigene Bewandtnis haben musste, denn sie liefen immer weiter und zogen ihn mit sich fort. Er versuchte auf alle erdenkliche Weise stillzustehen, aber es wollte ihm nicht gelingen. In letzter Verzweiflung rief er, so wie man einem Pferd zuruft: ›Hoh, stehen bleiben! Hoh!‹

Da hielten die Pantoffeln inne und der kleine Muck sank völlig erschöpft zu Boden. Er wusste nicht, was er von den

Die Geschichte vom kleinen Muck

Pantoffeln halten sollte. Aber er war zu müde, um noch darüber nachzudenken, und schlief auf der Stelle ein.

Im Traum erschien ihm der Hund, der ihn in die geheime Kammer der Frau Ahavzi geführt hatte, und sprach zu ihm: ›Lieber Muck, du hast noch nicht erkannt, wie du die Pantoffeln gebrauchen musst. Wenn du dich in ihnen dreimal auf dem Absatz herumdrehst, kannst du fliegen, wohin du willst! Und mit dem Stock kannst du Schätze finden! Denn wo Gold vergraben ist, da wird er dreimal auf die Erde schlagen und bei Silber zweimal.‹

Das träumte der kleine Muck. Und als er aufwachte, dachte er über den seltsamen Traum nach und beschloss einen Versuch zu wagen. Er zog die Pantoffeln an, holte mit einem Bein Schwung und begann sich auf dem Absatz herumzudrehen. Wer es aber jemals versucht hat, in viel zu großen Pantoffeln dieses Kunststück dreimal hintereinander zu vollführen, der wird sich nicht wundern, dass es dem kleinen Muck nicht auf Anhieb gelang, zumal ihn auch noch sein schwerer Kopf mal auf die eine, mal auf die andere Seite hinüberzog.

Er fiel ein paar Mal ordentlich auf die Nase, ließ sich aber nicht entmutigen und übte so lange, bis ihm das Kunststück endlich gelang. Wie ein Wirbelwind drehte er sich auf seinem Absatz herum und wünschte sich in die nächste große Stadt.

Wusch!, hoben die Pantoffeln ab, stiegen hinauf in die Lüfte, liefen in Windeseile über die Wolken und ehe der kleine Muck wusste, wie ihm geschah, befand er sich auf einem großen Marktplatz mit zahlreichen Buden, zwischen denen viele Menschen geschäftig hin und her liefen.

Der kleine Muck mischte sich unter die Leute, hielt es aber

Wilhelm Hauff

bald für ratsamer, sich in eine ruhigere Seitenstraße zurück-
zuziehen. Denn immer wieder trat ihm jemand so auf die Pantoffeln, dass er beinahe hinfiel, oder er stieß jemanden mit seinem großen Dolch so ungeschickt an, dass er nur mit Mühe
einigen wütenden Schlägen entgehen konnte.

Der kleine Muck musste nun ernsthaft darüber nachdenken,
wie er Geld verdienen könnte. Er hatte zwar seinen Wanderstock, der ihm verborgene Schätze anzeigte, aber wie sollte er
überhaupt erst einen Platz finden, wo Gold und Silber vergraben wären?

Da fiel ihm die Schnelligkeit seiner Füße ein. Vielleicht
könnten ihm seine Pantoffeln dazu verhelfen, seinen Unter-
halt zu verdienen, dachte er und beschloss seine Dienste als
Schnellläufer anzubieten. Und da er sicher war, dass der König seine Boten am besten bezahlen würde, machte er sich
gleich auf den Weg zum Palast.

Am Tor des Palastes stand ein Wächter, der ihn fragte, was
er dort zu suchen habe. Als der kleine Muck antwortete, dass
er Arbeit suche, schickte man ihn zum Aufseher der Sklaven.
Diesem trug der kleine Muck sein Anliegen vor, als königli-
cher Bote eingestellt zu werden.

Der Aufseher musterte ihn von Kopf bis Fuß und sagte: ›Was
denn, mit deinen winzigen Füßen, die kaum länger sind als
meine Hand, willst du Schnellläufer des Königs werden? Verschwinde, ich habe keine Zeit, mich mit jedem Dummkopf ab-
zugeben!‹

Der kleine Muck aber ließ sich nicht beirren und erklärte
dem Aufseher, dass er es durchaus ernst meine und dass er

Die Geschichte vom kleinen Muck

das gern mit einem Wettlauf gegen den schnellsten Läufer des Königs beweisen wolle.

Dem Aufseher kam die Sache äußerst lächerlich vor. Dennoch wies er den kleinen Muck an, sich am Abend für den Wettlauf bereitzuhalten, und brachte ihn dann in die Küche, damit er essen und trinken konnte. Er selbst aber begab sich zum König und erzählte ihm vom kleinen Muck und seinem Anliegen.

Der König liebte gute Unterhaltung und daher gefiel es ihm, dass der Sklavenaufseher den kleinen Muck dabehalten hatte, damit er ihnen am Abend ein köstliches Schauspiel bieten würde. Er befahl dem Aufseher, auf der Wiese hinter dem Schloss Tribünen aufstellen zu lassen, damit der ganze Hofstaat den Wettlauf bequem verfolgen könne, und trug ihm auf, den Zwerg bis dahin gut zu versorgen.

Seinen Söhnen und Töchtern erzählte der König, was für eine Vorstellung ihnen am Abend geboten werden würde. Diese erzählten es wieder ihren Dienern und so verbreitete sich die Nachricht durch den ganzen Palast. Alle warteten gespannt auf den Auftritt des kleinen Muck, und als es Abend wurde, strömte alles, was Füße hatte, zu den Tribünen auf der Wiese, um den prahlerischen Zwerg laufen zu sehen.

Nachdem der König, die Prinzen und die Prinzessinnen Platz genommen hatten, trat der kleine Muck hinaus auf die Wiese und machte vor den hohen Herrschaften eine tiefe Verbeugung.

Als die Menge ihn erblickte, ertönte ein großes Freudengeschrei, denn ein so seltsames Männlein hatte noch niemand zuvor gesehen. Der schmächtige Körper mit dem riesigen

Wilhelm Hauff

Kopf, der zu weite Mantel und die zu weiten Hosen, der lange Dolch in dem breiten Gürtel und die winzigen Füße in den viel zu großen Pantoffeln – das alles sah so ulkig aus, dass keiner das Lachen zurückhalten konnte.

Der kleine Muck aber ließ sich durch das Gelächter nicht entmutigen. Er stellte sich mit seinen Pantoffeln an die Startlinie und wartete auf seinen Gegner.

Der Aufseher der Sklaven hatte, wie Muck es gewünscht hatte, den schnellsten Läufer des Königs ausgesucht. Dieser kam nun heran und stellte sich neben ihn, und gemeinsam warteten sie auf das Startzeichen.

Da warf Prinzessin Amarza, wie es ausgemacht war, ihren Handschuh in die Luft und wie zwei Pfeile, die auf dasselbe Ziel abgeschossen wurden, flogen die beiden Wettläufer über die Wiese.

Am Anfang hatte Mucks Gegner noch einen deutlichen Vorsprung, aber dieser jagte ihm mit seinen Pantoffeln hinterher, holte ihn ein, ließ ihn hinter sich und stand schließlich längst schon am Ziel, als jener endlich völlig außer Atem dort einlief.

Vor Verwunderung und Staunen herrschte unter den Zuschauern einen Augenblick lang vollkommene Stille.

Als aber der König als Erster begann in die Hände zu klatschen, brach die Menge in Jubel aus und alle riefen: ›Hoch lebe der kleine Muck, der schnellste Läufer im Königreich!‹

Inzwischen war der kleine Muck zur königlichen Tribüne geführt worden. Wieder verbeugte er sich tief und sagte: ›Mächtiger König, ich habe dir hier eine Kostprobe meiner

Die Geschichte vom kleinen Muck

Kunst gegeben. Erlaube mir nun, als Schnellläufer in die Dienste deines Palastes zu treten.‹

Der König aber antwortete ihm: ›Nein, kleiner Muck, du sollst mein persönlicher Bote und nur mir allein zu Diensten sein. Als Lohn erhältst du jährlich hundert Goldstücke und du wirst mit meinen höchsten Dienern an einer Tafel speisen.‹

So glaubte denn der kleine Muck endlich sein Glück gefunden zu haben, nach dem er so lange gesucht hatte. Er stand in der besonderen Gunst des Königs, der ihm seine wichtigsten und geheimsten Sendungen anvertraute, die er mit größter Sorgfalt und Schnelligkeit überbrachte.

Aber die anderen Diener des Königs konnten den kleinen Muck nicht gut leiden. Sie fühlten sich von diesem Zwerg, der nichts anderes konnte, als schnell zu laufen, um die Aufmerksamkeit ihres Herren betrogen.

Deshalb heckten sie manchen Plan gegen ihn aus, um ihn in Ungnade fallen zu lassen, aber alle Versuche schlugen fehl wegen des großen Vertrauens, das der König in seinen Oberleibläufer, zu dem der kleine Muck inzwischen ernannt worden war, hatte.

Der kleine Muck aber, der die Absichten seiner Kollegen wohl durchschaute, sann nicht auf Rache, dazu hatte er ein zu gutes Herz, sondern suchte nach Möglichkeiten, sich bei seinen Feinden beliebt zu machen. Da fiel ihm sein Wanderstab ein, an den er in seinem Glück schon lange nicht mehr gedacht hatte. Wenn er damit einen Schatz finden könnte, so glaubte er, würden ihn die anderen Diener bestimmt bald lieber mögen. Er hatte schon des Öfteren gehört, dass der Vater

Wilhelm Hauff

des Königs viele seiner Schätze vergraben haben sollte, als Feinde in die Stadt eingefallen waren. Man erzählte sich auch, dass der alte König gestorben war, bevor er seinem Sohn die geheimen Plätze hatte verraten können. So nahm der kleine Muck also von nun an immer seinen Stab mit in der Hoffnung, irgendwann zufällig auf einen Ort zu stoßen, an dem das Gold des Königs vergraben sei.

Eines Abends führte ihn der Zufall in einen abgelegenen Teil des Schlossgartens, als der Stab in seiner Hand plötzlich zu zucken begann. Dreimal schlug er auf den Boden. Der kleine Muck wusste sofort, was das zu bedeuten hatte. Er zog seinen Dolch heraus, ritzte kleine Zeichen in die umstehenden Bäume und lief zum Schloss zurück. Dort besorgte er sich einen Spaten und wartete darauf, dass es Nacht wurde.

In der Dunkelheit begann er den Schatz auszugraben. Das machte ihm mehr Mühe, als er erwartet hatte. Seine kurzen Arme waren zu schwach und der Spaten zu groß und zu schwer. Er kam nur sehr langsam voran und hatte sicherlich schon zwei Stunden gearbeitet, als er endlich auf etwas Hartes stieß. Bald erkannte er einen eisernen Deckel. Er grub nun schneller, bis er darunter einen großen Topf freigelegt hatte. Mit aller Kraft hob er den Deckel an und kippte ihn zur Seite. Und tatsächlich fand er den Topf randvoll mit Goldstücken angefüllt.

Aber der kleine Muck war zu schwach, um den Topf zu heben, daher nahm er die Goldstücke und steckte, so viele er konnte, in seine Hose und in seinen Gürtel. Dann zog er seinen Mantel aus und füllte auch den mit so vielen Goldstücken, wie er tragen konnte. Dann schüttete er die Grube wieder zu,

Die Geschichte vom kleinen Muck

sodass nichts mehr zu erkennen war, und lud sich sein schweres Bündel auf den Rücken.

Zum Glück hatte er die Pantoffeln angezogen. Ohne sie hätte er sich mit all dem Gold nicht von der Stelle rühren können. Doch so gelangte er unbemerkt zurück in sein Zimmer und versteckte das Gold unter seinem Bett.

Mit so viel Gold glaubte nun der kleine Muck, sich im Schloss beliebt machen und seine Feinde für sich gewinnen zu können. Man konnte sehen, dass er nicht unter Menschen groß geworden war und dass ihm sein Vater wenig Lebensweisheit mitgegeben hatte, denn er war tatsächlich überzeugt, dass er mit Geld Freunde gewinnen könnte. Vielleicht wäre es besser gewesen, wenn er seine Pantoffeln angezogen und sich mit seinem Mantel voll Gold aus dem Staub gemacht hätte. Denn das Gold, dass der kleine Muck jetzt mit vollen Händen austeilte, erweckte den Neid unter den anderen Hofangestellten.

Der Küchenmeister Ahuli sagte: ›Er hat die Münzen gefälscht.‹

Der Sklavenaufseher Achmet sagte: ›Er hat sie dem König abgeschwatzt.‹

Der Schatzmeister Archaz aber, sein ärgster Feind, der selbst ab und zu einen Griff in die Kasse des Königs tat, sagte sogar: ›Er hat sie gestohlen.‹

Um sich nun Gewissheit in dieser Sache zu verschaffen, machten sie gemeinsam einen Plan. Und eines Tages trat der Obermundschenk Korchuz traurig und niedergeschlagen vor den König. Er trug dabei sein Leid so offensichtlich zur Schau, dass ihn der König fragte, was ihm denn fehle.

Wilhelm Hauff

›Ach‹, antwortete der Mundschenk, ›ich bin unglücklich, dass ich die Gunst meines Königs verloren habe.‹

›Was sagst du da, guter Korchuz?‹, entgegnete der König. ›Wieso glaubst du, dass du mir nicht mehr lieb bist?‹

Der Obermundschenk antwortete ihm, dass er ja seinen Oberleibläufer mit Gold belade, seinen armen, treuen Dienern aber gar nichts gebe.

Der König war sehr erstaunt über diese Nachricht, ließ sich von den Goldausteilungen des kleinen Muck erzählen und die Verschworenen brachten ihn leicht auf den Verdacht, dass der kleine Muck das Gold auf irgendeine Art aus der Schatzkammer gestohlen habe. Diese Wendung der Angelegenheit gefiel besonders dem Schatzmeister, der hoffte, auf diese Weise seine eigene Unehrenhaftigkeit vertuschen zu können.

Der König gab daraufhin den Befehl, heimlich jeden Schritt des kleinen Muck zu beobachten, um ihn womöglich auf frischer Tat zu ertappen.

Nun ging gerade zu dieser Zeit dem kleinen Muck das Gold aus. Als er sich deshalb in der Nacht, die auf diesen Unglückstag folgte, den Spaten nahm und in den Schlossgarten schlich, um dort von seinem geheimen Schatz neuen Vorrat zu holen, folgten ihm von weitem die Wachen, angeführt vom Küchenmeister Ahuli und Archaz, dem Schatzmeister.

In dem Augenblick, da der kleine Muck die Münzen aus dem Topf in seinen Mantel häufte, fielen sie über ihn her, fesselten ihn und führten ihn sogleich vor den König. Durch die Unterbrechung seines Schlafes ohnehin mürrisch, empfing der seinen Oberleibläufer sehr ungnädig und unterzog ihn

Die Geschichte vom kleinen Muck

sofort einem Verhör. Man hatte inzwischen den Topf vollends aus der Erde geholt und mit dem Spaten und dem Mantel voller Münzen dem König zu Füßen gelegt. Der Schatzmeister gab an, dass er mit seinen Wachen den Muck dabei überrascht habe, wie er diesen Topf mit Gold gerade in der Erde vergraben habe.

Daraufhin fragte der König den Angeklagten, ob das wahr sei und woher er das Gold habe.

Der kleine Muck fühlte sich unschuldig und sagte aus, dass er den Topf im Garten entdeckt habe und ihn nicht habe ein-, sondern ausgraben wollen.

Alle Anwesenden lachten laut über diese Entschuldigung, der König aber war aufs Höchste erzürnt über die vermeintliche Frechheit des Zwerges und rief aus: ›Du Elender! Willst du deinen König auch noch belügen, nachdem du ihn bestohlen hast? Schatzmeister Archaz, ich fordere dich auf zu sagen, ob diese Summe Goldes derjenigen entspricht, die in meiner Schatzkammer fehlt.‹

Der Schatzmeister antwortete, er sei sich in dieser Sache ganz sicher, so viel und noch mehr fehle seit einiger Zeit aus dem königlichen Schatz und er könne einen Eid darauf schwören, dass dies das Gestohlene sei.

Da befahl der König, den kleinen Muck in Ketten zu legen und in den Turm zu sperren. Dem Schatzmeister aber übergab er das Gold, um es in die Schatzkammer zurückzubringen.

Vergnügt über den glücklichen Ausgang dieser Geschichte zog dieser ab und zählte zu Hause die blinkenden Goldstücke. Wovon er aber niemandem erzählte, war, dass unten in

Wilhelm Hauff

dem Topf ein Zettel lag, auf dem stand: ›Feinde sind in mein Land eingefallen, daher verberge ich hier einen Teil meiner Schätze. Wer es auch finden mag, den treffe der Fluch seines Königs, wenn er es nicht sogleich meinem Sohn ausliefert – König Sadi.‹

Der kleine Muck stellte in seinem Kerker traurige Überlegungen an. Er wusste, dass Diebstahl an königlichem Besitz mit dem Tode bestraft wurde. Und doch mochte er das Geheimnis mit dem Wanderstock dem König nicht verraten, weil er mit Recht fürchtete, dass ihm der Stab und auch die Pantoffeln dann genommen würden. Seine Pantoffeln konnten ihm leider auch keine Hilfe bringen, denn da er in engen Ketten an die Mauer gebunden war, konnte er sich nicht auf dem Absatz umdrehen, sosehr er sich auch bemühte.

Als ihm aber am anderen Tage sein Tod verkündet wurde, da dachte er doch, dass es besser wäre, ohne den Zauberstock zu leben als mit ihm zu sterben. Er bat den König um eine geheime Unterredung und verriet ihm sein Geheimnis.

Der König schenkte dem Geständnis zunächst keinen Glauben. Aber der kleine Muck versprach es ihm zu beweisen, wenn ihm der König zusichere, dass er nicht getötet würde. Der König gab ihm sein Wort darauf, ließ, vom kleinen Muck ungesehen, einige Goldstücke in der Erde vergraben und befahl diesem mit seinem Zauberstock zu suchen. In wenigen Augenblicken hatte der kleine Muck das Gold gefunden, denn der Stock schlug deutlich dreimal auf den Boden.

Da erkannte der König, dass ihn sein Schatzmeister betrogen hatte, und sandte ihm, wie es im Morgenlande gebräuchlich ist, eine seidene Schnur, damit er sich selbst erdrossele.

Die Geschichte vom kleinen Muck

Zum kleinen Muck aber sprach er: ›Ich habe dir zwar dein Leben versprochen, aber es scheint mir, als ob du nicht nur das Geheimnis mit dem Stock besitzt. Darum sollst du in ewiger Gefangenschaft bleiben, wenn du nicht gestehst, welche Bewandtnis es mit deinem Schnelllaufen hat.‹

Und so bekannte der kleine Muck, dem die eine Nacht im Kerker jegliche Lust auf längere Gefangenschaft genommen hatte, dass seine ganze Kunst in den Pantoffeln liege. Er sagte dem König jedoch nichts von dem Geheimnis mit dem dreimaligen Umdrehen auf dem Absatz.

Der König schlüpfte nun selbst in die Pantoffeln, um die Probe zu machen, und jagte wie irrsinnig im Schlossgarten umher. Immer wieder wollte er anhalten, wusste aber nicht, wie man die Pantoffeln zum Stehen brachte, und der kleine Muck, der sich diese kleine Rache nicht verkneifen konnte, ließ ihn laufen, bis er ohnmächtig zu Boden fiel.

Als der König wieder zur Besinnung kam, war er schrecklich aufgebracht über den kleinen Muck, der ihn so außer Atem gebracht hatte. ›Ich habe dir mein Wort gegeben, dir Leben und Freiheit zu schenken, aber innerhalb von zwölf Stunden musst du mein Land verlassen haben, sonst lasse ich dich aufknüpfen.‹ Die Pantoffeln und den Stab aber ließ er in seine Schatzkammer legen.

So arm wie vor langer Zeit wanderte der kleine Muck zum Land hinaus und verwünschte seine Dummheit, dass er geglaubt hatte, er könne eine bedeutende Rolle am Königshofe spielen. Das Land, aus dem er gejagt wurde, war zum Glück nicht groß, daher war er schon nach acht Stunden an der

Grenze, obwohl ihm ohne seine geliebten Pantoffeln das Gehen gar nicht gefiel.

Als er über die Grenze war, verließ er die Straße, um die tiefste Einöde des Waldes aufzusuchen, wo er ganz für sich wäre, denn er wollte keinen Menschen mehr sehen.

Im dichten Wald entdeckte er einen Platz, der ihm für seinen Entschluss, den er gefasst hatte, tauglich schien. Ein klarer Bach, von großen, schattigen Feigenbäumen umgeben, und ein weicher Rasen luden ihn ein und er legte sich nieder mit dem Vorsatz, nichts mehr zu essen und zu trinken, sondern hier auf den Tod zu warten.

Über seinen traurigen Gedanken schlief er ein. Als er aber erwachte und ihn der Hunger zu quälen begann, dachte er doch, dass der Hungertod keine gute Idee gewesen sei, und er sah sich um, ob er nicht irgendwo etwas zu essen finden könnte.

Köstliche, reife Feigen hingen an dem Baum, unter dem er geschlafen hatte. Er kletterte hinauf, um einige zu pflücken, ließ es sich ordentlich schmecken und ging dann hinunter an den Bach, um seinen Durst zu löschen.

Aber wie groß war sein Schrecken, als ihm das Wasser seinen Kopf mit zwei gewaltigen Ohren und einer dicken, langen Nase zeigte! Bestürzt fasste er nach den Ohren, und wirklich, sie waren größer als seine Hand.

›Ich verdiene Eselsohren‹, rief er aus, ›denn ich habe mein Glück wie ein Esel mit Füßen getreten!‹ Er wanderte unter den Bäumen umher und als er wieder Hunger fühlte, musste er noch einmal nach den Feigen greifen, denn sonst fand er nichts Essbares. Während der zweiten Portion Feigen über-

Die Geschichte vom kleinen Muck

legte er sich, ob er seine Ohren nicht vielleicht unter seinem großen Turban verbergen könnte, damit er nicht gar zu lächerlich aussehe, als er bemerkte, dass sie verschwunden waren.

Er lief gleich an den Bach zurück, um sich davon zu überzeugen, und wirklich, seine Ohren hatten ihre vorige Gestalt wieder und auch seine lange, unförmige Nase trug er nicht mehr. Jetzt konnte er sich vorstellen, wie dies wohl gekommen war: Von den Feigen des ersten Baumes hatte er die lange Nase und die großen Ohren bekommen, die des zweiten hatten ihn davon geheilt.

Freudig erkannte er, dass sein gütiges Schicksal ihm ein weiteres Mal die Mittel in die Hand gab, um doch noch sein Glück zu finden. Er pflückte von jedem Baum, so viel er tragen konnte, und ging in das Land zurück, das er gerade verlassen hatte. In dem ersten Städtchen, durch das er kam, besorgte er sich andere Kleider, damit ihn keiner erkannte, und ging dann weiter in die Stadt, in der der König wohnte.

Der kleine Muck setzte sich auf den Platz vor dem Palast, weil er wusste, dass der Küchenmeister hier Köstlichkeiten für die königliche Tafel einkaufte.

Er hatte noch nicht lange dort gesessen, als er den Küchenmeister schon über den Platz herüberschreiten sah. Er musterte die Waren der Verkäufer, die sich vor dem Tor des Palastes eingefunden hatten, und endlich fiel sein Blick auch auf das Körbchen des kleinen Muck. ›Ah, ein seltener Bissen‹, sagte er, ›der Seiner Majestät gewiss gut schmecken wird. Was willst du für den ganzen Korb?‹

Wilhelm Hauff

Der kleine Muck nannte einen günstigen Preis und sie waren bald handelseinig. Der Küchenmeister nahm den Korb und ging weiter.

Der kleine Muck aber machte sich einstweilen aus dem Staub, denn er befürchtete, man würde ihn als Verkäufer ausfindig machen und bestrafen, wenn sich das Unglück an den Köpfen des Königshofes zeige.

Der König war beim Essen sehr heiter gestimmt und lobte seinen Küchenmeister ein ums andere Mal wegen seiner guten Küche und der Sorgfalt, mit der er immer das Seltenste für ihn aussuche.

Der Küchenmeister aber, der sehr wohl wusste, welche Leckerbissen er noch bereitstehen hatte, schmunzelte freundlich und ließ nur ab und zu ein paar Worte fallen wie: ›Es ist noch nicht aller Tage Abend‹, sodass die Prinzessinnen sehr neugierig wurden, was er wohl noch bringen werde.

Als er aber die schönen, duftenden Feigen auftragen ließ, entfuhr allen Anwesenden begeistertes ›Oh‹ und ›Ah‹.

›Wie reif, wie appetitlich!‹, rief der König. ›Küchenmeister, du beherrschst wahrlich deine Kunst und verdienst unsere ganz besondere Anerkennung.‹ So sprach der König und begann die Feigen eigenhändig an seiner Tafel auszuteilen, denn er pflegte mit solchen Köstlichkeiten sehr sparsam umzugehen. Jeder Prinz und jede Prinzessin bekam zwei, die Hofdamen und die Wesire eine, die übrigen stellte er vor sich hin und begann sie mit großem Behagen zu verzehren.

›Aber lieber Gott, wie siehst du denn aus, Vater‹, rief auf einmal die Prinzessin Amarza. Alle sahen den König erstaunt an, ungeheure Ohren hingen ihm am Kopf und eine lange Nase

Die Geschichte vom kleinen Muck

zog sich bis über sein Kinn herunter. Auch untereinander betrachteten sie sich jetzt mit Schrecken, denn alle waren mehr oder weniger mit dem sonderbaren Kopfputz geschmückt.

Man kann sich den Aufruhr am Hofe vorstellen! Sogleich wurde nach allen Ärzten der Stadt geschickt, sie kamen haufenweise, verordneten Pillen und Mixturen, aber die Ohren und die Nasen blieben. Man operierte einen der Prinzen, aber die Ohren wuchsen nach.

Der kleine Muck hatte die ganze Geschichte von seinem Versteck, in das er sich zurückgezogen hatte, aus verfolgt und beschloss, dass es jetzt an der Zeit sei zu handeln. Er hatte sich bereits von dem Geld, das er mit den Feigen verdient hatte, einen Anzug gekauft, der ihn wie einen Gelehrten aussehen ließ. Ein langer Bart aus Ziegenhaaren vollendete die Verkleidung.

Mit einem Säckchen voll Feigen begab er sich in den Palast des Königs und bot seine Hilfe als Arzt an. Dort war man zunächst skeptisch, als aber der kleine Muck einem der Prinzen eine Feige zu essen gab und dessen Ohren und Nase dadurch in den alten Zustand zurückbrachte, da wollte jeder sogleich von dem fremden Arzt geheilt werden.

Der König aber nahm ihn an die Hand und führte ihn in seine Gemächer. Dort schloss er die Tür zu seiner Schatzkammer auf und winkte Muck ihm zu folgen. ›Hier sind meine Schätze‹, sprach der König, ›wähle aus, was es auch sei, es soll dir gewährt werden, wenn du mich von diesem schmachvollen Übel befreist.‹

Das war süße Musik in des kleinen Mucks Ohren. Er hatte sofort seine Pantoffeln auf dem Boden stehen sehen und gleich daneben lag auch sein Wanderstab. Er ging nun in dem Saal umher, als wenn er die Schätze des Königs bewundern wollte. Kaum war er aber bei den Pantoffeln angekommen, so schlüpfte er eilends hinein, ergriff seinen Stab, riss seinen falschen Bart ab und zeigte dem erstaunten König das wohl bekannte Gesicht seines verstoßenen Mucks.

›Treuloser König‹, sprach er, ›der du treue Dienste mit Undank belohnst, nimm als wohlverdiente Strafe die Missgestalt, die du trägst. Die Nase will ich heilen, aber die Ohren lass ich dir zurück, damit sie dich täglich an den kleinen Muck erinnern.‹ Nachdem er so gesprochen hatte, drehte er sich dreimal auf dem Absatz um, wünschte sich weit weg und ehe der König noch um Hilfe rufen konnte, war der kleine Muck verschwunden.

Seitdem lebt er hier in großem Wohlstand, aber einsam, denn er verachtet die Menschen. Er ist durch Erfahrung ein weiser Mann geworden, der, wenn auch sein Äußeres etwas Wunderliches haben mag, deine Bewunderung mehr verdient als deinen Spott.«

So erzählte mir mein Vater. Ich versicherte ihm, wie sehr ich mich für mein schlechtes Betragen schämte, und mein Vater erließ mir die zweite Hälfte der Strafe, die er mir zugedacht hatte.

Meinen Freunden erzählte ich die wundersame Geschichte des kleinen Muck weiter und wir gewannen ihn so lieb, dass ihn keiner jemals mehr verspottete. Im Gegenteil, wir verehrten ihn, solange er lebte, und verneigten uns vor ihm stets so tief wie sonst nur vor dem Kadi oder Mufti.

Die Geschichte
vom Kalif Storch

Der Kalif Chasid von Bagdad saß einmal an einem schönen Nachmittag behaglich auf seinem Sofa. Er hatte ein wenig geschlafen, denn es war ein heißer Tag, und nun sah er nach seinem Schläfchen recht heiter aus. Er rauchte aus einer langen Pfeife aus Rosenholz, trank hie und da ein wenig Kaffee, den ihm ein Sklave einschenkte, und strich sich jedes Mal vergnügt den Bart, wenn es ihm geschmeckt hatte. Kurz, man sah dem Kalifen an, dass ihm recht wohl war.

Um diese Stunde konnte man immer besonders gut mit ihm reden, weil er da recht mild und leutselig war. Deshalb besuchte ihn auch sein Großwesir Mansor jeden Tag um diese Zeit. An diesem Nachmittag nun kam er auch, sah aber, ganz gegen seine Gewohnheit, sehr nachdenklich aus. Der Kalif nahm seine Pfeife aus dem Mund und sagte: »Warum machst du ein so nachdenkliches Gesicht, Großwesir?«

Der Großwesir kreuzte seine Arme über der Brust, verneigte sich vor seinem Herrn und antwortete: »Herr, ob ich ein nachdenkliches Gesicht mache, weiß ich nicht, aber da unten am Schloss steht ein Krämer, der so schöne Sachen hat, dass es mich ärgert, nicht viel überflüssiges Geld zu haben.«

Wilhelm Hauff

Der Kalif, der seinem Großwesir schon lange gern eine Freude gemacht hätte, schickte einen schwarzen Sklaven hinunter, um den Krämer heraufzuholen.

Bald kam der Sklave mit dem Krämer zurück. Der war ein kleiner, dicker Mann, schwarzbraun im Gesicht und in zerlumpten Kleidern. Er trug einen Kasten, in welchem er allerhand Waren hatte. Perlen und Ringe, verzierte Pistolen, Becher und Kämme. Der Kalif und sein Wesir sahen alles genau an, und schließlich kaufte der Kalif für sich und Mansor schöne Pistolen und für die Frau des Wesirs einen schönen Kamm.

Als der Krämer seinen Kasten schon wieder zumachen wollte, sah der Kalif eine kleine Schublade und fragte, ob darin auch noch Waren seien. Der Krämer zog die Schublade heraus und zeigte eine Dose mit schwärzlichem Pulver und ein Papier mit sonderbarer Schrift, die weder der Kalif noch Mansor lesen konnten.

Der Krämer sagte: »Ich bekam einmal diese beiden Stücke von einem Kaufmann, der sie in Mekka auf der Straße fand. Ich weiß nicht, was sie enthalten. Euch stehen sie zu einem geringen Preis zu Dienst. Ich selbst kann ja doch nichts damit anfangen.«

Der Kalif, der in seiner Bibliothek gern alte Schriften hatte, wenn er sie auch nicht lesen konnte, kaufte Schrift und Dose und ließ den Krämer gehen. Er hätte aber gerne gewusst, was die Schrift bedeutete, und fragte den Wesir, ob er denn niemanden kenne, der sie entziffern könnte.

Der Wesir antwortete: »Gnädiger Herr und Gebieter, an der großen Moschee wohnt ein Mann. Er heißt Selim der Gelehrte und versteht alle Sprachen. Lasst ihn kommen, vielleicht kennt er diese geheimnisvolle Schrift.«

Der gelehrte Selim war bald herbeigeholt und der Kalif sprach zu ihm: »Man sagt, du seist sehr gelehrt. Sieh dir doch mal ein wenig diese Schrift an, ob du sie lesen kannst. Wenn ja, dann bekommst du ein neues Festgewand von mir. Wenn aber nicht, dann bekommst du zwölf Backenstreiche und fünfundzwanzig auf deine Fußsohlen, weil man dich dann umsonst einen Gelehrten nennt.«

Selim verneigte sich und sprach: »Dein Wille geschehe, o Herr!« Lange betrachtete er die Schrift, plötzlich aber rief er aus: »Das ist Lateinisch, o Herr, oder ich lasse mich hängen!«

Der Kalif befahl: »Sag, was darin steht!«

Selim begann zu übersetzen: »Mensch, der du dieses findest, preise Allah für seine Gnade. Wer von dem Pulver in dieser Dose schnupft und dazu sagt: ›Mutabor‹, der kann sich in jedes Tier verwandeln und versteht auch die Sprache der Tiere. Will er wieder in seine menschliche Gestalt zurückkehren, so verneige er sich dreimal gegen Osten und spreche wieder jenes Wort. Aber hüte dich davor, wenn du verzaubert bist, zu lachen, sonst verschwindet das Zauberwort aus deinem Gedächtnis und du bleibst ein Tier.«

Nachdem Selim dies vorgelesen hatte, war der Kalif äußerst vergnügt. Er ließ den Gelehrten schwören, niemandem etwas von dem Geheimnis zu sagen, schenkte ihm ein schönes Gewand und entließ ihn. Zu seinem Großwesir aber sagte er: »Das nenne ich gut einkaufen, Mansor! Wie freue ich mich darauf, ein Tier zu sein! Morgen früh kommst du zu mir. Wir gehen zusammen aufs Feld, schnupfen ein wenig aus meiner

Wilhelm Hauff

Dose und belauschen dann, was in der Luft und im Wasser, im Wald und im Feld gesprochen wird!«

Kaum hatte der Kalif Chasid am nächsten Morgen gefrühstückt und sich angekleidet, als schon der Großwesir erschien. Der Kalif steckte die Dose mit dem Zauberpulver in den Gürtel, und nachdem er seinem Gefolge befohlen hatte, zurückzubleiben, machte er sich mit seinem Großwesir ganz allein auf den Weg.

Zuerst gingen sie durch die weiten Gärten des Kalifen, schauten aber vergeblich nach etwas Lebendigem aus, um ihr Kunststück zu versuchen. Der Wesir schlug schließlich vor, weiter hinaus an einen Teich zu gehen, wo er schon oft viele Tiere, besonders Störche, gesehen hatte, die durch ihr stolzes Wesen und ihr Geklapper immer seine Aufmerksamkeit erregt hatten. Der Kalif war einverstanden, also gingen sie zum Teich.

Als sie dort angekommen waren, sahen sie dort einen Storch sehr ernsthaft auf und ab gehen. Er suchte Frösche und klapperte hie und da vor sich hin. Zugleich sahen der Kalif und sein Wesir hoch in der Luft noch einen anderen Storch heranschweben.

Der Großwesir sagte: »Ich wette meinen Bart, gnädigster Herr, diese zwei Langfüßler führen jetzt das schönste Gespräch. Wie wäre es, wenn wir Störche würden?«

Der Kalif antwortete: »Gut gesprochen! Aber vorher wollen wir noch einmal überlegen, wie man wieder Mensch wird. – Richtig! Dreimal nach Osten verneigt und ›*Mutabor*‹ gesagt, dann bin ich wieder Kalif und du Wesir. Aber um Himmels willen nicht lachen, sonst sind wir verloren!«

Die Geschichte vom Kalif Storch

Während der Kalif so sprach, sah er den anderen Storch über ihnen schweben und langsam sich zur Erde niederlassen. Schnell holte er die Dose aus dem Gürtel, nahm eine gute Prise und reichte sie dem Großwesir, der ebenfalls schnupfte, und beide riefen: »*Mutabor*!«

Da schrumpften ihre Beine und wurden dünn und rot, die schönen gelben Pantoffeln des Kalifen und seines Begleiters wurden unförmige Storchfüße, die Arme wurden zu Flügeln, der Hals fuhr aus den Achseln und wurde lang, der Bart war verschwunden und den Körper bedeckten weiche Federn.

Nachdem er eine Weile gestaunt hatte, sprach der Kalif: »Ihr habt einen hübschen Schnabel, Herr Großwesir! Beim Bart des Propheten, so etwas habe ich mein Lebtag nicht gesehen!«

Indem er sich bückte, erwiderte der Großwesir: »Danke untertänigst, aber wenn ich es wagen darf, möchte ich behaupten, Eure Hoheit sehen als Storch beinah noch hübscher aus denn als Kalif. Aber kommt, wir belauschen diese Kameraden dort, um zu erfahren, ob wir wirklich Storchisch können!«

In der Zwischenzeit war der andere Storch auf der Erde gelandet. Er putzte sich mit dem Schnabel seine Füße, legte seine Federn zurecht und ging auf den anderen Storchen zu. Die beiden ersten Störche aber beeilten sich in die Nähe zu kommen und belauschten zu ihrem Erstaunen folgendes Gespräch:

»Guten Morgen, Frau Langbein, so früh schon auf der Wiese?«

»Vielen Dank, liebe Klapperschnabel! Ich habe mir ein kleines Frühstück geholt. Möchtet Ihr vielleicht ein Viertelchen Eidechse oder ein Froschschenkelchen?«

369

Wilhelm Hauff

»Danke, danke, ich habe heute überhaupt keinen Appetit. Ich komme auch wegen etwas ganz anderem auf die Wiese. Ich soll heute vor den Gästen meines Vaters tanzen und da wollte ich im Stillen ein wenig üben.«

Zugleich schritt die junge Störchin in wunderlichen Bewegungen über das Feld. Der Kalif und Mansor sahen ihr verwundert nach. Aber als sie in malerischer Stellung auf einem Fuß stand und mit den Flügeln anmutig dazu wedelte, da konnten sich die beiden nicht mehr halten. Ein unaufhaltsames Gelächter brach aus ihren Schnäbeln hervor, von dem sie sich erst nach langer Zeit erholten. Der Kalif fasste sich als Erster wieder und rief: »Das war ja mal ein Spaß, der nicht mit Gold zu bezahlen ist. Schade, dass die dummen Tiere sich durch unser Gelächter haben verscheuchen lassen. Sonst hätten sie gewiss auch noch gesungen!«

Aber jetzt fiel es dem Großwesir ein, dass das Lachen während der Verwandlung verboten war, und er teilte seine Angst dem Kalifen mit. Der sagte: »Potz Mekka und Medina! Das wäre ein schlechter Spaß, wenn ich ein Storch bleiben müsste! Besinne dich doch auf das dumme Wort, ich bring es nicht heraus.«

Der Großwesir sagte: »Dreimal nach Osten müssen wir uns verneigen und dazu sagen: ›*Mu…Mu…Mu…*‹«

Sie stellten sich gen Osten und verneigten sich in einem fort, dass ihre Schnäbel fast die Erde berührten. Aber, o Jammer! Sie hatten das Zauberwort vergessen, und sooft sich der Kalif auch verneigte, so sehnlich sein Wesir auch ›Mu-Mu-Mu‹ dazu rief – der arme Chasid und sein Wesir waren und blieben Störche.

Traurig wandelten die Verzauberten durch die Felder. Sie wussten gar nicht, was sie in ihrem Elend anfangen sollten. Aus ihrer Storchenhaut konnten sie nicht heraus, und in die Stadt zurück, um sich zu erkennen zu geben, konnten sie auch nicht. Denn wer hätte einem Storch schon geglaubt, dass er ein Kalif ist?

So schlichen sie mehrere Tage umher und ernährten sich kümmerlich von Feldfrüchten, die sie aber ihrer langen Schnäbel wegen nicht gut verspeisen konnten. Auf Eidechsen und Frösche hatten sie keinen Appetit. Denn sie befürchteten, sich mit solchen Leckerbissen den Magen zu verderben. Ihr einziges Vergnügen in dieser traurigen Lage war, dass sie fliegen konnten, und so flogen sie oft auf die Dächer von Bagdad, um zu sehen, was dort vorging.

In den ersten Tagen bemerkten sie große Unruhe und Trauer in den Straßen. Aber ungefähr am vierten Tag nach ihrer Verzauberung saßen sie auf dem Dach des Kalifen. Da sa-

Wilhelm Hauff

hen sie unten in der Straße einen prächtigen Aufzug. Trommeln und Pfeifen ertönten, ein Mann in einem goldbestickten Scharlachmantel saß auf einem geschmückten Pferd, umgeben von glänzenden Dienern. Halb Bagdad sprang ihm nach und alle schrien: »Heil Mizra, dem Herrscher von Bagdad!«

Da sahen die beiden Störche auf dem Dach des Palastes einander an und der Kalif Chasid sprach: »Ahnst du jetzt, warum ich verzaubert bin, Großwesir? Dieser Mizra ist der Sohn meines Todfeindes, des mächtigen Zauberers Kaschnur, der mir in einer bösen Stunde Rache schwor. Aber noch gebe ich die Hoffnung nicht auf. Komm mit mir, du treuer Gefährte meines Elends, wir wollen zum Grab des Propheten wandern. Vielleicht wird an diesem heiligen Ort der Zauber gelöst.«

Sie erhoben sich vom Dach des Palastes und flogen in Richtung Medina.

Mit dem Fliegen wollte es aber nicht so gut gehen, denn die beiden Störche hatten noch wenig Übung. Nach ein paar Stunden ächzte der Großwesir: »O Herr, ich halte es mit Eurer Erlaubnis nicht mehr lange aus, Ihr fliegt gar zu schnell! Auch ist es schon Abend und wir täten gut daran, eine Unterkunft für die Nacht zu suchen!«

Chasid gab der Bitte seines Dieners nach. Und da er unten im Tal eine Ruine erblickte, flogen sie dorthin.

Der Ort, wo sie sich für diese Nacht niedergelassen hatten, schien einmal ein Schloss gewesen zu sein. Schöne Säulen ragten unter den Trümmern hervor und mehrere Gemächer, die noch gut erhalten waren, zeugten von der ehemaligen Pracht des Hauses. Chasid und sein Begleiter gingen durch die Gänge, um sich ein trockenes Plätzchen zu suchen. Doch plötzlich blieb der Storch Mansor stehen. Leise flüsterte er: »Herr und Gebieter, wie dumm ist es für einen Großwesir, und noch mehr für einen Storch, sich vor Gespenstern zu fürchten! Mir ist aber ganz unheimlich zumute, denn hier neben mir hat es eben ganz vernehmlich geseufzt und gestöhnt.«

Der Kalif blieb nun ebenfalls stehen und hörte ganz deutlich ein leises Weinen, das eher von einem Menschen als von einem Tier zu stammen schien. Erwartungsvoll wollte er dorthin gehen, woher die Klagetöne kamen. Der Wesir aber packte ihn mit dem Schnabel am Flügel und bat ihn flehentlich, sie nicht in neue unbekannte Gefahren zu stürzen. Doch vergebens! Der Kalif, dem auch unter dem Storchenflügel ein tapferes Herz schlug, riss sich los und eilte in den finsteren Gang. Bald war er an einer Tür angelangt, die nur angelehnt schien und woraus er deutliche Seufzer mit ein wenig Geheul vernahm. Er stieß mit dem Schnabel die Tür auf, blieb aber überrascht auf der Schwelle stehen. In dem verfallenen Gemach, das nur durch ein kleines Gitterfenster spärlich erleuchtet war, sah er eine große Nachteule am Boden sitzen. Dicke Tränen rollten ihr aus den großen runden Augen, und mit heiserer Stimme stieß sie ihre Klagen aus dem krummen Schnabel heraus. Als sie aber den Kalifen und seinen Wesir, der in der Zwischenzeit ebenfalls herbeigeschlichen war, erblickte, erhob sie lautes Freudengeschrei. Zierlich wischte sie mit dem braun gefleckten Flügel die Tränen aus den Augen, und zum großen Erstaunen der beiden rief sie in gutem, menschlichem Arabisch: »Willkommen, ihr Störche, ihr seid mir ein gutes Zeichen zu meiner Errettung, denn mir ist einst

vorausgesagt worden, dass mir durch Störche ein großes Glück begegnen wird.«

Als sich der Kalif von seinem Erstaunen erholt hatte, bückte er sich mit seinem langen Hals, brachte seine dünnen Füße in eine zierliche Stellung und sprach: »Nachteule! Deinen Worten nach darf ich glauben, dass es dir ebenso ergeht wie uns. Aber ach! Deine Hoffnung, dass durch uns deine Rettung kommen werde, ist vergeblich. Du wirst unsere Hilflosigkeit selbst erkennen, wenn du unsere Geschichte hörst.« Die Nachteule bat ihn zu erzählen, und der Kalif erzählte, was wir bereits wissen.

Nachdem der Kalif der Eule seine Geschichte vorgetragen

hatte, dankte sie ihm und sagte: »Vernimm du auch meine Geschichte und höre, wie ich nicht weniger unglücklich bin als du. – Mein Vater ist der König von Indien. Ich, seine einzige, unglückliche Tochter, heiße Lusa. Jener Zauberer Kaschnur, der Euch verzauberte, hat auch mich ins Unglück gestürzt. Er kam eines Tages zu meinem Vater und wollte mich zur Frau für seinen Sohn Mizra. Mein Vater aber, der ein hitziger Mann ist, ließ ihn die Treppe hinunterwerfen. Der Elende wusste sich unter einer anderen Gestalt wieder in meine Nähe zu schleichen. Und als ich einst in meinem Garten eine Erfrischung zu mir nehmen wollte, brachte er mir, als Sklave verkleidet, einen Trank, der mich in diese abscheuliche Gestalt verwandelte. Vor Schrecken ohnmächtig, brachte er mich hierher und rief mir mit schrecklicher Stimme in die Ohren: ›Da sollst du bleiben, hässlich, selbst von den Tieren verachtet, bis an dein Ende, oder bis einer dich zur Frau nehmen will. So räche ich mich an dir und deinem stolzen Vater.‹

Seitdem sind viele Monate verflossen. Einsam und traurig lebe ich als Einsiedlerin in diesem Gemäuer, verabscheut von der Welt. Die schöne Natur ist vor mir verschlossen, denn ich bin blind am Tage, und nur wenn der Mond sein bleiches Licht über diese Mauern ergießt, fällt der Schleier von meinen Augen.«

Die Eule hatte geendet und wischte sich mit dem Flügel wieder die Augen aus, denn bei der Erzählung dieser Leiden waren ihr die Tränen gekommen.

Der Kalif war bei der Erzählung der Eule in tiefes Nachdenken versunken. Er sagte: »Wenn mich nicht alles täuscht, dann gibt es zwischen unserem Unglück einen geheimen Zu-

Wilhelm Hauff

sammenhang. Aber wo finde ich den Schlüssel zu diesem Rätsel?«

Die Eule antwortete ihm: »O Herr! Auch ich ahne dies, denn in meiner frühesten Jugend hat eine weise Frau mir vorausgesagt, dass ein Storch mir ein großes Glück bringen werde. Und ich wüsste vielleicht, wie wir uns retten könnten.«

Der Kalif war sehr erstaunt und fragte, auf welchem Wege das denn sein könnte.

Sie sagte: »Der Zauberer, der uns beide unglücklich gemacht hat, kommt alle Monate einmal in diese Ruinen. Nicht weit von diesem Gemach ist ein Saal. Dort pflegt er dann mit vielen Genossen zu schmausen. Schon oft habe ich sie dort belauscht. Sie erzählen sich dann ihre schändlichen Werke. Vielleicht sagt er ja auch das Zauberwort, das ihr vergessen habt.«

Der Kalif rief: »O teuerste Prinzessin, sag an, wann kommt er und wo ist der Saal?«

Die Eule schwieg einen Augenblick und sagte dann: »Nehmt es mir nicht übel, aber ich kann euren Wunsch nur unter einer Bedingung erfüllen.«

Chasid schrie: »Sprich sie aus, sprich sie aus! Befiehl, es ist mir jede recht.«

Und sie sagte: »Auch ich möchte ja wieder frei sein. Aber das kann nur geschehen, wenn einer von euch mich zur Frau nimmt.«

Die Störche schienen über diesen Antrag ein wenig betroffen zu sein, und der Kalif winkte seinem Diener, ein wenig mit ihm hinauszugehen. Vor der Tür sagte er: »Großwesir, das ist ein dummer Handel, aber Ihr könntet sie schon nehmen.«

Der aber antwortete: »So? Dass mir meine Frau, wenn ich

nach Hause komme, die Augen auskratzt? Außerdem bin ich ein alter Mann, Ihr aber seid noch jung und unverheiratet und könntet eher einer jungen schönen Prinzessin die Hand geben.«

Der Kalif seufzte, indem er traurig die Flügel hängen ließ: »Das ist es ja eben, wer sagt denn, dass sie jung und schön ist? Das hieße, die Katze im Sack kaufen.«

Sie redeten einander gegenseitig noch lange zu. Schließlich aber, als der Kalif sah, dass sein Großwesir lieber Storch bleiben, als die Eule heiraten wollte, entschloss er sich, die Bedingung selbst zu erfüllen. Die Eule war hoch erfreut. Sie gestand ihnen, dass sie zu keiner besseren Zeit hätten kommen können, weil wahrscheinlich in dieser Nacht die Zauberer sich versammeln würden.

Sie verließ mit den Störchen das Gemach, um sie in jenen Saal zu führen. Sie liefen lange durch einen finsteren Gang. Am Ende strahlte ihnen aus einer halb zerfallenen Mauer ein heller Schein entgegen. Als sie dort angelangt waren, riet ihnen die Eule, sich ganz ruhig zu verhalten. Sie konnten von der Lücke, an welcher sie standen, einen großen Saal überblicken. Er war ringsum mit Säulen geschmückt und prachtvoll verziert. Viele farbige Lampen ersetzten das Licht des Tages. In der Mitte des Saales stand ein runder Tisch mit vielen ausgesuchten Speisen. Rings um den Tisch zog sich ein Sofa, auf welchem acht Männer saßen. In einem dieser Männer erkannten die Störche jenen Krämer wieder, der ihnen das Zauberpulver verkauft hatte. Der, der neben ihm saß, forderte ihn auf, ihnen seine neuesten Taten zu erzählen. Da erzählte er unter anderem auch die Geschichte des Kalifen und seines Wesirs.

Ein anderer Zauberer fragte ihn: »Was für ein Wort hast du ihnen denn aufgegeben?«

Und er antwortete: »Ein recht schweres lateinisches, es heißt *Mutabor*.«

Als die Störche in ihrer Mauernische das hörten, gerieten sie fast außer sich. Sie liefen auf ihren langen Füßen so schnell auf das Tor der Ruine zu, dass die Eule kaum folgen konnte. Dort sprach der Kalif gerührt zu der Eule: »Retterin meines Lebens und des Lebens meines Freundes, nimm zum ewigen Dank für das, was du für uns getan hast, mich zum Gemahl an.« Dann aber wandte er sich nach Osten. Dreimal neigten die Störche ihre langen Hälse der Sonne entgegen, die soeben hinter dem Gebirge aufstieg. Sie riefen »*Mutabor*«, und im Nu waren sie verwandelt. Und in der großen Freude des neu geschenkten Lebens lagen Herr und Diener einander lachend und weinend in den Armen.

Wer aber beschreibt ihr Erstaunen, als sie sich umsahen? Eine schöne Dame, herrlich geschmückt, stand vor ihnen. Lächelnd gab sie dem Kalifen die Hand. Sie sagte: »Erkennt Ihr Eure Nachteule nicht mehr?« Sie war es. Und der Kalif war von ihrer Anmut und Schönheit so entzückt, dass er ausrief, es sei sein größtes Glück, dass er ein Storch geworden sei.

Die drei zogen nun gemeinsam auf Bagdad zu. Der Kalif fand in seiner Kleidung nicht nur die Dose mit dem Zauberpulver, sondern auch seinen Geldbeutel. Er kaufte daher im nächsten Dorf, was zu ihrer Reise nötig war, und so kamen sie bald an die Tore von Bagdad. Dort aber erregte die Ankunft des Kalifen großes Erstaunen. Man hatte ihn für tot erklärt und aufgegeben, und das Volk war daher hoch erfreut, seinen

Die Geschichte vom Kalif Storch

geliebten Herrn wiederzuhaben. Umso mehr aber entbrannte ihr Hass gegen den Betrüger Mizra. Sie zogen in den Palast und nahmen den alten Zauberer und seinen Sohn gefangen. Den Alten schickte der Kalif in dasselbe Gemach der Ruine, das die Prinzessin als Eule bewohnt hatte, und ließ ihn dort aufhängen. Dem Sohn aber, der nichts von den Künsten des Vaters verstand, ließ der Kalif die Wahl, ob er sterben oder schnupfen wolle. Als er sich für das Schnupfen entschied, hielt ihm der Großwesir die Dose hin. Eine tüchtige Prise, und das Zauberwort des Kalifen verwandelte ihn in einen Storch. Der Kalif ließ ihn in einen eisernen Käfig sperren und in seinem Garten aufstellen.

Lange und vergnügt lebte Kalif Chasid mit seiner Frau, der Prinzessin. Seine vergnügtesten Stunden hatte er aber immer dann, wenn der Großwesir ihn nachmittags besuchte. Da sprachen sie oft von ihrem Storchenabenteuer. Und wenn der Kalif recht heiter war, ahmte er sogar den Großwesir nach, wie er als Storch aussah. Er stieg dann ernsthaft, mit steifen Füßen im Zimmer auf und ab, klapperte, wedelte mit den Armen wie mit Flügeln und zeigte, wie jener sich vergeblich nach Osten verneigt und ›Mu-Mu-Mu‹ dazu gerufen hatte. Für die Frau Kalifin und ihre Kinder war diese Vorstellung jedes Mal die größte Freude. Wenn aber der Kalif gar zu lange klapperte, sich verneigte und ›Mu-Mu-Mu‹ schrie, dann drohte ihm der Wesir mit einem Lächeln, er werde der Frau Kalifin mitteilen, was damals vor der Tür der Prinzessin Nachteule verhandelt worden war.

Der Zwerg Nase

In einer bedeutenden Stadt lebte vor einigen Jahren ein Schuster mit seiner Frau rechtschaffen und schlicht.

Am Tag saß er in einer Ecke der Straße und flickte Schuhe und Pantoffeln. Seine Frau verkaufte Gemüse und Früchte, die sie in einem kleinen Gärtchen vor dem Tor pflanzte. Die Leute kauften gern bei ihr, weil sie sauber und ordentlich gekleidet war und ihr Gemüse immer appetitlich ausgebreitet hatte.

Die beiden Leutchen hatten einen hübschen Jungen, der für seine zwölf Jahre schon ziemlich groß war. Er pflegte gewöhnlich bei seiner Mutter auf dem Gemüsemarkt zu sitzen und manchmal trug er den Frauen oder Köchen auch einen Teil der Einkäufe nach Hause. Und nur selten kam er von einem solchen Gang ohne eine schöne Blume oder ein bisschen Geld oder Kuchen zurück. Denn die Herrschaften der Köche sahen den schönen Jungen gern und beschenkten ihn reichlich.

Eines Tages saß die Frau des Schusters wieder wie gewöhnlich auf dem Markt. Sie hatte einige Körbe mit Kohl und anderem Gemüse und Kräutern vor sich stehen, und auch frühe

Birnen, Äpfel und Aprikosen. Jakob, so hieß der Junge, saß neben ihr und rief mit heller Stimme die Waren aus.

Da kam eine alte Frau über den Markt dahergelaufen. Sie sah ein wenig zerrissen und zerlumpt aus, hatte ein kleines Gesicht, das vom Alter voller Furchen war, rote Augen und eine spitze, gebogene Nase, die fast bis zum Kinn reichte. Sie ging an einem langen Stock, doch ihre Art zu laufen war merkwürdig: Sie hinkte und rutschte und schwankte, als habe sie Räder an den Beinen und könne jeden Moment umfallen.

Die Frau des Schusters betrachtete die Alte aufmerksam. Nun saß sie doch schon seit sechzehn Jahren täglich auf dem Markt, aber noch nie hatte sie diese sonderbare Gestalt bemerkt. Und als die Alte auf sie zuhinkte und vor ihren Körben stehen blieb, erschrak sie.

Das alte Weib fragte mit unangenehmer krächzender Stimme und wackelte dabei ständig mit dem Kopf: »Seid Ihr Hanne, die Gemüsehändlerin?«

Die Schustersfrau antwortete: »Ja, die bin ich. Braucht Ihr Gemüse?«

Die Alte antwortete: »Wollen sehen, wollen sehen! Kräutlein schauen, Kräutlein schauen. Ob du hast, was ich brauche?« Sie beugte sich über die Kräuterkörbe und griff mit ihren dunkelbraunen, hässlichen Händen hinein, packte die Kräuter mit ihren langen Spinnenfingern, hielt sie an ihre lange Nase und beroch sie von allen Seiten. Der Frau des Schusters wollte fast das Herz stehen bleiben, wie sie das alte Weib so grob mit ihren seltenen Kräutern hantieren sah. Aber sie wagte nichts zu sagen, denn es war das Recht des Käufers, die Ware zu prüfen, und außerdem erschien ihr die alte Frau un-

Wilhelm Hauff

heimlich. Als die Alte den ganzen Korb durchgemustert hatte, murmelte sie: »Schlechtes Zeug, schlechtes Kraut, nichts von allem, was ich will, war viel besser als vor fünfzig Jahren. Schlechtes Zeug, schlechtes Zeug.«

Solche Reden verdrossen den kleinen Jakob. Missmutig rief er: »Höre, du bist ein unverschämtes altes Weib. Erst fährst du mit deinen garstigen braunen Fingern in die schönen Kräuter und zerdrückst sie, dann hältst du sie an deine lange Nase, dass sie niemand, der es gesehen hat, mehr kaufen mag. Und am Ende nennst du unsere Ware auch noch schlecht, obwohl sogar der Koch des Herzogs alles bei uns kauft!«

Das alte Weib schielte den mutigen Jungen an, lachte widerlich und sagte mit heiserer Stimme: »Söhnchen, Söhnchen! Also gefällt dir meine Nase, meine schöne lange Nase? Sollst auch eine haben mitten im Gesicht bis übers Kinn herab.« Und während sie diese Worte gesprochen hatte, ging sie zu dem anderen Korb, in dem Kohl ausgelegt war. Sie nahm die herrlichsten weißen Kohlköpfe in die Hand, drückte sie zusammen, dass sie ächzten, warf sie dann wieder unordentlich in den Korb und sagte auch hier: »Schlechte Ware, schlechter Kohl!«

Der Junge rief ängstlich: »Wackle nur nicht so garstig mit dem Kopf hin und her. Dein Hals ist ja so dünn wie ein Kohlstängel. Der könnte leicht abbrechen und dein Kopf fiele hinein in den Korb. Wer wollte dann noch einen kaufen?«

Die Alte murmelte lachend: »Gefallen sie dir nicht, die dünnen Hälse? Sollst gar keinen haben, Kopf muss in den Schultern stecken, dass er nicht herabfällt von dem kleinen Körperlein!«

Der Zwerg Nase

Schließlich mischte sich die Frau des Schusters, die über das lange Prüfen, Mustern und Beriechen ganz missmutig geworden war, ein: »Schwatzt doch nicht so unnützes Zeug mit dem Kleinen da. Wenn Ihr etwas kaufen wollt, dann beeilt Euch, Ihr verscheucht mir ja die anderen Kunden.«

Da rief die Alte mit grimmigem Blick: »Gut, es sei, wie du sagst. Ich will dir diese sechs Kohlköpfe abkaufen. Aber sieh, ich muss mich auf den Stab stützen und kann nichts tragen. Erlaube deinem Söhnchen, dass es mir die Ware nach Hause bringt, ich will ihn dafür belohnen.«

Der Kleine wollte nicht mitgehen und weinte, denn ihm graute vor der hässlichen Frau. Aber seine Mutter befahl es ihm, weil sie es für eine Sünde hielt, der alten schwachen Frau die Last allein aufzubürden. Halb weinend tat Jakob, was sie befohlen hatte, raffte die Kohlköpfe zusammen und folgte dem alten Weib über den Markt.

Es ging nicht sehr schnell bei ihr und sie brauchte fast eine Dreiviertelstunde, bis sie in einen ganz entlegenen Teil der Stadt kam und schließlich vor einem kleinen baufälligen Haus stehen blieb. Dort zog sie einen alten rostigen Haken aus der Tasche, fuhr damit geschickt in ein kleines Loch in der Tür, und mit einem Schlag sprang diese krachend auf. Aber wie war der kleine Jakob überrascht, als er eintrat! Das Innere des Hauses war prachtvoll ausgeschmückt. Die Decken und Wände waren aus Marmor, die Gerätschaften aus Ebenholz, mit Gold und geschliffenen Steinen geschmückt, der Boden aber war aus Glas und so glatt, dass der Kleine ein paar Mal darauf ausglitt und hinfiel.

Wilhelm Hauff

Die Alte aber zog ein silbernes Pfeifchen aus der Tasche und pfiff ein Lied darauf, das gellend durch das Haus tönte. Da kamen sogleich einige Meerschweinchen die Treppe herab. Jakob kam es ganz sonderbar vor, dass sie aufrecht auf zwei Beinen gingen, Nussschalen statt Schuhen an den Pfoten trugen, menschliche Kleider und sogar Hüte nach der neuesten Mode hatten.

Die Alte schlug mit dem Stock nach ihnen, sodass sie jammernd in die Höhe sprangen, und sie rief: »Wo habt ihr meine Pantoffeln, garstiges Gesindel! Wie lange soll ich noch so dastehen?«

Die Tiere sprangen schnell die Treppe hinauf und kamen mit ein Paar Kokosnussschalen, die mit Leder gefüttert waren, zurück. Sie steckten sie der Alten geschickt an die Füße.

Von da an war es mit dem Hinken und Rutschen vorbei. Sie warf den Stab fort und glitt mit großer Schnelligkeit über den Glasboden, wobei sie den kleinen Jakob an der Hand mit fortzog. Schließlich hielt sie in einem Zimmer an, das beinahe einer Küche glich, obwohl die Tische aus edlem Holz waren und die Sofas mehr zu einem Prunkgemach passten.

Die Alte sagte recht freundlich: »Setz dich, Söhnchen«, drückte ihn in eine Ecke des Sofas und stellte einen Tisch so vor ihn hin, dass er nicht mehr hervorkommen konnte. »Setz dich, du hast wirklich schwer zu tragen gehabt, die Menschenköpfe sind nicht so leicht, nicht so leicht.«

Der Kleine rief: »Aber Frau, was sagt Ihr für wunderliche Sachen! Müde bin ich zwar, aber es waren ja Kohlköpfe, die ich getragen habe. Ihr habt sie meiner Mutter abgekauft.«

Das alte Weib lachte. »Ei, da irrst du dich!« Sie deckte den

Der Zwerg Nase

Deckel eines Korbes auf und zog einen Menschenkopf heraus, den sie am Schopf gepackt hatte.

Der Kleine war vor Schrecken außer sich. Er konnte nicht fassen, wie dies alles zuging, aber er dachte an seine Mutter. Wenn irgendjemand von den Menschenköpfen erführe, dann würde seine Mutter gewiss dafür angeklagt.

Die Alte murmelte: »Muss dir nun auch etwas geben, zum Lohn, dass du so artig bist. Gedulde dich nur ein Weilchen, ich will dir ein Süppchen einbrocken, an das du dein Leben lang denken wirst.«

Nun pfiff sie wieder. Da kamen zuerst viele Meerschweinchen in menschlichen Kleidern. Sie hatten Küchenschürzen umgebunden und in ihren Gürteln steckten Kochlöffel und große Messer. Nach ihnen kamen eine Menge Eichhörnchen hereingeschlüpft. Sie hatten weite türkische Beinkleider an, gingen aufrecht und auf dem Kopf trugen sie grüne samtene Mützen. Die Eichhörnchen schienen die Küchenjungen zu sein, denn sie kletterten mit großer Geschwindigkeit an den Wänden hinauf und brachten Pfannen und Schüsseln, Eier und Butter, Kräuter und Mehl herab und trugen es auf den Herd.

Dort aber fuhr die alte Frau auf ihren Pantoffeln aus Kokosschalen beständig hin und her, und der Kleine sah, dass sie sich recht viel Mühe machte, um ihm etwas Gutes zu kochen. Schließlich begann es im Topf zu sprudeln und zu zischen, Dampf stieg auf und der Schaum floss heraus. Da nahm sie den Topf vom Feuer, goss daraus etwas in eine silberne Schale und setzte sie dem kleinen Jakob vor.

Dann sagte sie: »So, Söhnchen, iss nur dieses Süppchen,

Wilhelm Hauff

dann hast du alles, was dir an mir so gefallen hat. Sollst auch ein geschickter Koch werden, damit du auch etwas bist, aber das Kräutlein, das Kräutlein sollst du nicht mehr finden. Warum hat es deine Mutter nicht in ihrem Korb gehabt?«

Der Kleine verstand nicht recht, was sie sprach, aber er wandte sich aufmerksam der Suppe zu, die ihm ganz hervorragend schmeckte. Seine Mutter hatte manche schmackhafte Speise für ihn zubereitet, aber so gut hatte ihm noch keine geschmeckt. Der Duft von feinen Kräutern und Gewürzen stieg aus der Suppe auf, dabei war sie süß und säuerlich zugleich und sehr stark. Während er noch die letzten Tropfen der köstlichen Speise austrank, zündeten die Meerschweinchen arabischen Weihrauch an, der in bläulichen Wolken durch das Zimmer schwebte. Dichter und immer dichter wurden diese Wolken und sanken herab, der Geruch des Weihrauchs wirkte betäubend auf den Kleinen. Er konnte sich sagen, sooft er wollte, dass er zu seiner Mutter zurückkehren müsse – jedes Mal, wenn er sich aufraffte, sank er wieder von neuem in den Schlummer zurück und schlief endlich auf dem Sofa des alten Weibes ein.

Da hatte er sonderbare Träume. Es war ihm, als ziehe ihm die Alte seine Kleider aus und umhülle ihn dafür mit einem Eichhörnchenfell. Jetzt konnte er Sprünge machen und klettern wie ein Eichhörnchen. Er ging mit den übrigen Meerschweinchen um, die sehr artige, gesittete Leute waren, und hatte mit ihnen Dienst bei der alten Frau. Zuerst wurde er nur als Schuhputzer gebraucht. Etwa nach einem Jahr, so träumte er weiter, wurde er zu einem feineren Geschäft angestellt: Er musste mit einigen anderen Eichhörnchen Sonnenstäubchen

Der Zwerg Nase

einfangen und durch das feinste Haarsieb sieben. Die Frau hielt nämlich Sonnenstäubchen für das Allerfeinste. Und weil sie nicht gut beißen konnte, denn sie hatte keinen Zahn mehr, ließ sie sich ihr Brot aus Sonnenstäubchen zubereiten. Wieder ein Jahr später wurde er zu den Dienern versetzt, die das Trinkwasser für die Alte sammelten. Die Eichhörnchen, und Jakob mit ihnen, mussten mit Haselnussschalen den Tau aus den Rosen schöpfen, und das war das Trinkwasser der Alten. Da sie sehr viel trank, hatten die Wasserträger viel Arbeit.

Ein weiteres Jahr später wurde er zum inneren Dienst des Hauses bestellt. Er hatte die Aufgabe, die Böden zu putzen. Da diese aber aus Glas waren, sodass man jeden Hauch darauf sah, war es keine einfache Arbeit. Man musste sie bürsten und sich alte Tücher an die Füße schnallen, um auf ihnen kunstvoll im Zimmer umherzufahren.

Im vierten Jahr schließlich wurde er in die Küche versetzt. Dies war ein Ehrenamt, zu dem man nur nach langer Prüfung gelangen konnte. Jakob diente dort vom Küchenjungen aufwärts bis zum ersten Pastetenbäcker und erreichte so große Geschicklichkeit und Erfahrung in allem, was die Küche betrifft, dass er sich oft über sich selbst wundern musste.

So waren etwa sieben Jahre im Dienst des alten Weibes vergangen, da befahl sie ihm eines Tages, er solle ein Huhn rupfen, mit Kräutern füllen und schön knusprig braten, bis sie wiederkäme. Sie selbst zog ihre Kokosschuhe aus und nahm Korb und Krückstock zur Hand, um auszugehen.

Jakob briet das Huhn nach allen Regeln der Kunst. Als er begann die Kräuter zu sammeln, mit welchen er das Huhn füllen sollte, fiel ihm in der Kräuterkammer ein Wandschränk-

Wilhelm Hauff

chen auf, dessen Tür halb geöffnet war und das er nie zuvor bemerkt hatte. Er ging neugierig näher, um zu sehen, was darin war, und siehe da, es standen viele duftende Körbchen darin. Er öffnete eines davon und fand Kräuter von ganz besonderer Form und Farbe. Die Stängel der Blätter waren blaugrün und trugen oben kleine feuerrote Blüten mit einem gelben Rand. Diese betrachtete er sinnend, beroch sie, und sie strömten denselben starken Geruch aus, nach dem auch einst jene Suppe, die ihm die Alte gekocht hatte, geduftet hatte. Der Geruch war so stark, dass er zu niesen anfing, immer heftiger niesen musste und – am Ende niesend erwachte.

Da lag er auf dem Sofa des alten Weibes und blickte verwundert um sich. Und er sagte sich: Nein, wie man so lebhaft träumen kann! Ich hätte schwören können, dass ich ein schnödes Eichhörnchen und ein Kamerad von Meerschweinchen, dabei aber ein großer Koch geworden bin. Wie wird meine Mutter lachen, wenn ich ihr das alles erzähle. Aber wird sie nicht auch schimpfen, weil ich in einem fremden Haus eingeschlafen bin, statt ihr auf dem Markt zu helfen? Mit diesem Gedanken raffte er sich auf, um wegzugehen. Noch waren seine Glieder vom Schlaf ganz steif, besonders sein Nacken, denn er konnte den Kopf nicht richtig drehen. Und ständig stieß er mit der Nase an eine Wand oder an einen Schrank oder schlug sie, wenn er sich schnell umdrehte, gegen einen Türpfosten.

Es war ein ziemlich entlegener Teil der Stadt, wohin ihn die Alte geführt hatte, und er fand kaum aus den engen Gassen heraus. Es herrschte auch großes Gedränge, denn ganz in der Nähe, so schien es ihm, musste sich ein Zwerg befinden, denn überall hörte er Rufe: »Ei, seht den hässlichen Zwerg! Wo kommt der Zwerg her? Ei, was hat er doch für eine lange Nase! Und wie ihm der Kopf in den Schultern steckt, und die braunen, hässlichen Hände!«

Zu einer anderen Zeit wäre er auch gern dorthin gelaufen, denn er sah für sein Leben gern Riesen oder Zwerge oder seltsame, fremde Trachten, aber er musste sich ja beeilen, um zur Mutter zu kommen.

Ihm wurde ganz bang, als er auf den Markt kam. Die Mutter saß zwar noch dort und hatte auch noch viele Früchte im Korb – lange konnte er also nicht geschlafen haben –, aber doch kam es ihm von weitem schon so vor, als sei sie sehr traurig. Denn sie rief den Vorübergehenden nicht zu, um ihre Ware anzupreisen, sondern hatte den Kopf in die Hand gestützt. Er zögerte, was er tun sollte. Schließlich fasste er sich ein Herz, schlich sich hinter sie, legte ihr vertraulich seine Hand auf den Arm und sagte: »Mütterchen, was fehlt dir? Bist du böse auf mich?«

Die Frau wandte sich nach ihm um, fuhr aber mit einem Schrei des Entsetzens zurück: »Was willst du von mir, hässlicher Zwerg? Fort, fort, ich kann solche Scherze nicht leiden!«

Ganz erschrocken fragte Jakob: »Aber Mutter, was hast du denn? Warum willst du denn deinen Sohn verjagen?«

Zornig entgegnete Frau Hanne: »Ich habe dir schon gesagt, geh deines Weges. Bei mir verdienst du kein Geld mit deinen Gaukeleien, hässliche Missgeburt.«

Bekümmert sprach der Kleine zu sich selbst: »Wahrhaftig, Gott hat ihr das Licht des Verstandes geraubt! Wie mache ich es nur, sie nach Hause zu bringen? – Liebes Mütterchen, sei

Wilhelm Hauff

doch vernünftig. Sieh mich doch richtig an, ich bin doch Jakob, dein Sohn!«

Aber Hanne rief ihrer Nachbarin zu: »Nein, jetzt wird mir der Spaß zu unverschämt. Schaut euch nur den hässlichen Zwerg an. Steht da und vertreibt mir gewiss alle Käufer, und wagt auch noch, über mein Unglück zu spotten. Sagt zu mir: ›Ich bin doch dein Sohn, dein Jakob‹, der Unverschämte!«

Da erhoben sich die Nachbarinnen und fingen an zu schimpfen, so arg sie konnten – und Marktweiber können das! Sie schimpften ihn, dass er die unglückliche Hanne verspotte, der vor sieben Jahren ihr bildschöner Knabe gestohlen worden sei. Und sie drohten ihm, allesamt über ihn herzufallen und ihn zu zerkratzen, wenn er nicht auf der Stelle verschwinde.

Der arme Jakob wusste nicht, was er von all dem denken sollte. War er doch, wie er glaubte, heute früh, wie immer, mit der Mutter auf den Mark gegangen. Und nun sprachen die Mutter und die Nachbarinnen von sieben Jahren! Und sie nannten ihn einen garstigen Zwerg. Was war denn nur mit ihm vorgegangen?

Als er sah, dass die Mutter gar nichts mehr von ihm hören wollte, traten ihm Tränen in die Augen und er ging trauernd die Straße hinab zu der Bude, wo sein Vater tagsüber die Schuhe flickte. Und er dachte sich: Ich will doch sehen, ob er mich auch nicht mehr erkennt. In die Tür will ich mich stellen und mit ihm sprechen.

Als er an der Bude des Schusters angekommen war, stellte er sich in die Tür und schaute hinein. Der Meister war so emsig mit der Arbeit beschäftigt, dass er ihn gar nicht bemerkte.

Der Zwerg Nase

Als er aber einmal zufällig einen Blick zur Tür warf, fielen ihm die Schuhe aus der Hand und er rief voller Entsetzen aus: »Um Gottes willen! Was ist das, was ist das!«

Indem er vollends in den Laden trat, sprach der Kleine: »Guten Abend, Meister, wie geht es Euch?«

Zu Jakobs großer Verwunderung, denn auch er schien ihn nicht zu erkennen, antwortete der Vater: »Schlecht, schlecht, kleiner Herr! Die Arbeit will mir nicht recht von der Hand. Ich bin allein und werde jetzt alt, und ein Geselle ist mir zu teuer.«

Der Kleine forschte: »Aber habt Ihr denn keinen Sohn, der Euch helfen könnte bei der Arbeit?«

Der Vater sagte: »Ich hatte einen, er hieß Jakob und müsste jetzt ein schlanker, gewandter Bursche von zwanzig Jahren sein, der mir tüchtig unter die Arme greifen könnte. Ja, das wäre ein Leben! Schon als er zwölf war, war er sehr geschickt und verstand schon manches vom Handwerk. Und hübsch und angenehm war er auch. Der hätte mir die Kundschaft nur so angelockt! – Aber so geht's in der Welt!«

Da fragte Jakob mit zitternder Stimme: »Wo ist denn Euer Sohn?«

Der Schuster antwortete: »Das weiß Gott. Vor sieben Jahren – ja, so lange ist's her – wurde er uns vom Markt weggestohlen.«

Entsetzt rief Jakob: »Vor sieben Jahren?«

»Ja, kleiner Herr, vor sieben Jahren. Da kam einmal ein hässliches altes Weib daher und kaufte so viel, dass sie es nicht tragen konnte. Meine Frau, die mitleidige Seele, gab ihr den Jungen mit – und hat ihn bis zur Stunde nicht mehr gesehen. Aber ein steinaltes Weib, das schon neunzig Jahre gelebt hat,

391

Wilhelm Hauff

sagte, die hässliche Alte könne die böse Fee Kräuterweis gewesen sein, die alle fünfzig Jahre einmal in die Stadt kommt, um sich allerlei einzukaufen.«

Da wurde dem Kleinen nach und nach klar, was mit ihm geschehen war, dass er nämlich gar nicht geträumt hatte, sondern tatsächlich sieben Jahre lang bei der bösen Fee als Eichhörnchen gedient hatte. Zorn und Kummer erfüllten sein Herz so sehr, dass es beinahe zerspringen wollte. Sieben Jahre seiner Jugend hatte ihm die Alte gestohlen!

Er stand eine Weile schweigend da und dachte über sein Schicksal nach, da fragte ihn schließlich der Vater: »Braucht Ihr vielleicht etwas von mir? Etwa ein Paar neue Pantoffeln oder«, setzte er lächelnd hinzu, »vielleicht ein Futteral für Eure Nase?«

»Was wollt Ihr nur mit meiner Nase«, sagte Jakob, »warum sollte ich denn ein Futteral dafür brauchen?«

Der Schuster entgegnete: »Nun, jeder nach seinem Geschmack. Aber das muss ich Euch sagen: Hätte ich diese schreckliche Nase, ließe ich mir ein ledernes Futteral darüber machen.«

Der Kleine stand stumm vor Schrecken. Er betastete seine Nase – sie war dick und wohl zwei Hände lang! Also hatte die Alte auch seine Gestalt verwandelt. Deshalb erkannte ihn seine eigene Mutter nicht und deshalb nannte man ihn einen hässlichen Zwerg! Halb weinend sagte er zu dem Schuster: »Meister, habt Ihr keinen Spiegel zur Hand, worin ich mich anschauen könnte?«

Der Schuster entgegnete: »Ich besitze keinen Spiegel. Wenn Ihr aber unbedingt in einen schauen müsst, nun, über der

Der Zwerg Nase

Straße wohnt Urban, der Barbier. Der hat einen Spiegel, zweimal so groß wie Euer Kopf. Seht dort hinein und ansonsten: Guten Morgen!«

Mit diesen Worten schob ihn der Vater gelinde zur Bude hinaus, machte die Tür hinter ihm zu und setzte sich wieder zur Arbeit. Der Kleine aber ging niedergeschlagen über die Straße zu Urban, dem Barbier, den er noch aus früheren Zeiten gut kannte. Und er sagte zu ihm: »Guten Morgen, Urban. Ich möchte Euch um eine Gefälligkeit bitten, seid so gut und lasst mich ein wenig in Euren Spiegel schauen.«

Lachend rief der Barbier: »Mit Vergnügen, dort steht er!« Und seine Kunden, denen er den Bart scheren sollte, lachten mit.

Der Kleine aber war vor den Spiegel getreten und hatte sich angesehen. Tränen traten ihm in die Augen. Und er sagte zu sich: »Ja, liebe Mutter, so konntest du freilich deinen lieben Jakob nicht wiedererkennen!« Seine Augen waren klein geworden, wie die der Schweine, seine Nase war ungeheuer groß und hing über Mund und Kinn herunter, der Hals schien ganz und gar weggenommen zu sein, denn sein Kopf steckte tief zwischen den Schultern und nur mit den größten Schmerzen konnte er ihn nach rechts oder links bewegen. Sein Körper war noch so groß wie vor sieben Jahren, als er zwölf war. Aber während andere zwischen zwölf und zwanzig in die Höhe wachsen, so wuchs er in die Breite, der Rücken und die Brust waren nach außen gebogen und sahen aus wie ein kleiner Sack. Und dieser dicke Oberleib saß auf kleinen schwachen Beinen, die dieser Last nicht gewachsen schienen, umso größer waren dafür die Arme, die ihm am Leib herabhingen.

393

Wilhelm Hauff

Seine Hände waren grob und braungelb, seine Finger lang und spinnenartig, und wenn er sie ganz ausstreckte, konnte er damit den Boden berühren. So sah er aus, der kleine Jakob, zum missgestalteten Zwerg war er geworden.

Er dachte an jenen Morgen, an dem das alte Weib an die Körbe seiner Mutter herangetreten war. Alles, was er damals an ihr getadelt hatte, die lange Nase, die hässlichen Finger, alles hatte sie ihm angezaubert, nur den langen, zitternden Hals hatte sie weggelassen.

Der Barbier, der lachend zu ihm trat, sagte: »Nun, habt Ihr Euch jetzt genug beschaut, mein Prinz? Wirklich, wenn man sich so etwas träumen lassen wollte, so komisch könnte es einem im Traum nicht vorkommen. Aber ich will Euch einen Vorschlag machen, kleiner Mann. Mein Barbiergeschäft ist zwar gut besucht, aber neuerdings nicht ganz so, wie ich es wünsche. Das kommt daher, dass mein Nachbar, der Barbier Schaum, irgendwo einen Riesen aufgegabelt hat, der ihm die Kunden ins Haus lockt. Nun, ein Riese zu werden, ist keine große Kunst, aber ein Männchen wie Ihr, ja, das ist schon etwas ganz anderes. Tretet bei mir in Dienste, kleiner Mann. Wohnung, Essen, Trinken, Kleider – alles sollt ihr haben. Dafür stellt Ihr Euch morgens vor meine Tür und ladet die Leute ein, hereinzukommen. Dann bekomme ich mehr Kunden als der andere mit dem Riesen.«

Der Kleine war in seinem Inneren empört über den Vorschlag, als Lockvogel für einen Barbier zu dienen. Er sagte ihm daher ganz ruhig, dass er zu derlei Diensten keine Zeit habe, und ging weiter.

Wenn das böse Weib auch seine Gestalt verformt hatte – sei-

Der Zwerg Nase

nem Geist hatte sie nichts anhaben können, das merkte er wohl. Denn er dachte und fühlte nicht mehr, wie er es vor sieben Jahren getan hatte, nein, er glaubte in diesem Zeitraum weiser und verständiger geworden zu sein. Er trauerte nicht um seine verlorene Schönheit, nicht über seine hässliche Gestalt, sondern nur darüber, dass er wie ein Hund von der Tür seines Vaters gejagt wurde. Darum beschloss er, noch einen Versuch bei seiner Mutter zu machen.

Er ging zurück zu ihr auf den Markt und bat sie, ihm ruhig zuzuhören. Er erinnerte sie an jenen Tag, an welchem er mit dem alten Weib gegangen war, er erinnerte sie an Dinge, die in seiner Kindheit geschehen waren, erzählte ihr dann, wie er sieben Jahre als Eichhörnchen gedient hatte bei einer Fee, und wie sie ihn verwandelte, weil er sie damals getadelt hatte.

Die Frau des Schusters wusste nicht, was sie denken sollte, denn alles, was er ihr von seiner Kindheit erzählte, traf zu. Aber als er sagte, dass er sieben Jahre lang ein Eichhörnchen gewesen sei, entgegnete sie: »Das ist unmöglich, es gibt keine Feen!« Und wenn sie ihn ansah, dann fand sie den Zwerg abscheulich und glaubte nicht, dass dies ihr Sohn sein könnte. Am Ende hielt sie es für das Beste, mit ihrem Mann darüber zu sprechen. Sie raffte also ihre Körbe zusammen und sagte, er solle mitgehen. So kamen sie zurück zum Schuster.

Jakobs Mutter sagte zu ihrem Mann: »Sieh einmal, der Mensch da will unser verlorener Jakob sein. Er hat mir alles erzählt, wie er uns vor sieben Jahren gestohlen wurde, und wie er von einer Fee verzaubert worden sei.«

Der Schuster fiel ihr zornig ins Wort: »So? Hat er dir das erzählt? – Na warte, du Schuft! – Erst vor einer Stunde habe ich

395

Wilhelm Hauff

ihm alles berichtet, und jetzt geht er hin, um dich derart zum Narren zu halten. Verzaubert bist du worden, mein Söhnchen? Warte, ich will dich schon wieder entzaubern.« Dabei nahm er einen Beutel Riemen, die er eben zugeschnitten hatte, sprang auf den Kleinen zu und schlug ihn auf den hohen Rücken und auf die langen Arme, dass er vor Schmerz aufschrie und weinend davonlief.

In jener Stadt gibt es, wie überall, nur wenige mitleidige Seelen, die einen Unglücklichen, der zugleich etwas Lächerliches an sich hat, unterstützen. Daher kam es, dass der unglückliche Zwerg den ganzen Tag nichts zu essen und zu trinken bekam und abends die Treppen einer Kirche, so hart und kalt sie auch waren, zum Nachtlager wählen musste.

Als ihn aber am Morgen die ersten Sonnenstrahlen weckten, da dachte er ernstlich darüber nach, wie er sein Leben fristen könne, da ihn Vater und Mutter verstoßen hatten. Er fühlte sich zu stolz, um als Aushängeschild eines Barbiers zu dienen. Aber was sollte er anfangen? Da fiel ihm plötzlich ein, dass er als Eichhörnchen große Fortschritte in der Kochkunst gemacht hatte. Er glaubte nicht mit Unrecht, hoffen zu dürfen, dass er es mit manchem Koch aufnehmen könne, und beschloss seine Kunst zu benützen.

Sobald es daher auf den Straßen lebhafter wurde und der Morgen ganz heraufgekommen war, ging er zuerst in die Kirche und verrichtete sein Gebet. Dann trat er seinen Weg an. Der Herzog, der Herr des Landes, war ein bekannter Feinschmecker, der eine gute Tafel liebte und seine Köche in allen Weltteilen suchte. Zu seinem Palast begab sich der Kleine.

Als er an die äußerste Pforte kam, fragten die Türhüter, was er denn wolle, und trieben ihren Spott mit ihm. Sie lachten und führten ihn durch die Vorhöfe, und wo er hinkam, blieben die Diener stehen, schauten ihm nach, lachten und schlossen sich an, sodass nach und nach ein ungeheurer Zug von Dienern aller Art sich die Treppe des Palastes hinaufbewegte. Alles drängte sich, es war ein Gewühl, als sei der Feind vor den Toren, und die Luft war erfüllt von dem Schrei: »Ein Zwerg, ein Zwerg! Habt ihr den Zwerg gesehen?«

Da erschien der Aufseher des Hauses mit grimmigem Gesicht in der Tür, eine ungeheure Peitsche in der Hand. Er rief: »Um Himmels willen, ihr Hunde, was macht ihr einen solchen Lärm! Wisst ihr denn nicht, dass der Herr noch schläft?«

»Ach Herr«, riefen sie, »seht Ihr denn nicht? Wir bringen einen Zwerg. Einen Zwerg, wie Ihr noch keinen gesehen habt!«

Der Aufseher des Palastes zwang sich mit Mühe, nicht laut aufzulachen, als er den Kleinen sah, denn er fürchtete, durch Lachen seiner Würde zu schaden. Er trieb daher die Übrigen mit der Peitsche fort, führte den Kleinen ins Haus und fragte ihn, was er wolle.

Als er hörte, er wolle zum Küchenmeister, erwiderte er: »Du irrst dich, mein Söhnchen! Zu mir, dem Aufseher des Hauses willst du. Du willst beim Herzog Leibzwerg werden. Ist es nicht so?«

Der Zwerg antwortete: »Nein, Herr! Ich bin ein geschickter Koch und erfahren in allerlei seltenen Speisen. Bringt mich bitte zum Oberküchenmeister, vielleicht kann er meine Kunst brauchen.«

Wilhelm Hauff

»Jeder nach seinem Willen, kleiner Mann. Nun gut, wir wollen sehen, aber deine Kochkunst wird wohl kaum so weit reichen, wie es bei einem Mundkoch des Herrn nötig ist.« Mit diesen Worten nahm ihn der Aufseher des Palastes bei der Hand und führte ihn in die Gemächer des Oberküchenmeisters.

Dort verbeugte sich der Zwerg so tief, dass seine Nase den Fußboden berührte, und sprach: »Gnädiger Herr, braucht Ihr keinen geschickten Koch?«

Der Oberküchenmeister betrachtete ihn von Kopf bis Fuß, brach dann in lautes Lachen aus und rief: »Wie? Du ein Koch? Meinst du, unsere Herde seien so niedrig, dass du nur auf einen hinaufschauen kannst, wenn du dich auf die Zehen stellst und den Kopf recht aus den Schultern herausarbeitest?« So sprach der Oberküchenmeister und lachte schallend, und mit ihm lachten der Aufseher des Palastes und alle Diener, die im Zimmer waren.

Der Zwerg aber ließ sich nicht aus der Fassung bringen. Er sagte: »Befehlt mir, irgendeine leckere Speise zuzubereiten, gebt mir, was ich dazu brauche, und sie soll vor Euren Augen schnell bereitet sein. Und Ihr werdet sagen müssen: Er ist ein Koch nach allen Regeln der Kunst.« Solche und ähnliche Reden hielt der Kleine, und es war wunderlich anzusehen, wie es dabei aus seinen kleinen Äuglein hervorblitzte, wie seine lange Nase sich hin- und herschlängelte und seine dünnen Spinnenfinger seine Rede begleiteten.

Der Küchenmeister rief: »Nun gut, es sei nur um des Spaßes willen. Lasst uns zur Küche gehen.«

Sie gingen durch mehrere Säle und Gänge und kamen

Der Zwerg Nase

schließlich in die Küche. Es war ein großes, weitläufiges Gebäude, herrlich eingerichtet. Küchenbedienstete aller Art liefen umher und hantierten mit Kesseln und Pfannen, mit Gabeln und Schaumlöffeln. Als aber der Oberküchenmeister in die Küche trat, blieben alle regungslos stehen.

Der Meister fragte den ersten Frühstückmacher, einen alten Koch: »Was hat der Herr heute zum Frühstück befohlen?«

»Die dänische Suppe hat er geruht zu befehlen und rote Hamburger Klößchen.«

Der Küchenmeister sagte zu dem Kleinen: »Gut. Hast du gehört, was der Herr speisen will? Traust du dich, diese schwierigen Speisen zuzubereiten? Die Klößchen werden dir aber auf gar keinen Fall gelingen, die sind nämlich ein Geheimnis.«

Zum allgemeinen Erstaunen erwiderte der Zwerg, der als Eichhörnchen diese Speisen oft gemacht hatte: »Nichts leichter als das! Man gebe mir zu der Suppe die und die Kräuter, dies und jenes Gewürz, Fett von einem wilden Schwein, Wurzeln und Eier.« Und leiser, sodass es nur der Küchenmeister und der Frühstückmacher hören konnten, sagte er: »Zu den Klößen brauche ich viererlei Fleisch, etwas Wein, Entenschmalz, Ingwer und ein bestimmtes Kraut, das man Magentrost nennt.«

Staunend rief der Koch: »Hei! Bei Sankt Benedikt! Bei welchem Zauberer hast du gelernt? Alles bis auf ein Haar hat er gesagt, und das Kräutlein Magentrost haben wir selber nicht einmal gewusst. Ja, das muss es noch angenehmer machen. O du Wunder von einem Koch!«

Und der Oberküchenmeister sagte: »Das hätte ich nicht ge-

Wilhelm Hauff

dacht! Doch lassen wir ihn die Probe machen. Gebt ihm die Sachen, die er verlangt, und lasst ihn das Frühstück machen.«

Man tat, wie er befohlen hatte, und bereitete alles auf dem Herd zu. Aber da stellte sich heraus, dass der Zwerg mit der Nase kaum bis an den Herd herankam. Man stellte daher ein paar Stühle zusammen, legte eine Marmorplatte darüber und lud den kleinen Wundermann ein, sein Kunststück zu beginnen. In einem großen Kreis standen die Köche, Küchenjungen, Diener und allerlei Volk umher und sahen zu und staunten, wie ihm alles so flink von der Hand ging, wie er alles so reinlich und schön bereitete. Als er mit der Zubereitung fertig war, befahl er, beide Schüsseln aufs Feuer zu stellen und genau so lange kochen zu lassen, bis er rufen werde. Dann fing er zu zählen an, bis er bis fünfhundert gezählt hatte, und rief: »Halt!« Die Töpfe wurden weggestellt, und der Kleine lud den Küchenmeister ein zu kosten.

Der Mundkoch ließ sich von einem Küchenjungen einen goldenen Löffel geben und überreichte ihn dem Oberküchenmeister. Der trat mit feierlicher Miene an den Herd, nahm von den Speisen, kostete, drückte die Augen zu, schnalzte vor Vergnügen mit der Zunge und sagte dann: »Köstlich, beim Leben des Herzogs, köstlich! Wollt ihr nicht auch ein Löffelchen zu Euch nehmen, Aufseher des Palastes?«

Der verbeugte sich, nahm den Löffel, versuchte und war außer sich vor Vergnügen und Genuss. »Eure Kunst in Ehren, lieber Frühstückmacher, Ihr seid ein erfahrener Koch, aber so herrlich habt Ihr weder die Suppe noch die Hamburger Klöße machen können!«

Auch der Koch versuchte jetzt, schüttelte dann dem Zwerg

ehrfürchtig die Hand und sagte: »Kleiner! Du bist Meister in der Kunst, ja, das Kräutlein Magentrost, das gibt allem einen ganz eigenen Reiz.«

In diesem Augenblick kam der Kammerdiener des Herzogs in die Küche und berichtete, dass der Herr das Frühstück verlange. Die Speisen wurden sogleich auf silberne Platten gelegt und dem Herzog serviert. Der Oberküchenmeister aber nahm den Kleinen in sein Zimmer und unterhielt sich mit ihm. Kaum waren sie ein paar Minuten da, so kam schon ein Bote und rief den Oberküchenmeister zum Herrn.

Der Herzog sah sehr vergnügt aus. Er hatte alles aufgezehrt, was auf den silbernen Platten gewesen war, und wischte sich eben den Bart ab, als der Oberküchenmeister zu ihm trat. Er sprach: »Höre, Küchenmeister. Ich bin mit deinen Köchen bisher immer sehr zufrieden gewesen. Aber sage mir, wer hat heute mein Frühstück bereitet? So köstlich war es nie, seit ich auf dem Thron meiner Väter sitze. Sag, wie heißt der Koch, dass ich ihm einen Dukaten als Geschenk schicke.«

Der Oberküchenmeister antwortete: »Herr, das ist eine wunderbare Geschichte!«, und erzählte.

Der Herzog wunderte sich sehr, ließ den Zwerg zu sich rufen und fragte ihn aus, wer er sei und woher er komme. Da konnte nun der arme Jakob freilich nicht sagen, dass er verzaubert worden war und früher als Eichhörnchen gedient hatte. Doch er blieb bei der Wahrheit, indem er erzählte, er sei jetzt ohne Vater und Mutter und habe bei einer alten Frau kochen gelernt. Der Herzog fragte nicht weiter, sondern ergötzte sich an der sonderbaren Gestalt des neuen Kochs. Er sagte: »Wenn du bei mir bleiben willst, dann will ich dir jähr-

Wilhelm Hauff

lich fünfzig Dukaten, ein Festgewand und darüber hinaus zwei Paar Hosen geben lassen. Dafür musst du aber jeden Tag persönlich mein Frühstück zubereiten, musst angeben, wie das Mittagessen gemacht werden soll, und dich überhaupt meiner Küche annehmen. Da jeder in meinem Palast einen eigenen Namen von mir empfängt, sollst du ›Nase‹ heißen und die Würde eines Unterküchenmeisters erhalten.«

Der Zwerg Nase fiel vor dem mächtigen Herzog nieder, küsste ihm die Füße und versprach ihm treu zu dienen.

So war nun der Kleine fürs Erste versorgt, und er machte seinem Amt alle Ehre. Denn man kann sagen, dass der Herzog ein ganz anderer Mann war, solange der Zwerg Nase sich in seinem Haus aufhielt. Sonst hatte er oft Lust, den Köchen die Schüsseln und Platten, die man ihm auftrug, an den Kopf zu schmeißen. Dem Oberküchenmeister selbst hatte er sogar einmal einen gebackenen Kalbsfuß, der nicht weich genug geworden war, so heftig an die Stirn geworfen, dass er umfiel und drei Tage im Bett liegen musste. Seit aber der Zwerg Nase im Haus war, schien alles wie durch Zauber umgewandelt. Der Herr aß jetzt statt dreimal am Tag fünfmal, um sich an der Kunst seines kleinen Dieners zu erfreuen, und niemals war er unzufrieden. Und er wurde von Tag zu Tag fetter.

Der Zwerg war das Wunder der Stadt. Man erbat sich flehentlich Erlaubnis vom Oberküchenmeister, dem Zwerg beim Kochen zusehen zu dürfen, und einige der vornehmsten Männer hatten es so weit gebracht, dass ihre Diener in der Küche beim Zwerg Unterrichtsstunden nehmen durften, was nicht wenig Geld eintrug, denn jeder zahlte täglich einen halben Dukaten. Und um die übrigen Köche bei guter Laune zu hal-

Der Zwerg Nase

ten und sie nicht neidisch auf sich zu machen, überließ ihnen Nase dieses Geld, das die Herren für den Unterricht ihrer Köche zahlen mussten.

So lebte Nase beinahe zwei Jahre in äußerlichem Wohlstand und in Ehre, und nur der Gedanke an seine Eltern machte ihn traurig. Das ging so, bis sich folgender Vorfall ereignete.

Der Zwerg Nase war besonders geschickt und glücklich in seinen Einkäufen. Daher ging er, wenn es ihm die Zeit erlaubte, immer selbst auf den Markt, um Geflügel und Früchte einzukaufen. Eines Morgens ging er auch auf den Gänsemarkt und suchte nach schweren, fetten Gänsen, wie der Herr sie liebte. Schon ein paar Mal war er kritisch auf und ab gegangen. Seine Gestalt gebot Ehrfurcht, denn niemand hätte es gewagt, ihn zu verspotten. Denn man kannte ihn als den berühmten Koch des Herzogs, und jede Gänsefrau fühlte sich glücklich, wenn er ihr die Nase zuwandte.

Da sah er ganz am Ende der Reihe ein Frau sitzen, die ebenfalls Gänse verkaufte, aber nicht wie die anderen Marktfrauen ihre Ware anpries und nach Käufern schrie. Zu ihr ging er hin und prüfte die Gänse. Sie waren, wie er sie wünschte, und er kaufte drei samt dem Käfig, lud sie auf seine breiten Schultern und trat den Rückweg an. Da kam es ihm sonderbar vor, dass nur zwei von diesen Gänsen schnatterten und schrien, wie Gänse das tun, die dritte aber ganz still und in sich gekehrt dasaß und seufzte und ächzte wie ein Mensch. Er murmelte: »Die ist halb krank. Ich muss mich beeilen, dass ich sie schlachte und zubereite.«

403

Wilhelm Hauff

Aber die Gans antwortete laut und vernehmlich:

»Stichst du mich,
so beiß ich dich,
drückst du mir die Kehle ab,
bring ich dich ins frühe Grab.«

Erschrocken setzte der Zwerg Nase seinen Käfig nieder, und die Gans sah ihn mit schönen, klugen Augen an und seufzte. Da rief Nase: »Ei der Tausend! Ihr könnt sprechen, Jungfer Gans? Das hätte ich nicht gedacht. Na, habt nur keine Angst! Man weiß zu leben und wird einem so seltenen Vogel nicht zu Leibe rücken. Aber ich möchte wetten, Ihr seid nicht immer in diesen Federn gewesen. Ich war ja selbst einmal ein schnödes Eichhörnchen.«

Die Gans erwiderte: »Du hast Recht, wenn du sagst, ich sei nicht als Gans geboren worden. Ach, an meiner Wiege wurde es mir nicht gesungen, dass Mimi, die Tochter des großen Wetterbocks, in der Küche eines Herzogs getötet werden soll!«

Da tröstete sie der Zwerg: »Seid beruhigt, liebe Jungfer Mimi. So wahr ich ein ehrlicher Kerl bin und Unterküchenmeister des Herzogs, Euch soll keiner an die Kehle. Ich werde Euch in meinen eigenen Gemächern einen Stall anweisen. Ihr sollt genügend Futter bekommen, meine freie Zeit werde ich Eurer Unterhaltung widmen und den übrigen Küchenmeistern werde ich sagen, dass ich eine Gans mit allerlei besonderen Kräutern für den Herzog mäste. Sobald sich aber die Gelegenheit bietet, setze ich Euch in die Freiheit.«

Der Zwerg Nase

Die Gans dankte ihm unter Tränen, der Zwerg aber tat, was er versprochen hatte. Er schlachtete die zwei anderen Gänse, für Mimi aber baute er einen eigenen Stall unter dem Vorwand, sie für den Herzog zu mästen. Er gab ihr auch kein gewöhnliches Gänsefutter, sondern versorgte sie mit Kuchen und süßen Speisen. Sooft er freie Zeit hatte, ging er zu ihr, um sich mir ihr zu unterhalten und sie zu trösten. Sie erzählten sich auch gegenseitig ihre Geschichten und Nase erfuhr auf diese Weise, dass die Gans eine Tochter des Zauberers Wetterbock war, der auf der Insel Gotland lebte. Er war mit einer alten Fee in Streit geraten, die ihn durch List überwunden und aus Rache seine Tochter Mimi in eine Gans verwandelt und weit fort bis hierher gebracht hatte.

Nachdem der Zwerg Nase ihr seine Geschichte ebenfalls erzählt hatte, sagte sie: »Ich bin nicht unerfahren in diesen Sachen. Mein Vater hat mir und meinen Schwestern ein wenig Einblick in Zauberdinge gewährt. Die Geschichte mit dem Streit am Kräuterkorb, deine plötzliche Verwandlung, als du an jenen Kräutern gerochen hast, und auch einige Worte, die die Alte gesprochen hat, beweisen mir, dass du auf Kräuter verzaubert bist. Und das bedeutet: Wenn du das Kraut findest, das sich die Fee bei deiner Verzauberung gedacht hat, dann kannst du erlöst werden.«

Dies war aber nur ein geringer Trost für den Kleinen, denn wo sollte er dieses Kraut finden? Dennoch dankte er ihr und schöpfte einige Hoffnung.

Um diese Zeit bekam der Herzog Besuch von einem benachbarten Fürsten, seinem Freund. Er ließ daher seinen Zwerg Nase zu sich kommen und sagte zu ihm: »Jetzt ist die

Wilhelm Hauff

Zeit gekommen, wo du zeigen musst, ob du mir treu dienst und Meister deiner Kunst bist. Dieser Fürst, der bei mir zu Besuch ist, speist bekanntlich außer mir am besten und ist ein großer Kenner der feinen Küche und ein weiser Mann. Sorge nun dafür, dass meine Tafel so gedeckt wird, dass er immer mehr in Erstaunen gerät. Und solange er da ist, darfst du keine Speise zweimal servieren. Dafür kannst du dir von meinem Schatzmeister alles geben lassen, was du nur brauchst. Und wenn du Geld und Diamanten in Fett backen musst, dann tu es. Denn ich will lieber arm werden, als mich vor meinem Gast zu blamieren.«

Der Zwerg aber sagte, wobei er sich ständig verbeugte: »Es sei, wie du sagst, o Herr!«

Der kleine Koch kramte nun seine ganze Kunst hervor. Er schonte die Schätze seines Herrn nicht, noch weniger aber sich selbst. Denn man sah ihn den ganzen Tag in eine Wolke aus Rauch und Feuer eingehüllt, und seine Stimme hallte beständig durch das Gewölbe der Küche.

Der fremde Fürst war nun schon vierzehn Tage beim Herzog und lebte herrlich und in Freude. Sie aßen nicht weniger als fünfmal am Tag, und der Herzog war mit der Kunst des Zwerges zufrieden, denn er sah, dass sein Gast sich wohl fühlte. Am fünfzehnten Tag jedoch ließ der Herzog den Zwerg zur Tafel rufen. Er stellte ihn dem Gast vor und fragte, wie er mit dem Zwerg zufrieden sei.

Der fremde Fürst antwortete: »Du bist ein wunderbarer Koch. Seit ich hier bin, hat es keine Speise zweimal gegeben. Aber sage mir doch: Warum bringst du nicht die Königin der Speisen, die Pastete Souzeraine?«

Der Zwerg Nase

Da erschrak der Zwerg fürchterlich, denn diese Speise kannte er nicht. Doch er fasste sich und antwortete: »O Herr, ich wartete mit dieser Speise. Denn womit sollte dich der Koch am Tag des Abschieds grüßen, wenn nicht mit der Königin der Pasteten?«

Da entgegnete der Herzog lachend: »So? Und bei mir wolltest du wohl warten bis an meinen Tod, um mich dann noch zu begrüßen. Denn auch mir hast du die Pastete noch nie vorgesetzt. Denke dir einen anderen Abschiedsgruß aus, denn morgen musst du die Pastete auf den Tisch bringen!«

Der Zwerg antwortete: »Es sei, wie du sagst, Herr!«, doch er war nicht vergnügt. Denn der Tag seiner Schande und seines Unglücks war gekommen. Er wusste nicht, wie er die Pastete zubereiten sollte, und ging in seine Kammer und weinte über sein Schicksal.

Da kam die Gans Mimi, die in seinem Gemach umherlaufen durfte, zu ihm und fragte ihn nach der Ursache seines Jammers. Nachdem er berichtet hatte, sagte sie: »Trockne deine Tränen. Dieses Gericht gab es oft bei meinem Vater, und ich weiß ungefähr, was man dazu braucht. Du nimmst dieses und jenes, so und so viel, wenn es auch nicht alles ist, was man dazu braucht. Aber die Herren werden schon keinen so feinen Geschmack haben.«

Der Zwerg aber sprang vor Freude auf, segnete den Tag, an dem er die Gans gekauft hatte, und machte sich sofort daran, die Königin der Pasteten herzurichten. Er machte zuerst einen kleinen Versuch, und siehe, es schmeckte vortrefflich, und der Oberküchenmeister, dem er davon zu kosten gab, pries aufs Neue seine Kunst.

Wilhelm Hauff

Am nächsten Tag schickte er die Pastete, warm, wie sie aus dem Ofen kam, auf die Tafel. Er selbst aber zog sein bestes Festkleid an und ging in den Speisesaal. Als er eintrat, war der Obervorschneider gerade damit beschäftigt, die Pastete zu zerteilen und auf einem silbernen Schäuflein dem Herzog und seinem Gast Stücke davon zu reichen. Der Herzog biss herzhaft hinein, schlug die Augen zur Decke und sagte, nachdem er geschluckt hatte: »Ah, ah, ah, mit Recht nennt man dies die Königin der Pasteten. Aber mein Zwerg ist auch der König aller Köche, nicht wahr, mein Freund?«

Der Gast nahm einige kleine Bissen zu sich, kostete und prüfte aufmerksam und lächelte dabei höhnisch und geheimnisvoll. Dann antwortete er, wobei er den Teller zurückschob: »Aber die Souzeraine ist es nun doch nicht ganz. Das habe ich mir ja gedacht.«

Da runzelte der Herzog vor Unmut die Stirn und errötete vor Scham. Dann rief er: »Hund von einem Zwerg! Wie kannst du es wagen, deinem Herrn dies anzutun? Soll ich dir deinen großen Kopf abhacken lassen, zur Strafe für deine schlechte Kocherei?«

Der Zwerg aber entgegnete zitternd: »Ach Herr, um des Himmels willen, ich habe das Gericht doch nach allen Regeln der Kunst zubereitet, es kann gewiss nichts fehlen!«

Der Herzog erwiderte: »Das ist eine Lüge!«, und stieß ihn mit dem Fuß von sich. »Mein Gast würde sonst nicht sagen, dass etwas fehlt. Dich selbst will ich zerhacken und backen lassen in einer Pastete!«

Der Kleine rutschte auf den Knien zu dem Gast, dessen Beine er umfasste, und rief: »Habt Mitleid! Sagt, was fehlt an

Der Zwerg Nase

dieser Speise, dass sie Euch nicht schmeckt? Lasst mich nicht sterben wegen einer Hand voll Fleisch und Mehl.«

Der Fremde aber antwortete mit Lachen: »Das wird dir wenig helfen, mein lieber Nase. Ich habe mir schon gestern gedacht, dass du diese Speise nicht so machen kannst wie mein Koch. Wisse, es fehlt ein Kräutlein, das man hierzulande gar nicht kennt, das Kraut Niesmitlust. Ohne dieses Kraut bleibt die Pastete ohne Würze, und dein Herr wird sie nie essen wie ich.«

Da geriet der Herzog in Wut und rief mit funkelnden Augen: »Und doch werde ich sie essen, denn ich schwöre bei meiner fürstlichen Ehre: Entweder zeige ich Euch morgen die Pastete, wie Ihr sie verlangt, – oder den Kopf dieses Burschen aufgespießt auf dem Tor meines Palastes. – Geh, du Hund, ich gebe dir noch einmal vierundzwanzig Stunden Zeit.«

Weinend ging der Zwerg in sein Kämmerlein und klagte der Gans sein Schicksal und dass er sterben müsse, weil er niemals von diesem Kraut gehört habe.

Die Gans aber sagte: »Wenn es nur das ist! Da kann ich dir helfen, denn mein Vater lehrte mich, alle Kräuter zu kennen. Zu einem anderen Zeitpunkt wärst du vielleicht wirklich dem Tode geweiht gewesen, aber glücklicherweise ist gerade Neumond, und um diese Zeit blüht dieses Kräutlein. Doch sage mir, gibt es alte Kastanienbäume in der Nähe des Palastes?«

Mit leichtem Herzen erwiderte Nase: »O ja! Am See, zweihundert Schritte vom Haus, steht eine ganze Gruppe. Doch wozu brauchen wir die?«

Mimi, die Gans sagte: »Das Kräutlein blüht nur am Fuße alter Kastanien. Darum lass uns keine Zeit verlieren. Nimm mich auf deinen Arm und setzte mich draußen nieder. Ich will es dir suchen.«

Er machte es, wie sie gesagt hatte, und ging mit ihr zur Pforte des Palastes. Dort aber streckte der Türhüter das Gewehr vor und sagte: »Mein guter Nase, mit dir ist es aus. Du darfst nicht aus dem Haus. Ich habe strengsten Befehl, dich nicht fortzulassen.«

Der Zwerg erwiderte: »Aber in den Garten werde ich wohl noch gehen dürfen? Sei so gut und schicke einen deiner Gesellen zum Aufseher des Palastes und frage, ob ich nicht in den Garten gehen und Kräuter suchen dürfte?«

Das wurde Nase erlaubt, denn der Garten hatte hohe Mauern, und an eine Flucht war gar nicht zu denken. Als aber Nase mit der Gans Mimi ins Freie gekommen war, setzte er sie behutsam nieder und sie ging schnell vor ihm her auf den See zu, wo die Kastanien standen. Der Zwerg folgte ihr beklommen, denn es war ja seine letzte, einzige Hoffnung. Und sein Entschluss stand fest: Wenn sie das Kräutlein nicht fand, dann stürzte er sich lieber in den See, als dass er sich köpfen ließ. Die Gans jedoch suchte vergebens. Sie lief unter allen Kastanien umher und drehte mit dem Schnabel jedes Gräschen um – es wollte sich nichts zeigen. Aus Mitleid und Angst fing sie zu weinen an. Denn es wurde bereits dunkel und die Gegenstände schwerer zu erkennen.

Da blickte der Zwerg über den See und plötzlich rief er: »Siehe, siehe, dort über dem See steht noch ein großer alter Baum. Lass uns dort hingehen und suchen, vielleicht blüht dort mein Glück.«

Die Gans hüpfte und flog voran, und er lief hinterher, so

Der Zwerg Nase

schnell seine kurzen Beine konnten. Der Kastanienbaum warf einen großen Schatten und es war dunkel umher. Fast war nichts mehr zu erkennen. Aber plötzlich blieb die Gans stehen, schlug vor Freude mit den Flügeln, fuhr dann schnell mit dem Kopf ins hohe Gras und pflückte etwas ab, das sie dem erstaunten Nase zierlich mit dem Schnabel überreichte, und sprach: »Das ist das Kräutlein und hier wächst eine Menge davon, sodass es dir nie daran fehlen wird.«

Der Zwerg betrachtete nachdenklich das Kraut. Ein süßer Duft strömte ihm daraus entgegen, der ihn unwillkürlich an seine Verwandlung erinnerte. Die Stängel, die Blätter waren bläulich grün, sie trugen eine feuerrote Blüte mit einem gelben Rand. Schließlich rief er aus: »Welches Wunder! Wisse, ich glaube, dies ist dasselbe Kraut, das mich aus einem Eichhörnchen in diese grässliche Gestalt verwandelte. Soll ich den Versuch machen?«

Die Gans bat: »Noch nicht. Nimm eine Hand voll von diesem Kraut mit dir, lass uns auf dein Zimmer gehen und dein Geld, und was du sonst hast, zusammenraffen, und dann wollen wir die Kraft des Krautes versuchen.«

So gingen sie in die Kammer des Zwerges zurück, und das Herz des Zwerges klopfte hörbar vor Erwartung. Nachdem er fünfzig oder sechzig Dukaten, die er gespart hatte, einige Kleider und Schuhe zusammen in ein Bündel geknüpft hatte, sprach er: »So es Gott gefällig ist, werde ich diese Last loswerden!« Dann steckte er seine Nase tief in die Kräuter und sog ihren Duft ein.

Da zog und knackte es in allen seinen Gliedern, er fühlte, wie sein Kopf sich aus den Schultern hob, er schielte herab

Wilhelm Hauff

auf seine Nase und sah sie kleiner und kleiner werden, sein Rücken und seine Brust begannen sich zu ebnen, und seine Brust wurde länger.

Die Gans sah all dem staunend zu. Sie rief: »Ha! Wie groß, wie schön du bist! Gott sei gedankt, es ist nichts mehr an dir von allem, wie du vorher warst!«

Da freute sich Jakob sehr, und er faltete seine Hände und betete. Aber seine Freude ließ ihn nicht vergessen, welchen Dank er der Gans Mimi schuldig war. Zwar drängte es ihn, gleich zu seinen Eltern zu gehen, doch aus Dankbarkeit rang er diesen Wunsch nieder und sprach: »Wem anders als dir habe ich es zu danken, dass ich mir selbst wiedergeschenkt bin? Ohne dich hätte ich dieses Kraut niemals gefunden. Ewig hätte ich in jener Gestalt bleiben oder vielleicht sogar unter dem Beil des Henkers sterben müssen. Aber ich will es dir vergelten. Ich werde dich zu deinem Vater bringen. Er, der so erfahren ist in jedem Zauber, wird dich leicht entzaubern können.«

Die Gans weinte vor Freude und nahm sein Angebot an. Jakob kam glücklich und unerkannt mit der Gans aus dem Palast und machte sich auf den Weg zum Meeresstrand, Mimis Heimat entgegen.

Glücklich kamen sie dort an. Wetterbock entzauberte seine Tochter und entließ Jakob, reich mit Geschenken beladen. Als dieser in seine Vaterstadt zurückkehrte, erkannten seine Eltern in dem schönen jungen Mann mit Freude ihren verlorenen Sohn. Von den Geschenken, die er von Wetterbock mitgebracht hatte, kaufte er sich einen Laden und wurde reich und glücklich.

Der Zwerg Nase

Nachdem Jakob aus dem Palast des Herzogs verschwunden war, kam dort große Unruhe auf. Denn als der Herzog am nächsten Tag seinen Schwur erfüllen und dem Zwerg, wenn er das Kraut nicht gefunden hätte, den Kopf abschlagen lassen wollte, war er nirgends zu finden. Der Fürst aber behauptete, der Herzog habe ihn heimlich entkommen lassen, um sich nicht seines besten Kochs zu berauben, und beschuldigte ihn, dass er sein Wort nicht gehalten habe. Dadurch entstand ein großer Krieg zwischen den beiden Fürsten, der in der Geschichte unter dem Namen »Kräuterkrieg« bekannt ist. Es wurde manche Schlacht geschlagen, aber am Ende doch Frieden geschlossen, und diesen Frieden nennt man den »Pastetenfrieden«, weil beim Versöhnungsfest durch den Koch des Fürsten die Souzeraine, die Königin der Pasteten, zubereitet wurde, welche sich der Herr Herzog trefflich schmecken ließ.

Bei Thienemann bereits erschienen:

Das große, dicke Vorlesebuch
Gute-Nacht!-Geschichten
Das Weihnachts-Vorlesebuch
Das Tiergeschichten-Vorlesebuch
100 und eine Geschichte zum Vorlesen
Alles für eine Gute Nacht
Alles für frohe Weihnachten

Hartl, Sonja (Hrsg.):
Das große Märchen-Vorlesebuch
ISBN 978 3 522 17693 4

Gesamtausstattung: Daniela Kulot
Einbandtypografie: Michael Kimmerle
Textbearbeitungen: Sonja Hartl (wenn nicht anders vermerkt),
Regina Hegner (Die Bremer Stadtmusikanten,
Der Froschkönig, Dornröschen),
Anja Kemmerzell (Rumpelstilzchen),
Claudia Kläger (Frau Holle, Rotkäppchen,
Der Wolf und die sieben Geißlein),
Bettina Körner-Mohr (Der Teufel mit den drei goldenen Haaren)
und Nina Schiefelbein (Die Geschichte vom kleinen Muck)
Schrift: Bertholt Bodoni und Bodoni
Satz: KCS GmbH, Buchholz/Hamburg
Reproduktion: Medienfabrik, Stuttgart
Druck und Bindung: Friedrich Pustet, Regensburg
© 2005 by Thienemann Verlag (Thienemann Verlag GmbH), Stuttgart/Wien
Printed in Germany. Alle Rechte vorbehalten.
9 8 7 6 5* 12 13 14 15

Thienemann-Newsletter
Lesetipps und vieles mehr kostenlos per E-Mail
www.thienemann.de

Zum Einschlafen schön!

Das große Märchenbilderbuch der Brüder Grimm
192 Seiten mit Illustrationen · ISBN 978 3 522 43541 3

Jetzt ist das Märchenbilderbuch komplett!
Die sieben bekanntesten Märchen der Brüder Grimm, illustriert von verschiedenen Künstlern, in einem dicken Buch vereint.

Lies mir was vor!

Kristin Weigand (Hrsg.)
100 und eine Geschichte zum Vorlesen
448 Seiten mit Illustrationen · ISBN 978 3 522 17850 1

Ein Sofa, das die Masern hat. Eine Spinnenfamilie, die nach Berlin fliegt. Ein Gespenst, das auf einer Bananenschale ausrutscht. 100 und eine Geschichte zum Lachen, zum Schmunzeln, zum Nachdenken – vor allem aber zum Vorlesen. Erzählt werden sie von Achim Bröger, Michael Ende, Max Kruse, Jo Pestum, Otfried Preußler, Ursula Wölfel und vielen anderen bekannten Thienemann-Autoren.

Für alle Großen, die gern Geschichten vorlesen, und alle Kleinen, die sich gern Geschichten vorlesen lassen!